幼儿园课程故事

支架教师的专业成长

王春燕 等 / 著

中国轻工业出版社

图书在版编目(CIP)数据

幼儿园课程故事：支架教师的专业成长／王春燕等著.—北京：中国轻工业出版社，2023.10（2025.10重印）

ISBN 978-7-5184-4332-1

Ⅰ.①幼… Ⅱ.①王… Ⅲ.①幼儿园－课程－教学研究 Ⅳ.①G612

中国国家版本馆CIP数据核字（2023）第018776号

保留所有权利。未经中国轻工业出版社书面授权，任何人不得以任何方式（包括但不限于电子、机械、手工或其他尚未被发明或应用的技术手段）复印、拍照、扫描、录音、朗读、存储、发表本书中任何部分或本书全部内容（包括但不限于光盘、音频、视频等）。中国轻工业出版社未授权任何机构提供源自本书内容的电子文件阅览、收听或下载服务。如有此类非法行为，查实必究。

责任编辑：张天怡　　责任终审：高惠京
策划编辑：高　君　　责任校对：刘志颖　　责任监印：吴维斌

出版发行：中国轻工业出版社（北京鲁谷东街5号，邮编：100040）
印　　刷：三河市鑫金马印装有限公司
经　　销：各地新华书店
版　　次：2025年10月第1版第7次印刷
开　　本：787×1092　1/16　印张：20
字　　数：190千字
印　　数：27000—30000
书　　号：ISBN 978-7-5184-4332-1　定价：65.00元
读者热线：010-65181109
发行电话：010-85119832　010-85119912
网　　址：http://www.chlip.com.cn　http://www.wqedu.com
电子信箱：1012305542@qq.com
版权所有　侵权必究
如发现图书残缺请拨打读者热线联系调换
251652Y1C107ZBW

著者名单

王春燕	秦元东	邹群霞	沈颖洁	冯艳慧
舒婷婷	李姝茵	王亚洪	岑凯伦	刘玲敏
林彬彬	王梦娇	高彩虹	陈青青	陈迪萍
鲁红苏	章清清	斯胜男	孙妙苗	芮 雪
韩纯枝	刘娜丹			

前言

近年来,植根于幼儿园教育实践的课程故事备受幼教工作者的关注,成为幼儿园教育理论与实践的热点话题。课程故事的撰写、叙述以及基于课程故事的推文、比赛迅速增多。早在20世纪60年代,英国著名课程专家斯滕豪斯(Stenhouse)提出"教师就是研究者""教室就是实验室",倡导实践性反思和教师在课程开发、研究中的重要作用。课程故事的兴起从一个侧面反映了教师作为研究者的实践反思和作为实践者创造实践智慧的重要价值。

加拿大课程专家迈克尔·康纳利(Michael Connelly)在其著作《教师成为课程研究者——经验叙事》[1](*Teachers As Curriculum Planners: Narratives of Experience*)一书中特别提出,人是天生的故事叙述者,而叙述故事是人理解自己、理解生活的意义所表现出的自然回应。对我们每个人来说,越是理解自己,越是明白我们自己是我们所是、做我们所做和选我们所选的原因,我们的课程就越有意义。[2]在近几年的入园实践及一些大大小小的幼教论坛上,笔者多次聆听过幼儿园一线教师分享的课程故事,似乎课程故事分享已成为一股热潮,因而我听过的课程故事不下百篇。在热热闹闹的课程故事分享中,我发现了诸多值得思考的问题。例如:什么是课程故事?课程故事的特质是什么?课程故事与主题活动实施、项目活动实施有何区别?课程故事就是原封不动地回放自己做过的主题活动吗?如果故事的要素是时间、地点、人物、事件,那么只要具备了这几个要素的课程故事就是好故事吗?我们为何要撰写与讲述课程故事?课程故事讲完就了事了吗?我一直在思考。

课程故事属于教育叙事,教育叙事研究重在从经验中追寻意义,重在从经验中进行反思。故事是人的真实经验在真实世界中留下的印记,是人作为主体存在

---

[1] 该书的简体中文版已由浙江教育出版社于2004年出版。
[2] 康纳利,克兰迪宁. 教师成为课程研究者——经验叙事:第2版[M]. 刘良华,邝红军,等译. 杭州:浙江教育出版社,2004.

的见证，也是人感知并理解世界、与外界相互作用的结果。对幼儿园一线教师而言，一方面，讲故事比言说教育理论、撰写教育论文更具有切身的真实性与体验性；另一方面，教师们有真实的亲身实践，讲故事的过程就是反思自己所作所为的过程，也是自己发现问题、解决问题与不断突破常规的过程，还是行动研究的过程，更是教师不断诠释教育、不断建构教育意义的过程。对教师本人而言，它是教师专业发展与专业成长的重要途径，也是一种"草根式"的创作和主体性的张扬的过程。正如华东师范大学的丁钢教授所言："如果叙事可以达到这样的境界，即不仅在讲述某个人物的教育生活故事的过程中揭示了一系列复杂的教育场景与行为关系，而且'照亮'了某个人物在此教育场景中的'心灵颤动'，可以给读者一些精神震撼，那么这就是非常好的叙事了。"①

那么，如何让教师的课程故事成为照亮自己、照亮别人，打动人心的、好的课程故事？我们的团队成员一直在思考，也一直在实践。本书集结了我们近几年的思考与实践，全书共两篇：理论篇和实践篇。理论篇诠释了我们对课程故事的内涵、特质及其叙述、撰写的认识。实践篇是从幼儿园课程实践中筛选出来的一些相对优质的课程故事，希望通过一线教师生动的故事讲述及团队成员教师的点评，让大家更深刻地体会这些课程故事背后的主题与立意，体会课程故事背后诠释的教育意义。

本书的整体框架由浙江师范大学儿童发展与教育学院王春燕教授酝酿并提出，后经大家的讨论确定。理论篇主要由浙江师范大学儿童发展与教育学院的王春燕教授、秦元东副教授、邹群霞副教授，安庆师范大学教师教育学院的冯艳慧副教授和李姝茵，杭州市西湖区学前教育指导中心正高级教师、特级教师沈颖洁，杭州市滨江区钱塘实验幼儿园教师舒婷婷撰写。其中，第一章、第二章由舒婷婷、王春燕撰写；第三章由王春燕撰写；第四章由秦元东撰写；第五章由邹群霞、沈颖洁撰写；第六章由冯艳慧、李姝茵撰写。理论篇第一稿完成后由王春燕审阅并提出修改意见，第二稿经王春燕审阅后继续反馈相应作者进行修改，直至第三稿后由王春燕审改并统一定稿。

---

① 周勇. 教育叙事研究的理论追求——华东师范大学丁钢教授访谈[J]. 教育发展研究，2004（09）：56-60.

实践篇呈现了12篇课程故事样例，其标题及作者依次为：《龟兔赛场上见"公正"》由浙江省桐乡市实验幼儿教育集团实验幼儿园王亚洪撰写；《再见啦，我的小情绪》由浙江省慈溪市慈吉幼儿园岑凯伦撰写；《苹果吃不完怎么办》由浙江省杭州市西湖区名苑学前教育集团刘玲敏撰写；《神秘的火箭发射基地》由浙江省温州城市绿轴幼儿园林彬彬撰写；《凤栖湖亲子定向运动》由浙江省湖州市德清县地理信息小镇幼儿园王梦娇撰写；《我们的天气记录》由浙江省慈溪市早期教育中心高彩虹、陈青青撰写；《新手妈妈"上岗记"》由浙江省杭州市萧山区浙江师范大学附属江南幼儿园陈迪萍撰写；《哇，向日葵开花了》由浙江省慈溪市早期教育中心鲁红苏、章清清撰写；《我们的机关书》由浙江省东阳市第二实验幼儿园斯胜男、孙妙苗撰写；《家乡的雷峰塔》由浙江省杭州市西湖区西庐幼儿园芮雪撰写；《纸浆调制师"养成记"》由浙江省杭州市萧山区浙江师范大学附属汇宇幼儿园韩纯枝撰写；《气球火箭》由浙江省余姚市实验幼儿园教育集团刘娜丹撰写。

团队成员为了写好本书，牺牲了很多休息时间，付出了大量的努力与劳动。撰写中，我们也参阅了国内外的一些有关教育叙事、课程故事的文献，在此一并表示感谢！

此外，还要感谢中国轻工业出版社万千教育编辑部的高君编辑，是她在2021年年底约请我撰写这样一本书供一线教师参阅与思考。我在和团队成员商讨后决定把我们近几年在理论与实践方面积淀的经验梳理总结一下，于是爽快地应约撰稿。大家利用寒假开始回溯、总结与撰写，又经过暑假的二稿、三稿修改，终于落笔定稿。其间，高君编辑提出了诸多好建议，在此表示衷心的感谢。

本书是关于幼儿园课程故事理论探寻的尝试，存在诸多不足之处，希望广大同人批评指正。

王春燕

2023年5月于杭州

目录

理 论 篇

第一章 课程故事的兴起与研究回溯 // 003
    一、课程故事兴起的背景 // 004
        （一）从叙事到课程故事 // 004
        （二）被广泛运用于教育领域的课程叙事 // 005
    二、国内课程故事的兴起 // 006
        （一）中小学课程故事研究与实践 // 006
        （二）幼儿园课程故事的研究现状 // 010

第二章 幼儿园课程故事的内涵与特质 // 015
    一、故事及其内涵 // 016
        （一）故事的内涵与特点 // 016
        （二）故事的基本要素 // 017
    二、课程及其要素 // 019
        （一）幼儿园课程的内涵 // 020
        （二）幼儿园课程的要素 // 021
    三、课程故事及其特质 // 023
        （一）课程故事的含义 // 023
        （二）课程故事的类型 // 026
        （三）课程故事的特质 // 026

第三章 幼儿园课程故事的叙述 // 033
    一、幼儿园课程故事叙述中存在的问题 // 034
        （一）课程故事主题不清晰，概念有所混淆 // 034
        （二）课程故事内容单一，叙述浅表化 // 039
        （三）课程故事反思浅显，流于形式化 // 041

二、一个好的幼儿园课程故事的特质 // 042
　　（一）凸显课程故事的主题核心 // 042
　　（二）选择有情节的课程事件 // 046
　　（三）使用深描突出事件细节 // 053
　　（四）加强反思，让反思走向深层次 // 060

第四章　幼儿园课程故事撰写的基本要点 // 071

一、幼儿园课程故事撰写的基本环节 // 073
　　（一）确定主题类型 // 073
　　（二）筛选故事素材 // 075
　　（三）确定要素关系 // 078
　　（四）形成课程故事 // 080

二、幼儿园课程故事撰写的关键问题 // 086
　　（一）如何建构故事主题 // 086
　　（二）如何确定故事主线 // 088

第五章　幼儿园课程故事与教师专业成长 // 091

一、幼儿园课程故事提升教师专业成长的价值 // 091
　　（一）课程故事对教师观念转变的影响 // 092
　　（二）课程故事对教师专业能力提升的价值 // 099

二、幼儿园课程故事支持教师专业成长的路径 // 110
　　（一）课程故事与教师日常教育工作的结合 // 110
　　（二）课程故事在幼儿园研修活动中的应用 // 120

第六章　幼儿园课程故事的编码解读 // 129

一、幼儿园课程故事编码的基本方法 // 129
　　（一）课程故事文本的来源 // 129
　　（二）课程故事编码要素的确定 // 130

二、幼儿园课程故事要素的构建 // 135
　　（一）故事情节 // 135
　　（二）课程逻辑 // 139
　　（三）儿童学习 // 142
　　（四）教师支持 // 148

（五）故事理解　// 153

三、幼儿园课程故事要素分析的启示　// 158

（一）价值取向：从故事复原向重构转变　// 159

（二）故事要素：从描述与解释的失衡向平衡转变　// 160

（三）故事逻辑：从儿童经验与学科或教师逻辑的分离向融合转变　// 161

实　践　篇

课程故事 1　龟兔赛场上见"公正"　// 165

缘起　// 165

"公正"的评判团　// 165

比赛场地公平吗　// 167

比赛项目公平吗　// 169

谁来当裁判更公平呢　// 171

课程故事 2　再见啦，我的小情绪　// 180

幼儿园来新的小朋友了　// 180

"爱哭鬼"再也不哭了　// 180

"日签"我的情绪牌　// 182

《生气汤》让孩子不生气了　// 183

模拟打针　// 185

"日签"我的情绪牌还能这么玩　// 186

我的情绪与你分享　// 187

课程故事 3　苹果吃不完怎么办　// 191

苹果核瘦瘦大赛　// 191

"花式吃苹果"体验　// 192

分享吃苹果的快乐　// 193

我们不喜欢吃的食物还有好多　// 193

食物零距离行动　// 194

种下美好和期待　// 196

课程故事 4　神秘的火箭发射基地　// 200
　　故事起源　// 200
　　挤不下的火箭　// 200
　　无聊的火箭基地　// 203
　　新奇的火箭基地　// 205

课程故事 5　凤栖湖亲子定向运动　// 209
　　看不明白的地图　// 209
　　画不下的地图　// 212
　　难忘的定向比赛　// 216

课程故事 6　我们的天气记录　// 219
　　记录的工具　// 219
　　数字王国　// 221
　　记录本的秘密　// 223
　　我是气象小主播　// 225

课程故事 7　新手妈妈"上岗记"　// 229
　　"三次夺棒"失败引发争论　// 229
　　"二轮"回顾找到解决方法　// 231
　　三个妙招破解"上岗"困惑　// 233
　　开启妈妈们的趣味生活　// 236

课程故事 8　哇，向日葵开花了　// 241
　　偶遇之缘起　// 241
　　数向日葵之花　// 242
　　探向日葵之谜　// 250

课程故事 9　我们的机关书　// 256
　　原来，做一本机关书的关键要素是……　// 256
　　三制三探，小有所成　// 257
　　凝心聚力，专项研究　// 260
　　爱的篇章　// 264

课程故事 10　家乡的雷峰塔　// 270

　　搭建雷峰塔　// 270

　　建塔向拆塔的转折　// 276

　　走进尾声　// 280

课程故事 11　纸浆调制师"养成记"　// 286

　　发现"三无"产品　// 286

　　啊，原来是材料配比　// 287

　　发挥"浆"人精神，终得"浆"心之作　// 287

课程故事 12　气球火箭　// 298

　　初次尝试　// 299

　　再次尝试　// 300

　　聪明的小章　// 302

　　表征梳理　// 303

理论篇

 从历史中我们可以看见自己就好像站在时间中的一点，惊奇地注视着过去和未来，对过去我们看得愈清晰，未来发展的可能性就愈多。

——德国教育家　雅斯贝尔斯（Jaspers）

第一章

课程故事的兴起与研究回溯

法国哲学家罗兰·巴特（Roland Barthes）曾说："有了人类历史本身，就有了叙事。"[1] 人类是关于讲故事的生物，其生活是故事化的，他们个别地或集体地过着故事化的生活。近年来，课程故事成为幼儿园教育理论与实践领域中的热点话题。有关课程故事的撰写、叙述、教研、推文、比赛等衍生物迅速增加，一时之间，课程故事在幼儿园教育实践的大地上如雨后春笋般兴起。在此背景下，谈及课程故事，想必幼儿园一线教师并不陌生，但若说到幼儿园课程故事的由来、内涵及本质，幼儿园一线教师可能处于一知半解状态。然而，"如果你不知道学前教育走过了怎样的历程，你就很难知道它会走向何方"[2]。课程故事亦是如此，这启示我们，深入探析课程故事应从了解课程故事发生发展的历程入手。因此，本章试图探讨以下问题：课程故事产生的背景是什么？课程故事的研究现状如何？

---

[1] 董小英. 再登巴比伦塔——巴赫金与对话理论[M]. 上海：生活·读书·新知三联书店，1994.
[2] Kostelnik M J, Grady M L. Getting it right from the start: The principal's guide to early childhood education[M]. Thousand Oaks: Corwin, 2009.

一、课程故事兴起的背景

要想了解一个你不熟悉的事物,最好先了解它的历史。要正确、全面地理解课程故事,首先必须了解课程故事的历史发展背景。

(一)从叙事到课程故事

故事是人们以叙事的方式认识世界的结果。谈及课程故事,首先要从叙事说起。美国教育心理学家布鲁纳(Bruner)认为,人类有两种基本的认识世界的方式:一种是为寻求普遍真理的范式的方式(paradigmatic way),这是自然科学研究的基本方式,在这种方式的主导下,人们关注的是普遍意义上的"理"与"逻辑";另一种是叙事的方式(narrative way),人们通常运用叙事的方式寻求实践的具体联系,关注事件展开的具体情节,而不是以抽象的概念和符号压制生活中的"情节"和"情趣"。这是一种面向事实本身,理解他人,体验生活的人文科学认识方式。[1]

就人类整体而言,叙事是人与生俱来的一种表达方式和存在方式,具体来说,叙事是"一系列事件的符号表征,这些事件以时间及因果方式有意义地联系在一起",可以理解为讲故事。作为人类早期的话语形式,故事、诗歌、寓言成为人们理解世界和谈论世界时优先采用的方式。人类历史上广泛使用的神话、史诗、民间故事、诗歌、占卜与科学事件等莫不是以"故事"为基本的形式。"故事"是人类基本的生存方式和表达方式。换言之,对故事的渴望是人类生存意义的一部分,任何对人类的定义所不可或缺的一部分,我们不仅一直生活在物质世界里,还一直生活在精神世界里。[2]

20世纪80年代,叙事这一概念在社会科学中备受关注。叙事主义认为,人们可以通过叙事"理解"世界,也可以通过叙事"讲述"世界。对人类生活而言,叙事具有重要价值,"因为个体和文化是通过讲故事的方式来组织、诠释和

---

[1] 王凯. 教育叙事:从教育研究方法到教师专业发展方式[J]. 比较教育研究, 2005(06):28-32.
[2] 王珩. 教育故事研究[D]. 金华:浙江师范大学, 2005.

理解它们的经验的，甚至即使是科学文化也不可能脱离叙事。"利奥塔把"叙事"分为"宏大叙事"或"元叙事"与"小叙事"或"微型叙事"，前者是理论的话语，它是思辨形式的、试图安排人类精神与生活的科学和哲学的话语，是缺乏生活的语言。后者是事实话语，它是关注个体和群体内在世界和经验意义的"经验叙事"，带有时间性的生活叙事。①

（二）被广泛运用于教育领域的课程叙事

在叙事引人注目的同时，它不断进入包括心理学、教育学、社会学及历史学等学科在内的理论、研究和应用中。在此背景下，以康纳利和克兰迪宁（Connelly & Clandinin）为代表的一群加拿大课程学者提出"真正的交流和研究是从说'故事'开始的，教师从事实践性研究的最好方式是说出和不断说出一个个'真实的故事'"②。教师的经验是故事经验，教师的经验以叙事的方式建构，并以故事的方式存在。③故事就是人的经验在真实世界中留下的印记，是人存在的见证，也是人感知世界、与外界相互作用的结果。正如布鲁纳所指出的："一个教育系统必须使文化中的成长者在该文化中寻得一套认同。如果没有，那些成长者就会在追寻意义的途中绊倒。人类只能在叙事的模式中建构认同，并在文化中找到它的位置。学校必须栽植这种模式，好好培育它，不要再把它当作家常便饭而不加理睬。"④可以说，教育领域融入叙事具有必要性和重要性。一方面，对一线教师而言，讲故事比教育理论更具有切身的真实性。另一方面，讲故事可以使教师们有机会反思自己的所做所想；发现问题、探索未知；突破常规、寻求超越和创新。对教师本人而言，它是教师专业发展的重要途径；对学校教育实践而言，它是一种真正的原创，一种"草根式"的写作和主体性的张扬。⑤

同时，"叙事主义者相信，人类经验基本上是故事经验；人类不仅依赖故事

---

① 丁钢. 教育经验的理论方式［J］. 教育研究，2003（02）：22-27.
② 康纳利，克兰迪宁. 教师成为课程研究者——经验叙事：第2版［M］. 刘良华，邝红军，等译. 杭州：浙江教育出版社，2004.
③ Connelly M，Clandinin J. Telling teaching stories［J］. Teacher Education Quarterly，1994，21（1）：145-158.
④ Bruner J. The culture of education［M］. Cambridge：Harvard University Press，1996.
⑤ 杨明全. 教育叙事研究：故事中的生活体验与意义探寻［J］. 全球教育展望，2007（03）：22-25.

而生，而且是故事的组织者。进而，他们还相信，研究人的最佳方式是抓住人类经验的故事性特征，记录有关教育经验故事的同时，撰写有关教育经验的其他阐述性故事。这种复杂的故事就被称为'叙事'。写得好的故事接近经验，因为它们是人类经验的表述，同时它们也接近理论，因为它们给出的叙事对参与者和读者有教育意义。"[1]但叙事不仅是讲故事和写故事，而在于"重述和重写那些能够导致觉醒和变迁的教师与学生的关系，以引起教师实践的变革"[2]。至此，"故事研究"或称"叙事研究"被广泛应用于教育和社会研究领域，并逐渐被运用于教育领域教师教学的经验研究中，进而产生了大量的"教育叙事"或"教学叙事"[3]，"以使教师的声音能被清楚、大声地听到。"[4]所谓教育叙事或教学叙事，通俗地讲就是教师讲述自己的课程与教学故事，在讲故事中体现教师个人对教育教学事件的理解，诠释教师对教育意义的体悟。[5]而课程叙事即课程故事，属于教育叙事之一。

二、国内课程故事的兴起

（一）中小学课程故事研究与实践

在我国，课程故事的兴起与新世纪基础教育课程改革密切相关。2001年，教育部颁发《基础教育课程改革纲要（试行）》，特别提到针对国家基础教育课程结构、课程内容进行调整，实行国家课程、地方课程、校本课程的三级课程管理体制。在这样的政策背景下，广大中小学校长、幼儿园园长、教师有了民主参与课程开发的权利，教师从课程的消费者（采用专家编制的课程）转变为课程的主动开发者和建设者，课程权和教学权从分离走向整合，由此陆续出现了中小学教师开发校本课程综合实践活动及园本课程的活动，也催生了课程故事的产生。

---

[1] 丁钢. 教育经验的理论方式[J]. 教育研究, 2003（02）: 22–27.
[2][4] Goodson I F, Walker R. Biography, identity and schooling: episodes in educational research [M]. London: The Falmer Press, 1991.
[3] 王珩. 教育故事研究[D]. 金华: 浙江师范大学, 2005.
[5] 杨明全. 教育叙事研究: 故事中的生活体验与意义探寻[J]. 全球教育展望, 2007（03）: 22–25.

1. 课程故事相关论文文献

起初，课程故事主要集中讲述教师的课程教学过程、教师教学方法的变化和更新等经验的"教学故事"，此时还没有"课程故事"这一概念。2002 年开始出现第一篇以"课程故事"命名的文献——《讲述我们自己的课程故事》[①]，介绍了湖南省长沙市紫凤小学的校本课程开发的源起与进展，体现了学校领导和教师在决策过程中的谨慎与细致、在实施过程中的兴奋与困惑以及对未来的憧憬与企盼。

此后，《全球教育展望》又连续刊登了"走进中小学·课程故事"系列文章，表明叙事方法已在一定程度上被应用于教育研究，走进教师的课程教学当中，如《"菊花秀"，秀出对生命的关爱》[②]《自己把知识"找"来学》[③]《魅力》[④]《盲道走向何方》[⑤]《感受肯德基》[⑥]《渐入佳境》[⑦]《我们的午餐》[⑧]等。下面以《"菊花秀"，秀出对生命的关爱》中的一个片段为例，我们感受一下课程实践中生动的课程故事。

课程故事《"菊花秀"，秀出对生命的关爱》片段"担心—灰心—重拾信心"

从那天起，全班 32 个孩子开始了漫长的焦急等待过程，但到了 12 月 2 日上课那天，他们仍然没有等来他们盼望的好消息。在这一个星期的时间里，孩子们都在为胡曼宁担忧，并用各种方法表达着他们的关爱：美术小组的孩子们创作了一幅画《菊花的梦》，画的是一朵小菊花沉沉地入睡了，在它的梦中，胡曼宁回到了同学们中间，和菊花手牵着手唱啊，跳啊，不知有多开心；种植小组的孩子们特别有心，他们把精心种养的 10 盆菊花摆成一个心形，祈盼着胡曼宁早日康复；资料搜集小组的孩子们运用他们在搜集菊花资料过程中学会的上网、查书等各种本领，纷纷为胡曼宁查起了病因："看她的病症好像和网上的一种叫'藤森'的病症差不多，是一个叫藤森的日

---

① 湖南省长沙市开福区紫凤小学. 讲述我们自己的课程故事 [J]. 全球教育展望，2002，31（07）：18-22.
② 杜洁雅. "菊花秀"，秀出对生命的关爱 [J]. 全球教育展望，2003，32（03）：30-32.
③ 曹勃. 自己把知识"找"来学 [J]. 全球教育展望，2003，32（03）：32-33.
④ 杨晓亚. 魅力 [J]. 全球教育展望，2003，32（03）：33-34.
⑤ 陆颖. 盲道走向何方 [J]. 全球教育展望，2003，32（03）：34-36.
⑥ 吴雅琴，郑晓峰. 感受肯德基 [J]. 全球教育展望，2003，32（06）：68-70.
⑦ 过春燕. 渐入佳境 [J]. 全球教育展望，2003，32（03）：37-39.
⑧ 吴蓓蕾，李树培. 我们的午餐 [J]. 全球教育展望，2003，32（06）：73-75.

本人发现的，用一种胶原球蛋白的药就可以治她的病了。""怪才"吴立辉兴冲冲地告诉大家："不对。""慢郎中"林翔急了起来："我看《医学百科全书》上说这是食物中毒！""不一定是食物中毒，我妈妈是医生，她说也有可能是细菌从呼吸道进入，入侵了脑细胞发生病变。"妈妈是医生的李格非用非常专业的医学术语解释着。日记小组的四个孩子更是把他们对胡曼宁的担心写进了一篇篇日记里。董佳琦在一篇日记里这样写道："……刚才我又去看了我种的菊花，没想到昨天本来已经耷拉着的叶子今天竟然又恢复了生机，绿油油的叶子在风中舞动着。看着这棵生命力旺盛的小菊花，我又忍不住想起了胡曼宁。今天已经是第四天了，胡曼宁还没醒，真让人着急。但是我相信，胡曼宁一定会像那棵小菊花一样，重新焕发盎然的生机，一定会回到我们身边来的！……"多可爱的孩子啊！

胡曼宁所在摄影组的孩子们的心情是最复杂的。一方面他们非常担心胡曼宁的病情，另一方面他们也对自己这一组少一个人能否"秀"得第一名感到信心不足。本来已经准备好了的"秀"突然没有了其中的一分子，一切都被打乱了，一切都要从头开始，而时间只剩下了五天，太难了！而我又何尝不是同样的心情呢，本来小曼宁过人的反应及表达能力是我的信心来源之一，这下子，我也感到了一丝灰心，但看着六个垂头丧气的孩子，我突然意识到这其实是一个很好的教育契机，能帮助学生形成积极的人生态度。于是我引导着六个孩子回忆起他们这九个月来为菊花拍照过程中遇到的没有照相机、不会拍照、精心拍的胶卷全曝光了等种种困难，以及他们是怎么面对并克服这些困难的。渐渐地，孩子们又找回了信心，严欣同学坚定地说："在拍摄菊花的过程中，我们克服了那么多的困难，现在没有什么困难能够打倒我们。我们一定要争取有个好的表现，这样才对得起胡曼宁！"

这篇文章真实记录了教师在新课程改革中的思考和实践，有在课堂教学实践中的迷茫、困惑；有在课程实践中的体验、感悟；更有在课程实践中遇到问题、解决问题的收获和意义建构，等等。字里行间跳动着教师创造的脉搏及教学的灵性，闪耀着师生互动中的生命活力，这既是一种对教育享受的体验，又是对教育的一种自我叙事研究。

其间，安桂清发表在《全球教育展望》2003年第6期的《课程故事：为何与何为》①第一次从理论的角度对课程故事进行了探讨，概括了课程故事被广泛倡导的理论背景，并阐述了其在方法论意义上对当前课程研究和教师生活的影响。

王凯发表在《课程·教材·教法》2004年第4期的《课程故事刍议》②对课程故事的内涵、特点及现实意义进行了澄清。他指出，不能将课程故事简单地理解为是对课堂教学的记录，课程故事体现着教师认识课程的叙事方式，反映了教师的成长历程，讲述、倾听故事是教师课堂教学生活的一种方式。课程故事具有情景性、探究性、自我实践性、反思性的特点。教师撰写课程故事能促进自身的专业发展，锻炼观察日常教育生活的能力，帮助洞悉个人实践知识，提高反思探究能力，提升课程意识。

王珩则在其2005年硕士学位论文《教育故事研究》③中梳理了教育故事研究的意义、理论基础及发展过程，通过对典型教育故事文本的分析，对故事取材、主题确定、创作与评价等实践问题进行整理和归纳，形成较为系统的教育故事理论框架，为教师们撰写教育故事提供了指导。

2. 课程故事相关著作文献

在著作出版方面，也出现了一系列关于国内外校本课程或综合实践活动课程开发的故事。

（1）《澳洲课程故事：一位中国著名校长的域外教育体验》④。它以故事的形式记录了澳洲中小学各类课程的教学理念和实践做法，具体包括综合课程故事、学科课程故事、信息技术故事、小组学习故事、艺体课程故事、课程评价故事、家长课程故事、课程管理故事、学习生活故事九个部分。"他山之石，可以攻玉"，作者详细介绍了澳洲以学生发展为本、以能力为最终价值导向的教育方式，并以新教育之眼加以审视和学习。与此同时，这本书也证明了叙事研究对一线教师而言是开展教育研究的有效方式之一，有助于促进理论与实践的互动。

（2）《校本课程开发：课程故事》⑤。它提供的课程故事都是中小学在校本课程开发过程中发生的具有一定课程内涵的事件，主人公是教师和学生。它通过67个

---

① 安桂清. 课程故事：为何与何为［J］. 全球教育展望，2003，32（06）：64-65.
② 王凯. 课程故事刍议［J］. 课程·教材·教法，2004（04）：8-13.
③ 王珩. 教育故事研究［D］. 金华：浙江师范大学，2005.
④ 该书由福建教育出版社于2006年出版。
⑤ 该书由华东师范大学出版社于2007年出版。

故事生动地讲解了课程开发过程中人的价值、情感以及人的发展，显现了教育者在课程开发中的困惑及解决问题的办法。这本书以中小学教师为主要阅读对象，内容实用，语言通俗，具有操作性和启发性。

（3）《加拿大课程故事》①。它记录了作者在加拿大探亲期间随外孙听课所记录的加拿大课程故事，分为"思想教育故事""学科课程故事""社会教育故事"三个部分。这本书以一位小学教师的视角调研加拿大基础教育，并将作者调查研究过程中印象深刻的教育思想和行动策略以故事的形式进行记录，从而帮助读者了解加拿大的基础教育，具有启发性和操作性。

（4）《让生命沐浴在爱的阳光下：中小学生命教育课程故事》②。它共分七个篇章，分别从读书引导、亲身体验、模拟感受、欣赏讨论、遇物则诲、学科渗透、案例教学七个方面系统地梳理了生命教育教学的基本策略，对中小学开展生命教育具有一定的参考和借鉴价值。

上述有关课程故事的文献资料基本上都是教师开发校本课程（园本课程）或综合实践活动课程的故事，以及教育行政部门如何领导中小学幼儿园进行课程开发的故事。

（二）幼儿园课程故事的研究现状

随着基础教育课程改革的推进，教师课程意识和课程能力进一步提升，教师渐渐成为课程的设计者、参与者和实施者。课程故事使课程开发与研究从晦涩的理论回归到生动的实践、从传统的抽象建构回归到生动的具体情境，从执着于课程理论专家的研究回归到倾听教师真实的声音，重构课程的意义。③尤其是2001年《幼儿园教育指导纲要（试行）》的颁布，使得幼儿园开展园本化的课程实践探索热情空前高涨，它们获得强有力的政策支持和专业引领，因而也涌现出大量开创性的幼儿园课程故事。

1. 课程故事相关论文文献

我们查阅文献发现，2015年出现第一篇以"课程故事"命名的幼儿园教育领

---

① 该书由福建教育出版社于2007年出版。
② 该书由北京师范大学出版社于2010年出版。
③ 吴昀. 课程叙事在园本课程研发中的应用[J]. 学前教育研究，2016（05）：70-72.

域文献，此后有关课程故事的文章越来越多。通过分析关于幼儿园课程故事的文献，我们发现其基本内容涉及以下四个方面。

（1）**幼儿园课程故事的叙述**。这些文章主要是教师本人撰写的发生在教育实践过程中的课程故事，以幼儿和教师真实经历的课程实践活动为主，如主题活动、项目活动等。这也是目前幼儿园课程故事文献中最多的形式，如叶屏屏（2020）所撰写的《幼儿园自然资源的开发与利用——大班课程故事〈水稻〉》[1]。

（2）**幼儿园课程故事的价值分析**。这主要是指课程故事对教师专业成长的价值分析，例如，李云淑等人（2015）所撰写的《课程故事的当代特征与实践价值》[2]指出了课程故事的实践价值在于引导活动课程的生成与完善，更好地帮助幼儿的学习与成长，促进教师态度与行为的改变，重建理论与实践的统一；卢素芳等人（2017）所撰写的《利用课程故事提升幼儿园教师的专业自觉》[3]指出，幼儿园课程故事有助于教师通过记录、剖析、改进教育生活中的典型课程事件提升专业自觉；周念（2020）所撰写的《以课程故事促进教师专业成长》[4]指出，课程故事有助于提升教师观察、解读幼儿的能力，拓展教师整合课程资源的能力，增强教师创生课程的能力。

（3）**幼儿园课程故事的现状及策略分析**。这些文章主要分析幼儿园课程故事存在缺少故事性、主题不鲜明、反思不深入等问题，例如，王春燕等人（2020）所撰写的《幼儿园课程故事审思：内涵、问题与对策》[5]指出，幼儿园课程故事存在课程故事概念混淆，表达主题不清晰；内容单一，叙述浅表化；流于形式，反思浅显空泛等问题，并建议课程故事内容选择要有意义，主题核心要凸显；突出关键内容，叙述方式多样化；循序渐进，反思走向深层次。陈海凤（2022）所撰写的《幼儿园课程故事的现实问题与理性思考》[6]表示，当下幼儿园课程故事只有

---

[1] 叶屏屏. 幼儿园自然资源的开发与利用——大班课程故事《水稻》[J]. 东方娃娃（保育与教育），2020（06）：53-56.
[2] 李云淑，吴刚平. 课程故事的当代特征与实践价值[J]. 基础教育，2015，12（06）：61-68.
[3] 卢素芳，曹霞，唐翠萍. 利用课程故事提升幼儿园教师的专业自觉[J]. 学前教育研究，2017（12）：64-66.
[4] 周念. 以课程故事促进教师专业成长[J]. 早期教育（教育教学），2020（10）：54.
[5] 舒婷婷，王春燕. 幼儿园课程故事审思：内涵、问题与对策[J]. 早期教育（教育科研），2020（04）：47-51.
[6] 陈海凤. 幼儿园课程故事的现实问题与理性思考[J]. 东方娃娃（保育与教育），2022（01）：36-39.

课程不见故事，只见记叙不见思考，只顾程式不见幼儿，建议课程故事撰写应强化叙事意识，从注重形式转向专业表达，唤醒儿童意识，从成人视角转向儿童立场，体现发展意识，从缺乏联动转向互惠共长。

（4）**幼儿园课程故事的撰写策略**。这些文章主要论述课程故事撰写的方法，例如，宋梅（2021）所撰写的《优秀课程故事的特征及其启示——源自对33个幼儿园课程故事的样本分析》[①]以优秀课程故事为切入点，对课程故事进行文本分析，探讨课程故事的共同特征，总结课程故事的撰写要点：从主题、事件和语言三方面着手，主题先有意思，再有意义，事件先有课程，再有故事，语言先有实践，再有权威；周悦等人（2022）所撰写的《发挥视觉笔记优势，完善幼儿园课程故事》[②]主要通过"视觉笔记"，即与文字记录相对应的图形记录，记录用文字无法清楚描述的、以视觉信息为主的信息，从而记录幼儿园的课程故事。

从文献中可以发现，幼儿园课程故事研究偏重实践，理论研究相对处于薄弱状态。

2. 课程故事相关著作文献

在著作出版方面，自2013年以来，我国出版了一系列幼儿园课程故事的书籍。

（1）《**幼儿园开放课程故事**》[③]。它通过文字与图片的互相印证帮助读者理解课程发展的脉络，并详细说明了成人在一日生活中了解幼儿需要、满足幼儿需要、指导幼儿行为的可操作的具体策略，启发读者在反思自己班级幼儿生态状况的前提下拓展主题课程实施的思路。

（2）《**幼儿园教育活动的设计与实施**》[④]。它涉及课程故事的相关阐述——"课程故事和教育活动评价"，包括"课程故事概述"和"幼儿园课程故事的撰写"两个部分，其中第一部分"课程故事概述"将课程故事作为提高教育活动设计与实施的有效性的重要手段，分别阐述了课程故事的内涵与价值、图文结合的课程

---

① 宋梅. 优秀课程故事的特征及其启示——源自对33个幼儿园课程故事的样本分析[J]. 幼儿教育研究，2021（06）：42-45.
② 周悦，李云淑，林哲莹. 发挥视觉笔记优势，完善幼儿园课程故事[J]. 幼儿教育研究，2022（01）：31-34.
③ 该书由南京师范大学出版社于2013年出版。
④ 该书由浙江大学出版社于2014年出版。

故事、幼儿园课程故事研究现状等。第二部分"幼儿园课程故事的撰写"指出课程故事是真实的故事，是以课程设计、实施、评价与改进等要素为叙述框架的故事，包括教师进行课程创编的故事、教师教学故事和幼儿学习故事，具体阐述了课程故事的写作风格、课程故事的种类及写作要点。

（3）"幼儿园课程故事研究"丛书[①]。它包括《冻不住的好奇心》《探索，成长的力量》《童心发现大自然》《"童样"生活不同样》《心发现，新成长》。该套丛书选择了江苏省南京市、镇江市、苏州市等10个城市的幼儿园，每所幼儿园讲述两个课程故事，由专家对故事进行点评，从课程实践的角度总结改革开放以来幼儿园课程的深刻变化；用课程故事的方式呈现幼儿学习的综合性和趣味性；用实践的事实说明幼儿的经验是相互交融的，不断延伸的。课程就是让幼儿的经验更为充实和丰厚的过程，也是促进幼儿全面发展的过程。

（4）《看得见儿童 找得到课程》[②]。它是"活教育课程故事"丛书中的一本。该书由发生在南京市鹤琴幼儿园的12个生动活泼的课程故事组成，这些课程来源于幼儿的生活和他们周围的环境，萌芽于幼儿的感官、心灵和头脑，生成于教育者敏锐的觉察和恰到好处的引导，践行了陈鹤琴先生的"活教育"理念，让幼儿在想象、思考、探索、操作、交流、迁移、内化等反复的过程中获得丰富的经验。作为课程的组织者和亲历者，教师们带着对幼儿和对教育的热爱，用平实、真切的文字记述了课程发展的始末，处处凸显了幼儿在学习中的主体地位以及教师作为支持者和引导者的重要作用，同时展现了教师在课程发展中的思考、计划以及反思。

从课程故事的相关著作中，我们可以看到，幼儿园课程故事从后台走向前台是与课程改革的大背景、教师的角色转变相关的。正是因为课程叙事可以提供教育事件的历时性展示，揭示教育事实发生的连续过程和表现形态，所以可以让教育场景中的教育事实的发展变化、教育经验之间的前后因果关联和错综复杂的关系显现，使其对学习者与教育者产生独特的发展价值。[③]

从认识方式的角度来看，课程故事是从范式到叙事的转变。认识方式主要

---

① 该系列丛书由南京师范大学出版社于2018—2020年出版。
② 该书由江苏凤凰教育出版社于2021年出版。
③ 丁钢. 教育叙事的理论探究[J]. 高等教育研究，2008（01）：32.

有两大类：一类是范式的方式，指的是自然科学研究的基本方式，关注普遍意义上的"理"与"逻辑"，旨在寻求普遍真理；另一类是叙事的方式，指的是人文科学方式，寻求实践的具体联系，关注事件展开的具体情节。从现象与本质的角度来看，分离到融合的转变，故事是表达观点的，故事和观点是合二为一的。现象和本质是融合在一起的而不是分离的。从知识类型来看，故事表达的是个体知识，是指实践过程中实践者的理解与认识，强调的是实践性知识，反映的是实践智慧，而不是普适性知识。

由于课程故事在我国是刚起步的状态，没有固定的模式，也没有可参照的模板，因此，教师对课程故事的理解与撰写也处在尝试与探索之中。然而，理论和实践充分证明：课程故事研究正在成为沟通理论与实践，消弭教育理论研究者与实践者之间鸿沟的一条有效途径。教师生活"故事接近经验，因为它们是人类经验的表述，同时它们也接近理论，因为它们给出的叙述对参与者和读者有教育意义"[1]。故事把教师日常的教育教学经验组织成有价值的结构事件，串连成有现实意义的链条，从而将看似普通、单调、重复的活动赋予独特的体验和意味。教师坚持撰写各种不同的教育故事，必将使教育理论与实践不断地展开互动和对话，新的教育理论生长点才会不断地出现，教育实践也才会不断地精彩纷呈。[2]

---

[1] 丁钢. 中国教育：研究与评论：第3辑[M]. 北京：教育科学出版社，2010.
[2] 王珩. 教育故事研究[D]. 金华：浙江师范大学，2005.

对我们每个人来说,越是理解自己,越是明白我们自己是我们所是、做我们所做和选我们所选的原因,我们的课程就越有意义。赋予我们的课程以意义的过程,就是我们的经验叙事的过程,这是一个既有困难,又充满收获的过程。

——加拿大课程专家　康纳利

第二章

幼儿园课程故事的内涵与特质

幼儿园课程故事作为一种教育叙事,受到诸多一线教师的高度重视和热切期待,也吸引着越来越多的幼儿园积极参与建构、创造、总结和分享异彩纷呈的课程故事。2020年以来,多种报纸杂志、幼儿园公众号推出了大量的课程故事,幼儿园也举行了丰富多彩的课程故事比赛。撰写课程故事展示幼儿园课程实践成为幼儿园教师的一种常态。幼儿园课程故事在备受青睐的同时,也有很多令人担忧的问题。首先存在概念混淆的问题,"课程""故事""课程故事""文学故事""活动实录""说课"等概念往往被错误理解。有的教师把做课程说成"做课程故事",这是混淆了"课程"和"课程故事"这两个不同概念的表现;也有的教师为了弥补课程实施中的不足和遗憾,在课程叙事中进行美化,这种对课程的完美化、理想化的追求导致了对基本课程事实的背离[1],混淆了"课程故事"与"文学故事"的区别。课程故事首先是故事,其次是课程的故事,有一个限定词"课程",必须讲述课程中的故事。如何清晰地理解幼儿园课程故事、幼儿园课程故事的内涵是什么以及幼儿园课程故事有什么特质,这些是本章要重点阐述的问题。

---

[1] 张俊. 看得见儿童　找得到课程[M]. 南京:江苏凤凰教育出版社,2021.

一、故事及其内涵

要清晰地理解幼儿园课程故事，首先必须明白什么是故事。只有在明白了故事的基础上，才能讲述课程中的故事，讲述幼儿园课程中的故事。

（一）故事的内涵与特点

关于故事的理解，定义丰富。有学者认为："故事可以被解释为旧事、旧业、花样等含义，同时，也是文学体裁的一种，侧重于事情过程的描述，强调情节的跌宕起伏，从而阐发道理或传达价值。"[1]《汉语倒排词典》将故事界定为："具有情节生动性和连贯性的真实或虚构的事件，经口头讲述或文字表现出来。"[2]《新闻学简明词典》将故事界定为："一种运用口语或通俗文字，生动形象地描述人物或事件的文学体裁。情节完整，结构活泼，为群众所喜闻乐见。"[3]《中国小学教学百科全书·语文卷》将故事界定为："一种叙述历史的或现实的、虚构的或真实的有关人物活动、事件过程的文学样式。"[4]

我国学者高小康教授认为，故事具备三个特点：过去时态、虚构性和人本意蕴[5]。

- 过去时态——实际上，任何一个故事所讲述的都是过去发生的事，我们都很熟悉古老的民间故事或童话所惯用的开场白"很久很久以前——"明确地强调了故事的过去时态。
- 虚构性——故事讲的是过去的事，但过去的事并不都能成为故事。故事同非故事的陈述相比，最重要的特点就是不受外界验证的虚构性。但虚构不等于没有意义。亚里士多德的看法代表了一种经典的故事观念，即相信故事的字面意义尽管是虚构的，但在字面意义的后面还埋藏着某种一般的、普遍的意义，这层意义就是讲述者想要告诉我们的故事主题。有了这层意

---

[1] 耿莹莹. 命题速编故事 [M]. 郑州：河南大学出版社，2016.
[2] 郝迟，盛广智，李勉东. 汉语倒排词典 [M]. 哈尔滨：黑龙江人民出版社，1987.
[3] 余家宏，宁树藩，徐培汀，等. 新闻学简明词典 [M]. 杭州：浙江人民出版社，1984.
[4] 林崇德，李德芳. 中国小学教学百科全书·语文卷 [M]. 沈阳：沈阳出版社，1993.
[5] 高小康. 人与故事 [M]. 北京：东方出版社，1993.

义，故事的虚构便不再是纯粹的谎言，而具有了某种真实性和"哲学意味"。故事是人类符号能力和想象力的产物，也是这种能力的证明。
- 人本意蕴——仅仅符合过去时态和虚构性还不能成为真正意义上的故事。根据结构主义的句法分析观点，故事不过是一种陈述的话语，无论一个故事中包括多少个陈述句，都可以概括、化简为有限几个陈述句构成的序列。无论是一只苍蝇死了还是一座火山爆发了，如果与人无任何关系，就只是一个自然事件而不是一个故事。

综上所述，我们认为，故事就是指把一系列人物与事件以某种方式组合在一起，使之成为有意义的关系结构。

（二）故事的基本要素

故事作为叙事之本，具备四个基本要素：主题、事件、人物和环境[①]。
- 主题——故事的意义所在，也是故事赖以存在的基本依据和理由。故事的关键在于意义的搭建，意义是故事存在的依据。加拿大教育学专家马克斯·范梅南（Max van Manen）认为，主题是经验的焦点、意义和要点，是对意义的需求或渴望，是我们可以获取其意义的意识，是对事物保持一种开放性，是创造、发现和揭示意义的过程。[②] 主题是"生活暗示给作家的一种思想"（高尔基语），作品的主题总是和某种观念化的思想相联系，主题赋予作品以"深度感"。[③]

  主题兼具内容主题和意义主题。课程故事的主题包括内容主题和意义主题两个层面。课程故事本质上试图阐明"幼儿在哪里""课程在哪里"和"学习在哪里"三个课程开发与建设中的关键议题，它可以是内容层面的，当然也可以从课程故事的意义层面来揭示主题。
- 事件——人物所发出的，人的一切活动都存在于一个又一个事件的发生与

---

① 蓝凡. 电影论：对电影学的总体思考[M]. 上海：学林出版社，2013.
② 范梅南. 生活体验研究——人文科学视野中的教育学[M]. 宋广文，等译. 北京：教育科学出版社，2003.
③ 苏鸿. 校本叙事：教师专业成长的新路径[J]. 教学与管理，2005（19）：17-20.

发展中。事件是人物得以存在的基础，人物的一切活动和存在的意义都在于具体事件的展开。故事不是事件，对事件进行编排才可以构成情节。情节主要由人物、事件、矛盾冲突、细节等构成；情节是叙述者在作品中对事件的安排；情节是作品中所描写的矛盾冲突发生、发展、解决的全部过程，由一系列显示人物与人物、人物与环境之间的矛盾冲突的生活事件所组成。

- 人物——故事的关键要素，是对"究竟是谁的故事"的回答，"故事所讲述的归根结底都是人的事，如果与人无任何关系，就是一个自然事件而不是一个故事。"①
- 环境——环境是事件存在的"装饰"，包括空间环境和时间背景。人物及其发生的事件总是存在于一定的自然环境和社会环境中，其故事的主题也必然受到各种环境因素的影响。

因此，我们在理解故事的时候，既要把握故事的三个特征，即过去时态、虚构性和人本意蕴，同时也要把握故事的四个要素——主题、事件、人物和环境。以经典故事《萝卜回来了》为例。

萝卜回来了

天气这么冷，雪这么大，地里、山上都盖满了雪。

小白兔跑出门去找东西吃。

小白兔找啊找，找到了两个萝卜。

小白兔吃掉一个，留下一个。它想："天气这么冷，雪这么大，我把这个萝卜送去给小猴吃吧。"

小白兔跑到小猴家里，小猴不在家。小白兔把萝卜留在小猴家里。

原来，小猴出去找东西吃了。小猴找到了几颗花生，快快活活地回家来。

小猴走进屋子，看见萝卜，很奇怪，说："这是从哪里来的？"

---

① 高小康. 人与故事 [M]. 北京：东方出版社，1993.

小猴吃完了花生，它想："天气这么冷，雪这么大，我把这个萝卜送去给小鹿吃吧。"

小猴跑到小鹿家里，小鹿不在家。小猴把萝卜留在小鹿家里。

原来，小鹿出去找东西吃了。小鹿找到了一棵青菜，快快活活地回家来。

小鹿走进屋子，看见萝卜，很奇怪，说："这是从哪里来的？"

小鹿吃完了青菜，它想："天气这么冷，雪这么大，我把这个萝卜送去给小熊吃吧。"

小鹿跑到小熊家里，小熊不在家。小鹿把萝卜留在小熊家里。

原来，小熊出去找东西吃了。小熊找到了一个白薯，快快活活地回家来。

小熊走进屋子，看见萝卜，很奇怪，说："这是从哪里来的？"

小熊吃完了白薯，它想："天气这么冷，雪这么大，我把这个萝卜送去给小白兔吃吧。"

小熊跑到小白兔家里，小白兔吃饱了，睡得正甜哩。小熊不愿叫醒小白兔，就把萝卜留在那里。

小白兔醒来，睁开眼睛一看："咦！萝卜回来了。"它想了一想，说："这是好朋友送来给我吃的。"

（作者：方轶群）

阅读了故事《萝卜回来了》，读者都会自然地建构起故事的主题——小动物们快乐分享、友爱互助的意义。冰雪天气，天寒地冻，小白兔自己舍不得吃萝卜，把萝卜送给小猴吃，最后萝卜又回到自己的屋里，作者没有多说一句话却生动鲜活地体现了小动物之间浓浓的关爱。这就是故事，生动活泼，通俗易懂，又以小见大，给人启发。

二、课程及其要素

课程故事是课程的故事，产生于课程当中。因此对课程的本质即"什么是课程"，尤其是"什么是幼儿园课程"的回答成为我们理解幼儿园课程故事、把握课程故事实质的重要因素。也就是说，要清晰理解幼儿园课程故事，还必须明白什么是课程。

课程是实现教育的社会功能和育人功能的媒介与工具。关于课程的定义，大家异说纷呈，归纳起来有以下观点：课程即学科；课程即预期的学习目标或结果；课程即教学计划；课程即儿童在学校获得的学习经验；课程即学校组织的学习活动等。

（一）幼儿园课程的内涵

关于幼儿园课程，其概念界定至今仍众说纷纭，尚未形成统一定论。目前，在持续推进幼儿园课程改革的过程中，多样化的幼儿园课程定义也应运而生。在纷繁的幼儿园课程界定中，有三种具有代表性的课程取向[①]。

1. 学科取向

对幼儿园课程学科取向的界定在 20 世纪 80 年代的我国幼儿教育中比较普遍。90 年代后，随着整合教育观的影响，幼儿教育中的学科课程与过去相比发生了很大的变化，课程不再是过去单一的学科，而是加强了学科间的联系和整合以学科为基础的相关课程、领域课程普遍出现，那种单一的学科课程已基本消失。

2. 活动取向

幼儿园课程是为幼儿安排的有组织、有计划的各种活动的总和，包括生活活动、教学活动、游戏活动和实践活动。这种取向强调一日活动皆课程，强调课程通过各种活动来组织和实施。

3. 经验取向

经验取向认为，幼儿园课程是为促进幼儿身心全面和谐发展所提供的有益经验。这种界定也关心幼儿的活动，但它更关心的是幼儿在活动中所得到的经验，对幼儿发展来说是有益的经验。因此，这种界定比活动取向的界定多了一个参照——幼儿通过活动所得到的经验，尤其是直接经验。

在此，我们更倾向于活动取向的幼儿园课程定义，不仅因为经验往往是内隐的，不同于活动具有外显性，还因为幼儿在园的有益经验往往是在活动中蕴含

---

① 王春燕，秦元东. 幼儿园课程概论：第 3 版 [M]. 北京：高等教育出版社，2019.

的，并通过活动来获得。因此，幼儿园课程是"在幼儿园一日生活活动中，帮助幼儿获得有益的学习经验，促进其身心和谐发展的各种活动的总和"①。

（二）幼儿园课程的要素

幼儿园课程是幼儿在园获得有益经验的各种活动的总和，是一个丰富而庞大的体系，其中幼儿园课程的要素是构成幼儿园课程的必要因素。按照全美幼教协会（National Association for the Education of Young Children，NAEYC）的解释，幼儿园课程是指"一种有组织的框架，它描述了儿童学习的内容、儿童达到规定课程目标的过程和为帮助儿童达到这一目标教师所承担的责任，以及教与学所发生的环境"②。按斯科特（Scott，2008）的说法，课程至少应包括四个要素，分别是目标或结果的描述，内容、领域或学科知识，方法或程序，评价和评估。③ 从静态视角看，幼儿园课程主要由四大要素构成，即课程目标、课程内容、课程实施、课程评价（见图2.1）。

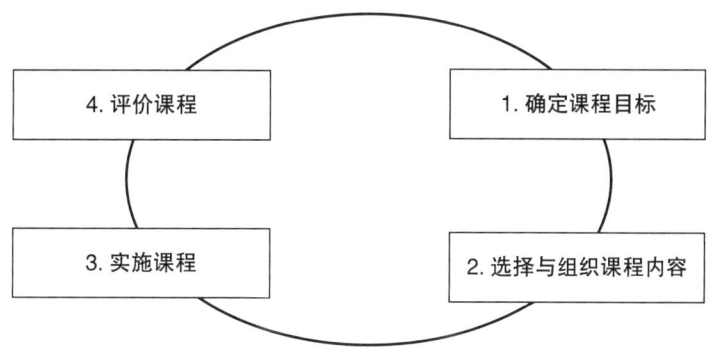

图 2.1　幼儿园课程四要素之间的关系图

1. 课程目标

课程目标是根据教育目的和教育规律提出的课程的具体价值与任务指标。

我国在 2001 年颁布的《幼儿园教育指导纲要（试行）》中，把幼儿园课程相对划分为健康、语言、社会、科学、艺术五大领域，各领域有明确的目标。与

---

① 王春燕，秦元东. 幼儿园课程概论：第 3 版［M］. 北京：高等教育出版社，2019.
② 上海市教委教研室. 幼儿园课程园本化理论与实践的研究［M］. 上海：上海教育出版社，2004.
③ Scott D. Critical essays on major curriculum theorists［M］. London：Routledge，2008.

中小学课程目标相比，幼儿园课程目标更具有整合性，目标对幼儿更具一般发展性，例如，健康领域的目标如下：

- 身体健康，在集体生活中情绪安定、愉快；
- 生活、卫生习惯良好，有基本的生活自理能力；
- 知道必要的安全保健常识，学习保护自己；
- 喜欢参加体育活动，动作协调、灵活。

2. 课程内容

课程内容是实现课程目标的手段，影响着课程实施的方式，是课程内在结构的核心部分。① 幼儿园课程内容是指依照幼儿园课程目标选定的、通过一定的形式表现和组织的基本知识、基本态度、基本行为。② 幼儿园课程内容根据不同角度有不同的分类，如《幼儿园教育指导纲要（试行）》在第二部分"教育内容与要求"中提出："幼儿园的教育内容是全面的、启蒙性的，可以相对划分为健康、语言、社会、科学、艺术等五个领域，也可作其他不同的划分。"又如《上海市学前教育纲要》将课程内容分为共同生活、探索世界、表现与表达三个方面；蒙台梭利教育方案的课程内容则根据儿童敏感期的发展，由浅入深，由具体到抽象，分为日常生活练习、感觉教育、数学教育、语言教育、文化教育五个方面。无论何种类型的划分，其关键都在于课程内容须保证幼儿的基本学习，为幼儿合目的的发展提供有益的学习经验。③

3. 课程实施

课程实施是指把一项课程计划或方案付诸实践的过程，即教师依据课程计划组织课程活动的过程。④ 幼儿园课程的实施途径是多样化的，包括生活活动、游戏活动、教学活动、社会实践活动、节日活动等。

4. 课程评价

幼儿园课程评价是评价者基于一定的价值观和评价标准，运用科学的方法和

---

① 靳玉乐. 课程论：第2版[M]. 北京：人民教育出版社，2015.
② 虞永平. 学前课程价值论[M]. 南京：江苏教育出版社，2002.
③ 冯晓霞. 幼儿园课程[M]. 北京：北京师范大学出版社，2000.
④ 王春燕，秦元东. 幼儿园课程概论：第3版[M]. 北京：高等教育出版社，2019.

工具，收集和分析相关信息，对幼儿园课程及其构成要素的价值、适宜性、有效性做出判断的过程。它是从课程建设的"起点"出发，伴随课程运作的全过程，直至课程运作的"终点"[①]，进而为下一轮的课程建设与实施奠定更好的基础。

幼儿园课程还是一个动态发展的过程，是以幼儿园课程目标的确定为起点，围绕目标进行课程内容的选择与组织、课程实施与课程评价的动态循环过程。[②]

教师在讲述课程故事时，可以从课程的内涵出发。一日活动皆课程，例如，可以讲述主题活动中的课程故事，也可以讲述项目活动中的课程故事，还可以讲述游戏活动或生活活动中的课程故事等。当然，也可以从课程的要素出发，讲述课程开发过程中，课程目标研究和制定的故事，也可以讲述课程实施中的课程故事。所以，课程故事一定要讲述的是课程中的故事，不能讲的是文学的故事，或者是其他的故事。好的课程故事，不仅要重视故事性，更要体现课程的内涵及学与教的特质。

三、课程故事及其特质

当我们理解了故事，理解了课程的内涵之后，我们需要明确课程故事是什么以及课程故事的特质与类型，只有这样才能更好地把握课程故事的实质。

（一）课程故事的含义

在现有关于课程故事的研究中，"课程故事"具有多个概念，但没有明确的、系统的定义，身兼"教育研究方法""教育内容""教育研究成果"等多重身份。

关于课程故事，王凯[③]（2004）指出它是教师的教学生活方式与历程，在这一过程中，教师以叙事的方式看待教学问题，践行自己的课程理想，促成自身教学经验的生长。

---

① 冯晓霞. 幼儿园课程［M］. 北京：北京师范大学出版社，2000.
② 王春燕，秦元东. 幼儿园课程概论：第3版［M］. 北京：高等教育出版社，2019.
③ 王凯. 课程故事刍议［J］. 课程·教材·教法，2004（04）：8-13.

李云淑[①]（2014）认为，课程故事是真实而非虚构的"经验叙事"，是当事人在课程之旅——参与课程设计与开发、课程实施、课程评价与课程研究的过程——中所经历的真实往事、感受或体验，这种往事对当事人来说是有深刻印象的、比较重要或有个人意义的、值得与人分享或向人诉说的。

卢素芳等学者[②]（2017）提出，幼儿园课程故事是教师以讲故事的形式记录自己在教育实践中发生的真实、鲜活和发人深省的课程事件，表述自己在实践过程中的亲身经历、内心体验和对课程的理解感悟。

课程叙事即课程研究，课程故事就是课程叙事，课程故事不是课程本身。课程故事是对课程的叙事，更是对已经实施的课程的反思。甚至一个不完美的课程，也有可能成为一个精彩的、发人深思的课程故事。因为真实的东西往往是不完美的，只有当我们拥有面对真实的勇气，才能从失败中获得学习的能力。课程叙事在本质上是一种研究。它既是一种研究方式，也是一种研究成果的表达方式。教师进行课程叙事的过程就是还原教育事实、再现课程现场的过程。其叙事线索和叙事重点的呈现，就是对曾经发生过的课程事件的梳理过程。通过这样的梳理，向读者展现儿童学习与发展的真实过程，展现教师对儿童学习与发展的有效支持。与别的研究范式不同，课程故事呈现的也许只是个案，不符合量化研究的大样本要求，甚至无法复制，但也正是因为其真实的情节、丰富而生动的细节，才能真正打动读者，得到读者的认同。而理解和认同恰恰是质性研究效度之依托。[③]

以往研究者对课程故事概念的界定，均凸显了课程事件的真实性和有意义性，明确了教师叙述的主动性与反思性，提出了故事化的叙述形式。因此，我们认为，幼儿园课程故事是教师通过回忆、整理、筛选、归纳幼儿园课程中真实发生的有意义课程事件，通过描述性语言表达一定的主题及实践性智慧的叙事文本。课程故事就在幼儿园教师的生活中，是幼儿园教师通过实践做出来的关于课程的研究、开发、实施、评价的反映。下面我们来看一小段课程故事《黑魔仙也

---

① 李云淑. 幼儿园教育活动的设计与实施[M]. 杭州：浙江大学出版社，2014.
② 卢素芳，曹霞，唐翠萍. 利用课程故事提升幼儿园教师的专业自觉[J]. 学前教育研究，2017（12）：64-66.
③ 张俊. 看得见儿童　找得到课程[M]. 南京：江苏凤凰教育出版社，2021.

会哭》①。

课程故事《黑魔仙也会哭》片段

每一次我处理阿宝与其他小朋友的矛盾冲突时，阿宝都表现出"无所谓"的神情，这让我费解：面对同伴的不接纳，难道他一点都不在乎吗？他对集体一点都不渴求吗？在一次角色游戏中，我发现"黑魔仙"也会掉眼泪。

琪琪和金豆拿着巴拉巴拉小魔仙的仙女棒朝阿宝挥舞着，嘴里还念念有词："巴拉巴拉能量聚集，消灭黑魔仙！"阿宝双手交叉挡在面前，表情严肃，像是在和琪琪她们互动，又像是在拒绝琪琪她们靠近。这时，金豆叫来了奥宇和小贝，四个女孩子一起挥着魔法棒朝阿宝叫道："消灭黑魔仙！"我以为阿宝会冲上去打掉女孩子的玩具，没想到他竟然转身跑回了座位上。我跟过去一看，阿宝手肘撑在桌子上，双手遮住脸正偷偷地抹眼泪。他似乎不想让我看到，故意转过脸去望向窗外……

再调皮的孩子也不愿意充当童话里的"坏人"，不被认可的伤心已经远远超过攻击行为中宣泄愤怒的快感。"我不想当黑魔仙！"我听到阿宝内心的声音。

阅读完上面的故事，读者很容易感受到故事的主题——再调皮的孩子也不愿意充当童话里的"坏人"，希望被同伴接纳与认可。面对小伙伴们的"语言攻击"——"消灭黑魔仙"，阿宝转身跑回座位，手肘撑在桌子上，双手遮住脸偷偷抹眼泪，躲避他人目光，转过脸看窗外。尽管故事简短，但在生动的语言描述背后，我们不由得感受到阿宝的委屈，自然体会到作者传达的意义，发人深省。

由此，我们可以深切地体会到"幼儿园课程故事本质上是一种教育实践叙事，就是讲述那些以小见大、发人深省、关乎幼儿园课程建设与发展的故事。它是幼儿园教师对课程实践过程中真实事件的叙述，其目的在于通过故事去体悟并阐述教育工作所蕴含的规律、原理，促进叙述主体和听众（读者）对教育现象——特别是课程问题——的深度理解与思考；是一种将客观事实呈现、主观感

---

① 余胜兰. 幼儿教师追求幸福的方法［M］. 北京：中国轻工业出版社，2017.

受体验和理性观点阐释融为一体的教育经验发现过程。幼儿园课程故事是一种教育实践叙事、回顾、反思、研究、分享、成长"[①]。

（二）课程故事的类型

关于课程故事的类型，可以从不同角度、根据不同标准将其划分为以下五类[②]：

- 按照故事作者的不同，课程故事分为研究者撰写的课程故事、教师撰写的课程故事、学生撰写的课程故事；
- 按照故事主角的不同，课程故事分为教师教学故事、学生学习故事、家长课程故事等；
- 按照基础教育学段的不同，课程故事分为幼儿园课程故事、小学课程故事、初中课程故事、高中课程故事等；
- 按照课程活动任务的不同，课程故事分为课程开发故事、课程实施故事（主要有教学故事和学习故事）、课程评价故事、课程管理故事等；
- 按照课程呈现形态的不同，课程故事分为综合课程故事和分科课程故事，也可分为活动课程故事和学科课程故事。

秦元东（2020）指出，按照课程故事主题的涉及范围及复杂程度，课程故事也可以分为微观幼儿园课程故事、中观幼儿园课程故事、宏观幼儿园课程故事。

上述课程故事的分类并没有囊括所有的课程故事类型，事实上，也不可能包括全部，因为每一种分类都有分类者不同的角度和逻辑。需要明确的是，了解课程故事分类，可以让我们较为全面地了解课程故事的范围，为选择和撰写课程故事提供基础。

（三）课程故事的特质

课程故事的类型多种多样，但不论何种课程故事，它都产生于幼儿园真实的课程情境，面向事实本身，蕴含着作者对课程的思考与感悟，并以小见大，对读

---

① 张斌，虞永平. 冻不住的好奇心［M］. 南京：南京师范大学出版社，2018.
② 李云淑，吴刚平. 课程故事的当代特征与实践价值［J］. 基础教育，2015，12（06）：61-68.

者有启发作用。具体而言，课程故事具有以下四种特质。

1. 真实性

课程故事是指叙述真实发生的课程中的故事，面向事实本身，是真实可信的课程故事，不能是虚构、乱编的。只有真实的、原汁原味的课程故事才能具体、深刻地展现课程实践情境，具有真情实感，更能引发读者的共鸣。真实性是课程故事的基本特质。源自课程实践中真实发生的事件可以让我们看到课程实施的真实历程，无论精彩与否，成功与否，加工与否，真实客观地呈现课程事件的真实样貌的课程故事才是我们倡导的课程故事，而不是为了"好"的课程故事呈现而虚假美化。

2. 情境性

课程故事是发生在真实课程情境中的故事。总是向读者展示故事中不断展开的"场景"或"情节"，这体现的是课程故事的情境性。真实的情境才能够打动人，感染人，教育人，以达到以小见大、发人深省的教育意义。这种情境不仅再现了具体、丰富而细腻的课程经历，还在一定程度上支持、滋养着故事的生成。而教师背后的教育理念也只有在具体、真实的教育情境中才能显露无限的生机与活力，典型情境才能使所讲述的故事具有代表性，揭示教育过程中的某种矛盾冲突，反映道理，深描情境细节，让读者更好地体会故事中蕴含的意义。[1] 有学者指出，课程故事中故事的表述要尽可能地描写出教师自己在教育事件发生那一刻的所处场景和心理状态的变化，让故事更具情景性，让读者更有现场感。[2] 例如，课程故事《保护蛋宝宝》[3]中所描述的情境。

---

[1] 杨明全. 教育叙事研究：故事中的生活体验与意义探寻［J］. 全球教育展望，2007（03）：22-25.
[2] 王凯. 课程故事刍议［J］. 课程·教材·教法，2004（04）：8-13.
[3] 张俊. 看得见儿童 找得到课程［M］. 南京：江苏凤凰教育出版社，2021.

课程故事《保护蛋宝宝》片段

有趣的事情一桩接一桩

第一天

　　清晨，我焦灼地等待着孩子们的到来。8点不到，远远地就看见了捂着肚子走来的果儿："老师早上好！今天风有点大，在路上我用手帮宝宝挡风了呢！"她一手撑腰，一手摸肚子，害羞地说："妈妈以前生（怀）我的时候就是这样走路的。"老师们都被她逗乐了。乐乐来了，肚子上也系着装有蛋宝宝的袋子。他开心地说："我今天是爸爸！"乐乐平时喜欢在地上打闹玩耍，于是我逗他："你今天不能在地上玩了吧？"他认真地说："可以的，我在家试过了，就像这样，不会弄碎鸡蛋的。"他用两只手、两条腿撑着地，尽量不碰到肚子，还真的没有压着蛋宝宝！

第二天

　　第二天，滴滴进班后，我刚想提醒他戴上蛋宝宝，小哲跑过来，说："滴滴，我会系绳子，我帮你系上！"滴滴笑着点点头。嘿！这和昨天早上的场面形成了鲜明的对比。

　　……

　　快要上课的时候，有孩子来告诉我说粟宝的鸡蛋碎了，这可是今天的第一例。找到粟宝时，他已经自己打开了袋子，我看到鸡蛋完全被压得扁扁的，蛋壳、蛋液和米粒混在一起。他轻轻地捏着破碎的鸡蛋，说："老师，我还能继续戴着它吗？这是我的宝宝。"我答应粟宝，让他继续戴着破碎的鸡蛋。

　　课前的谈话环节，我问大伙儿："我们已经戴着蛋宝宝度过了一天半的时间，感觉怎么样？你们有什么想说的？"

　　果儿："我想问问蛋宝宝'你在我肚子里吃饱了没有'。"

　　俊池："我想给我的宝宝起个名字。"

　　一一："我已经知道，睡觉的时候不能翻来翻去，会压到蛋宝宝！"

　　城城："我想给蛋宝宝做一张床，给它盖好被子，不让它生病。如果它生病，我会很伤心的。"

贝儿："我觉得妈妈太难了！好想对我的妈妈说'谢谢你，把我生出来'。"

……

在真实的体验中，他们对蛋宝宝的情感一点点加深，一枚小小的鸡蛋似乎真的成为他们身体的一部分，被努力地守护着；在自由的表达中，他们互相分享着自己的独特体会，对蛋宝宝的情感逐渐过渡到了对妈妈的情感。

……

这一天下来，全班仅有3个小朋友的鸡蛋破损，"耶！"很多孩子忍不住欢呼起来。我告诉他们，如果能够继续坚持，顺利完成3天"保护蛋宝宝"任务的孩子，将会得到一枚"勇士"勋章。孩子们更兴奋了，一副势在必得的模样。放学后，我找到那3个沮丧的孩子，问他们："你们想和其他人一样得到勋章吗？"他们拼命地点头。"要不，再给你们一次机会？你们明天愿意重新带来一枚鸡蛋，然后好好保护它吗？""愿意！"

……

第三天

终于到了最后一天，孩子们似乎已经开始习惯有蛋宝宝的幼儿园生活，早晨到班里第一件事，就是主动戴上蛋宝宝；锻炼、上课、游戏时都会护着蛋宝宝，一不小心摔跤了，也第一时间确认蛋宝宝的安危；一起聊天的话题也总是围绕着蛋宝宝，互相询问"你的宝宝怎么样了？"。大半天过去了，没有发生"破蛋"事件。

阅读《保护蛋宝宝》课程故事片段，我们可以感受到故事的情节发展。第一天、第二天到第三天，孩子们一天天地尝试着保护蛋宝宝，他们在遭遇蛋宝宝破碎的情况下，不断尝试新的方法保护蛋宝宝。从故事的描述中，我们能感受到教师在引导孩子保护蛋宝宝的过程中的心境变化，例如：因孩子们成功保护蛋宝宝而喜悦、破蛋事件后因孩子的失落而失落等，所以情境的描述会使得故事更加生动。

3. 反思性

课程故事是教师以个人的课程之思进行倾诉并吸引、打动读者，以己之思唤读者之思。作为作者，教师在叙事中反思，在反思中深化对儿童和课程的理解，修正教育实践行为，在反思中探寻教育实践行为背后的意义，进而不断促进自己的专业成长，促成课程的完善与发展。反思性是课程故事的关键特质。有学者同样指出："课程故事与一般故事的区别关键在于课程故事中蕴含着教师对实践的反思、领悟，以及重述故事时的再反思。这种'双重反思'使得教师在撰写故事的过程中重新认识教育，意识到自己缄默的教育观念，促进自身观念的更新和教育经验的积累。"[①] 对读者而言，阅读或聆听课程故事的过程也是读者反思自身教育行为的过程，进而在实践中调整行动，是一次站在作者肩膀上的瞭望与成长。下面，请通过课程故事《水稻和小麦》[②]来感受其中的反思性。

大班课程故事《水稻和小麦》之反思部分

关于水稻和小麦的课程，是幼儿园的环境创设、教师的课程敏感性以及幼儿的探究兴趣三者相结合所生发出来的。作为教育者，我们应该为幼儿创设丰富、适宜的学习和生活环境，同时要有一定的课程敏感性，善于发现环境中所蕴含的教育契机，以引发幼儿的兴趣。聂师傅关注幼儿的种植经验，因此除了种观赏性的花草之外，他还把水稻——这种孩子们既熟悉又不熟悉的植物，引入幼儿园的环境中，成为我们的课程资源。作为老师，我们秉承着"大自然、大社会都是活教材"的教育理念，重视种植活动对幼儿全面发展的教育意义，幼儿也因此有了一定的种植经验，对植物有了一定的探究欲望。所以，当我们用提问的方式引导幼儿关注水稻的时候，他们很快对水稻产生了浓厚的探究兴趣。

在探究的过程中，我们始终以幼儿的兴趣为主导，追随幼儿的发展。在幼儿遇到困难或者问题时，我们并不急于给出答案，而是用讨论的方法一步步引导幼儿进行自主尝试与探究。虽然幼儿的想法可能天马行空、不切实际，但是给幼儿充分表达的机会十分重要，因为互相倾听和交流的过程，也是他们梳理自己已有经验并吸收新经验的过程。但让幼儿成为活动的主导并不是说老师没有发挥作用，相反，老师的支持和引导非常重要，体现为在关键时刻激发幼儿的探究动机、通过提问引发幼儿进一步的

---

① 王凯. 课程故事刍议[J]. 课程·教材·教法，2004（04）：8-13.
② 张俊. 看得见儿童 找得到课程[M]. 南京：江苏凤凰教育出版社，2021.

思考以及提供适宜的材料支持幼儿的探究等方面。

整个种植水稻与小麦的过程让我们和孩子们都收获了很多，但其中也有一些不足之处，比如我们自身缺乏相关的种植经验，很多时候并不能第一时间给幼儿正确的引导方向，而是要求助于聂师傅；在与幼儿一起探讨相关问题的过程中，因不能面面俱到而只能做出取舍，所以无意中忽略了很多课程闪光点。在以后的活动中，我们也会更加注重经验的积累与课程契机的捕捉。

从案例中，我们可以看到反思是单独成段的，集中写在课程故事的最后，这只是课程故事中教师反思的一种方式。当然，教师的反思也是可以蕴含在故事当中的，可以夹叙夹议，后文将进一步阐述。

4. 启发性

幼儿园课程故事扎根于课程现实，面向课程事实，聚焦课程实践，包括教师用专业的眼光剖析教育情境中真实事件背后的教育价值。正如康纳利和克兰迪宁所言："写得好的故事接近经验，因为它们是人类经验的表述，同时它们也接近理论，因为它们给出的叙事对参与者和读者有教育意义。"① 这种教育意义的体现，也正是故事本身对读者的启发意义。

大班课程故事《水稻和小麦》之读者评价

《水稻和小麦》这个故事从"这是什么植物？是水稻还是小麦？"这个让幼儿好奇和产生认知冲突的问题开始，将孩子们发现水稻开花、结实、成熟和收割水稻、剥稻米的一系列过程，以及种小麦、观察小麦发芽、对比室内外小麦的生长情况等活动作为故事的发展，将孩子们因为"小麦快要淹死啦"而帮助小麦解决问题的过程作为故事的高潮，最后以"欲知后事如何，且听下回分解"这样未完待续的悬念结束，令人回味。

同时，《水稻和小麦》这一课程故事中处处彰显着各种课程要素相互融合、有机联系的整体特征：一是课程起始于幼儿的需要与兴趣，以促进幼儿自主学习为基本立

---

① 丁钢. 教育经验的理论方式［J］. 教育研究，2003（02）：22-27.

场的课程理念始终渗透在整个课程故事中；二是课程资源不仅来自园内的物质资源，如种植区的水稻和图书室的绘本等，还来自园内有经验的门卫师傅这样的人力资源，更来自园外的家长资源，这些资源被教师很好地整合起来，以支持幼儿的自主探究；三是幼儿的这些自主探究真正契合了幼儿的学习方式——直接感知（如每天的观察）、实际操作（如手剥稻米）、亲身体验（如煮米汤、喝米汤）；四是教师通过跟进式观察与解读儿童学习行为的方法来促进儿童的学习，这是一种过程性的课程评价方式，彰显了以发展为导向的价值取向，值得倡导。

这一段是南京师范大学孔起英教授在阅读课程故事《水稻和小麦》之后的点评，这是一种对课程故事本身的评价，也是一种作为读者阅读课程故事之后的启示。故事传达观点，读者阅读课程故事，感受作者所传达的教育观念，再回到读者自身，此时启发性就此体现出来。

   叙事，就是讲述故事，是人与生俱来的一种表达方式和存在方式。人们通过叙事来说明事情是如何发生的，它同时也是一种由自我认知转变成告诉别人的一种方式。

——华东师范大学教授　丁钢

第三章

幼儿园课程故事的叙述

　　课程故事是课程的当事人或实践者"叙述"发生在课程中的"故事"。"故事"构成"叙述"的内容，在叙述中"赋予"故事以意义。在前文中，我们提到一个课程故事要包含事件、角色、环境（时间、空间）、主题几个要素，课程故事必须具有真实性、情境性和反思性。然而，是不是具备了真实性、情境性和反思性的故事就是好的课程故事？笔者曾在幼儿园实践现场及很多论坛上听过诸多一线教师的课程故事，但仅有为数不多的几篇课程故事打动了我的心灵，他们用生动的故事诠释了课程中的"意义"，给我留下了深刻的印象。对于大多数课程故事，我听完了就基本没有太多印象，过几天就忘记了。我在反思，一个课程故事如果仅仅具备时间、空间、事件、角色的要素，并且按照课程事件发生的顺序进行讲述，那么权且可以算得上是一个课程故事，但不一定是一个好的课程故事。一个好的课程故事应该具备怎样的特质？当下幼儿园课程实践中的课程故事叙述存在什么样的问题？幼儿园课程故事的撰写应把握的要点是什么？本章将探讨这些问题。

一、幼儿园课程故事叙述中存在的问题

当下幼儿园课程实践中，一线教师撰写的课程故事很多，内容涉及面广，既有主题活动中的课程故事，也有日常生活与游戏活动中的课程故事；既有课程开发中的课程故事，也有课程实施中的课程故事。故事真实、生动，有的甚至精彩，但很多课程故事在叙述时还是存在一些普遍的问题，主要有以下几个方面。

（一）课程故事主题不清晰，概念有所混淆

课程故事的主题即叙述者表达的核心思想，是课程故事的焦点和意义，清晰的主题能够照亮整个课程故事。然而，在幼儿园实践过程中，课程故事往往主题不清晰，"主题"概念有所混淆。

1. 幼儿园课程故事往往出现主题表达不清晰的现象

例如，在小班课程故事《雨》中，教师以"有段时间一直都在下雨，小朋友们每天来到幼儿园时问我的第一句话就是'老师，为什么今天还是在下雨啊？'。于是，我抓住机会带着疑惑，带小七班的孩子们开始了一段与小雨点的神秘约会"为开头的故事。接着，教师叙述了10个课程事件片段，分别为"为什么会下雨""喜不喜欢下雨""下雨天要准备什么工具""雨点是什么样子的""雨天的游戏""菜园里的发现""雨天的创作""阳台上的声音""水宝宝搬家""纸船记"。尽管该课程故事的内容丰富、情节多样，但对于究竟想要表达什么以及诠释的意义与核心是什么等问题，呈现出模糊的状态。

下面是笔者最近听到的另一个课程故事。

中班课程故事《珍"桂"有你》

故事缘起　寻香而至

有一天，吃完午饭，我和孩子们在幼儿园里散步的时候，有孩子问："老师，老师，什么东西这么香啊？香味是从哪里散发出来的？"这一问题引起了孩子们的兴

趣，于是我们开始了寻找香味来源之旅。

桂花知多少

孩子们在幼儿园各处寻找香味的来源。通过寻找，孩子们发现香味来自幼儿园盛开的桂花。于是，我和孩子们一起讨论：幼儿园里的桂花是什么样子的？它们是什么品种？而后，通过上网查询和询问管理树木的爷爷，我们知道了幼儿园里有两种不同种类的桂花，一种是丹桂，花为红色，香味浓；另外一种是金桂，花为黄色，香味较淡。

当孩子们知道了桂花的品种、颜色、香味后，我提出一个问题："桂花只有这两种吗？"

孩子们纷纷说桂花肯定不止这两种颜色。有的孩子提议："我们一起问问爸爸妈妈吧。"

于是，探索开始了……在这个过程中，我还给家长们发放了调查表，通过亲子参与调查，孩子们渐渐明白了原来桂花有不同的种类，有金桂、银桂、四季桂、丹桂，它们的颜色都不相同，而且开放的时间也前后略有不同。虽然它们开放的时间很短，但是它们浓郁的香味真令人向往。孩子们结合自己的调查表一一分享了自己所调查的桂花。

桂花分布图

这时，有孩子提出："怎样才能让大家一看就知道我们的桂花树种在幼儿园的什么位置？"

有孩子说"给桂花树拍张照片"，也有孩子说"我站在门口告诉大家桂花在哪里"，还有孩子提议"每个星期一在国旗下讲话的时候跟全园的小朋友分享"……经过一番激烈的讨论后，孩子们决定画一张桂花树分布图，然后把画的分布图分给别的小朋友，这样大家就知道幼儿园的桂花在哪里了。绘画前，老师带着小朋友观察幼儿园的全景图片，了解桂花树在幼儿园中的位置，然后与小朋友一起完成分布图的绘制。小朋友们把画好的分布图贴在一张大纸上，同时也把路上的一些房子画上去。

班里的孩子跟着自己制作的桂花树分布图，再次实地进行了验证，一一找到了幼儿园里的桂花树。而后经过讨论，大家打算把自己制作的分布图分发给别的班的小朋友和老师，让他们也寻着分布图去看看幼儿园里的桂花，去找找幼儿园里不同品种、不同地方的桂花树。

除了一个班一个班地送分布图外，孩子们还想出来，让每个经过我们班级的朋友随时拿着卡去寻找幼儿园里的桂花，于是我们把分布卡片放在了班级门口的墙面上，供大家自取。

桂花巧摘取

根据前期的调查、讨论，大家一致决定做桂花蜜，因为有了桂花蜜，我们就可以做很多好吃的东西。于是，孩子们讨论了怎么采摘桂花。

泽泽说："下次我们可以用梯子，爬上去摘桂花。"

祺祺说："把圆饼叠起来，我们站在上面去摘桂花。"

悦悦说："我们还可以搬桌子和椅子。"

讨论之后马上行动。他们通过行动又否定了一些比较危险的工具，最后决定和老师一起用手摇以及利用万能工匠敲打桂花树。

桂花甜美食

最后，孩子们挑洗桂花，准备制作桂花蜜。大家又分头了解做桂花蜜的食材——白糖、蜂蜜、干桂花，也学习了制作方法，最后成功制作了桂花年糕。

收获与思考

遇见桂花之旅，源于孩子们的发现和兴趣，从闻香、寻桂、识桂，再到集桂、品桂，孩子们成为自我学习和探索的小主人，自己发现问题、提出问题，再动脑筋想办法解决问题。教师作为积极的支持者、鼓励者和引导者，创造环境和条件供幼儿探究，帮助他们共同解决活动过程中发生的问题。

这只是笔者听到和看到的众多课程故事中的一例，类似这样的课程故事在实践中还有很多。我们知道与阅读论文相比，课程故事作为叙事，更轻松、更生动、更真实，然而，这个课程故事的叙述想让听者或读者获得些什么呢？是"接受"全盘的故事还是从故事中有所"领悟与启发"？如果一个课程故事仅仅是言说事实和过程，其意义何在呢？

学者蔡春指出："任何叙事都希望传递出某种意义。教育叙事是另一种言说方式，叙事文本的一个特点就在于以其生动的描述、丰满的形象、细腻的感受、轻松的笔调等特征，激起阅读者的共鸣，从而不断'点头'认同，进而对其所承载的教育学意义有所领悟……因此，评价一个叙事文本好坏的基本标准是：'故事'及其'叙述'是否蕴含了丰富的教育学意义，能不能很好地引导阅读者去领悟这些意义，能不能导致一种现象学式的'点头'。"[①]而这种现象学式的"点头"是课程故事最重要的意义，因为听故事和读故事的人就是在生动的叙事言说中，在体验和理解中感受了蕴含在故事中的意义。所以，一个好的课程故事其背后的主题要鲜明。

2. 对"主题"概念的混淆

实践中我们也发现课程故事主题不清晰的另一原因在于，教师对"主题"概念的混淆，表现为将主题活动的"主题"等同于课程故事的"主题"。

课程故事的主题，指的是课程故事叙述者表达的核心思想，而幼儿园主题活动的"主题"是"课程的某一单元、某个时段所要讨论的中心话题，通过对这些中心话题的讨论，对中心话题中蕴含的问题、现象、事件等的探究，使幼儿获得新的、整体的、联系的经验"[②]。幼儿园主题活动是指在一定的时间里，围绕一个中心内容（主题）组织的教育教学活动[③]，因其契合了幼儿的学习方式和发展需要，能够促进幼儿完整经验和健全人格的获得而备受青睐与实践。因此，教师在叙述从主题活动实施过程中产生的课程故事时，往往习惯性地将主题活动的"主题"等同于课程故事的"主题"。例如，下面的这个中班课程故事《亲爱的小羊》即是如此。

---

① 蔡春. "叙述""故事"何以称得上"研究"——论教育叙事研究的基本理论问题[J]. 首都师范大学学报（社会科学版），2008（04）：127-129.
② 虞永平. 论幼儿园课程中的主题[J]. 学前教育研究，2002（06）：13-15.
③ 陈福静. 幼儿园主题活动的设计与实施策略[M]. 北京：中国轻工业出版社，2016.

中班课程故事《亲爱的小羊》

幼儿园饲养园来了一只小羊，孩子们开心极了，每天都会去看看它，也会带一些青菜、萝卜去喂它，同时，孩子们还提出了很多关于小羊的问题。顺着孩子们的兴趣，老师做了价值分析与判断，提出了几个可能的主题价值点：

- 通过观察和饲养，乐于探索小羊的外形特征、生活习性，了解小羊的生长变化及其与人类的关系；
- 在饲养小羊的过程中发现问题、积极思考并解决疑问，提升探究能力；
- 能与小羊和谐相处，萌发爱护动物的情感和保护动物的意识。

随后，开展了主题活动《亲爱的小羊》。活动主要由以下14个活动组成。

- 小羊什么样
- 我是小羊饲养员
- 我的养羊计划
- 我给小羊取名字
- 小羊的身份证
- 小羊喜欢吃什么
- 我眼中的小羊
- 小羊的便便
- 白羊村的美容院
- 香香羊奶片
- 神奇羊奶皂
- 羊毛有什么用
- 亲亲小羊
- 给小羊的礼物

……

限于篇幅，这里不再详细列出主题活动具体实施过程。

这个课程故事就是按照主题活动实施的基本要素与流程呈现的，这样的课程故事更多表达的是主题实施的基本过程，在叙事的形式上既不符合课程故事的故事性和生动性，也没有呈现儿童详细的学习过程及故事的角色，更没有故事情节的连贯性和冲突性，课程故事最后想要表达的意义也就无法达成。所以，"主题"的混淆导致了课程故事无法清晰地反映真正的主题，即引发听者和读者的意义产生。

（二）课程故事内容单一，叙述浅表化

课程故事内容由课程实施中的真实课程事件组成，既可以是课程实施中具有内在联系的若干事件组成的完整故事，也可以是由课程实施中并无内在联系的若干事件组成的片段化故事，其内容的叙述是课程故事的"重头戏"。然而，笔者在实践中发现，幼儿园课程故事的内容叙述往往不够理想，主要表现为以下两点。

1. 课程故事内容单一

课程故事内容单一主要表现为对课程实施中一些成功课程事件的叙述，而对于教师在课程实施中的困惑或失败的课程事件叙述得少之又少。随着幼儿园课程改革的深入与发展，教师逐渐成为课程的设计者和开发者。由于教育的复杂性和教师教育能力的有限性，教师难免会在课程实施中遇到困惑点、矛盾点，甚至是失误点。然而，教师往往忽视对问题的叙述，单一化地分享成功的教育经验，这容易造成课程故事"千篇一律"。

2. 内容叙述浅表化

（1）*面面俱到，完整的课程故事叙述过程化*。例如，在中班课程故事《小兔子"跳跳"的房车旅行记》中，教师通过"故事背景、第一次造房车（轮胎房车）、我和跳跳的第一次旅行（草坪生日聚会）、第二次造房车（房车）、我和跳跳的第二次旅行（认识我们的好朋友）、第三次造房车（跳跳的超级房车）、我和跳跳的第三次旅行（跳跳比赛）、我们的收获（幼儿和教师）"进行课程故事的叙述。

可以发现，教师只是将原始资料进行粗加工，历程性地呈现课程实施中的整个过程。尽管课程故事都是发生在课程实施过程中的真实事件，但是并非所有

发生在课程实践过程中的真实事件都可以成为课程故事。正如学者刘万海所言，在教育事件发生发展的过程中，难免会掺杂一些必要但相关不大的日常活动环节，它们只是确保了整个事件的连续性与完整性，而对于要表达的教育主题（如教师信念、制度合理性、师生行为及关系模式）却体现得较少[①]。因此，课程故事要表达主题，必定要对课程实践中发生的事件进行选择与裁剪，才能使故事更聚焦。

（2）*泛泛而谈，课程故事内单个课程事件叙述浅表化*。例如，在中班课程故事《布的奇妙世界》中，教师叙述"棉花和蚕丝是怎么变成布的"："首先，要用纺车将棉絮变成棉线！但其实小朋友们还是不清楚纺车的原理，因为我真的找不到实物的纺车给他们进行探究。我还跟孩子们介绍了机器纺车，它可以将蚕丝和棉絮变成线，而且效率更高。最后就是把线变成布，孩子们亲自动手在小小织布机上体验了一把。"在这段叙述中，教师只是按照时间顺序平铺直叙了事件的大致流程，叙述平淡，浮于表面，缺少深度加工。事件中，教师针对孩子们在探究中提出的问题——"棉花和蚕丝怎么变成我们身上穿的衣服的布？"——是如何思考的？如何引导孩子们去解决这个问题？在探究与解决问题的过程中，孩子们遇到了怎样的困难？孩子们说了什么，做了什么，当时的情感体验如何？我们无从得知。课程故事中，孩子在哪里？学习在哪里？教师的支持在哪里？教师叙述该事件的意图在哪里？前文中的课程故事《珍"桂"有你》也是如此。

南京师范大学出版社的张莉编辑在编辑大量的课程故事中深有体会，特别提到了当下的一些课程故事叙述平淡——"课程故事作为一种叙事研究，首先要区别于观察记录。观察记录要求真实再现幼儿的活动，'用钢笔录像'或'用键盘录像'，倡导教师尽量减少议论。课程故事也要求所讲述的事情是真实的而非虚构的，但同时也应该是前后连贯、有吸引力、能感染人的。那么怎么做到这一点呢？这就要有一个线索。根据这个线索一个问题接一个问题，一个话题接一个话题展开：纵向上表现为层层递进推动故事发展，遇到问题—解决问题—产生新问题—解决新问题；横向上表现为孩子各个维度的发展。通过这样一个线索，整

---

① 刘万海. 教师叙事研究的误区分析[J]. 教育发展研究，2010，30（12）：77—81.

个故事就立体了。但教师们写的时候常常会'拎'不到这个线索"①。所以,教师们的课程故事讲述与撰写往往既没有情节的层层递进,也看不到孩子经验的提升与拓展,更没有故事的情节冲突,所以整个故事过程读起来相对平淡,没有立体感。

(三)课程故事反思浅显,流于形式化

"课程故事与一般故事的区别关键在于课程故事中蕴含着教师对实践的反思、领悟,以及重述故事时的再反思,这种'双重反思'使得教师在撰写故事的过程中重新认识教育,意识到自己缄默的教育观念,促进自身观念的更新和教育经验的积累。"②然而,笔者在实践中发现,幼儿园教师的课程故事常常表现出反思浅显、空泛,针对性不强等特点。

例如,中班课程故事《珍"桂"有你》中,教师的反思如下。

遇见桂花之旅,源于孩子们的发现和兴趣,从闻香、寻桂、识桂,再到集桂、品桂,孩子们成为自我学习和探索的小主人,自己发现问题、提出问题,再动脑筋想办法解决问题。教师作为积极的支持者、鼓励者和引导者,创设环境和条件供幼儿探究,帮助他们共同解决活动过程中发生的问题。

中班课程故事《我的蔬菜朋友》中,教师的反思如下。

生活经验是孩子学习的源泉,挖掘孩子生活经验是引导孩子认识世界的重要途径。作为老师,根据孩子的兴趣推进项目也是一件极为开心的事情。

大班课程故事《邂逅马蜂窝》中,教师的反思如下。

生活处处皆课程,一系列的活动也将孩子、家长和老师融合在一起。细心守护孩子的求知欲,老师往后退一步,支持和引导孩子自主探究,让探究成为一种习惯。

---

① 张莉. 从编辑的视角谈幼儿园课程故事撰写[J]. 传媒论坛,2020,3(20):90-92.
② 王凯. 课程故事刍议[J]. 课程·教材·教法,2004(04):8-13.

从以上几篇课程故事的反思中可以看出,教师的反思叙述浅表化,浅尝辄止,浅显空泛,流于形式,难以体现教师深入反思课程事件的痕迹,更无法通过反思引发听(读)故事人的深思。"一部好的叙事研究,不仅是研究者自身心路历程的真实反映,同时也是其他读者借以反思自身行为的基础和对照学习的镜子。通过叙事的方式,个体的故事被他人理解和阅读,常常能引发思想的碰撞,迸射出智慧的火花,生成新的经验,为'听者'和'诉者'服务。叙事可以再引发、激发思考,产生认同及共鸣,当共鸣产生后,叙事就不会只是'你'的故事、'我'的故事或'他'的故事,而是'我们'的故事。在故事里,我们看到一些'同',于是我们相互支持、相互理解;在故事里,我们也看到了彼此的'异',于是我们相互尊重,去想象另一种行动的可能。"① 而这也恰恰是课程故事的迷人之处。

二、一个好的幼儿园课程故事的特质

人是天生的故事讲述者。课程故事是教育叙事的一种形式,是指教师本人基于自己在课程中的亲身经历,以讲故事的方式,通过自身的话语、行动和感受向听者(读者)传递他们自己在课程建设与实施中的日常教育经验。实践中的教师都可以讲述课程故事,也能够讲述丰富生动的课程故事,但不见得都是好的课程故事。那么,什么样的课程故事是好的课程故事呢?在此,笔者借鉴相关文献,结合自己的理解与体会,提出好的幼儿园课程故事的特质,以期与同人探讨。

(一)凸显课程故事的主题核心

"幼儿园课程故事本质上是一种教育实践叙事,就是讲述那些以小见大、发人深省、关乎幼儿园课程建设与发展的故事。它是幼儿园教师对课程实践过程中真实事件的叙述,其目的在于通过故事去体悟并阐述教育工作所蕴含的规律、原理,促进叙述主体和听众(读者)对教育现象——特别是课程问题——的深度理

---

① 王芳,翟爱萍. 对课程叙事研究特点的解读[J]. 贵州师范学院学报,2011,27(03):64-67.

解与思考；是一种将客观事实呈现、主观感受体验和理性观点阐释融为一体的教育经验发现过程。"①"一个好的故事可以发人深省，引人深思。一个完整的教育故事必须有一个照亮整篇文章的主题。"②要让课程故事达到这样的高度，教师在撰写课程故事时就要注意凸显课程故事的主题核心。

课程故事不是对课程实施的线性回顾，也不是对课程实施过程性材料的简单堆积，课程故事之所以是"故事"，一定要有故事的基本要素——主题，一定要对课程开发、课程实施的原始事件进行筛选与取舍，以期通过课程故事生动地表达教师的教育观点与思考，从而彰显实践智慧。马克斯·范梅南认为，主题是经验的焦点、意义和要点，是对意义的需求或渴望，是我们可以获取其意义的意识，是对事物保持一种开放性，是创造、发现和揭示意义的过程③。主题是"生活暗示给作家的一种思想"（高尔基语），作品的主题总是和某种观念化的思想相联系，主题赋予作品以"深度感"。④因此，幼儿园课程故事的主题是教师基于真实的课程事件，揭示课程事件的意义，表达个性化的教育思想观念的过程。"这就要求教师在构思一个故事时必须确定故事的主题，而且不能直接用议论式、概念化的东西加以说明，而应该将主题暗含在讲故事的过程中，通过故事中的人物、场景、心理活动的描写体现出来，让读者在字里行间自己去体味故事的真谛。这也是教育故事的复杂性、多元性的特点所决定的。"⑤"赋予我们的课程以意义的过程，就是我们的经验叙事的过程。"⑥

笔者在2012年购买《小人国的秘密：讲述中国巴学园的故事》一书后一口气就把它读完了，至今仍然记得里面的好多故事及情节，以及故事带给我的意义与启发。对照近几年在幼儿园听过的很多课程故事，为何很多故事都没有给我留下印象，让我记不起情节，甚至没有一点打动我的心灵？我在琢磨，我在反思，慢慢地，我理解和明白了，原来《小人国的秘密：讲述中国巴学园的故事》中的

---

① 张斌，虞永平. 冻不住的好奇心［M］. 南京：南京师范大学出版社，2018.
②⑤ 王珩. 教育故事研究［D］. 金华：浙江师范大学，2005.
③ 范梅南. 生活体验研究——人文科学视野中的教育学［M］. 宋广文，等译. 北京：教育科学出版社，2003.
④ 苏鸿. 校本叙事：教师专业成长的新路径［J］. 教学与管理，2005（19）：17-20.
⑥ 康纳利，克兰迪宁. 教师成为课程研究者——经验叙事：第2版［M］. 刘良华，邝红军，等译. 杭州：浙江教育出版社，2004.

11个故事背后都隐含着丰富的教育意蕴，直抵我心灵深处。尤其是《大壮的旅行包与眯眯的红枕头》《孩子王池亦洋》《锡坤闯世界》《辰辰的等待》，让读者感受到的是一个又一个生动的故事片段，读来轻松，但故事背后的意义深刻。那我们就仔细分析一下《大壮的旅行包与眯眯的红枕头》①这个教育叙事的主题与事件的选取。

爸爸的大汽车开走了，他在哭闹；妈妈的背影不见了，她在哭闹。

我们只看到——她，紧握着婴儿期用的红枕头；他，离不开家中带来的旅行包。没有人知晓，其实，他们紧紧抓住的不是红枕头，也不是旅行包，而是一条秘密通道。

作者基于理解与表达3岁幼儿的入园焦虑和心理安慰物，选择了两名刚入园的幼儿——大壮和眯眯，以其在幼儿园生活中的以下几个片段来生动形象地阐述了故事背后的教育意蕴，给人诸多启迪。

- 惹祸的旅行包
- 我要爸爸，我要大汽车
- 咖啡里面有肉
- 一把剪刀的僵持
- 放下沉重的包袱
- 红枕头
- 天阴总有再晴时

下面，我们通过故事叙述者李跃儿的解读来感受故事的主题与意义。

我们总是害怕孩子哭闹，有时候，这种哭闹不是一种顽劣的人性，而是由他们内心的恐慌引起的；这种恐慌，有时就来自对环节的陌生感。在被迫离开自己的亲人和熟悉的地方时，他们会选择一个物品来替代，儿童心理学家称这样的物品为"安慰物"。使用安慰物来使自己获得安全感，剔除内心深处的恐惧，这是儿童生存本能所创造的奇迹，是一种天然的自我保护机能。在这种情况下，成人

---

① 张同道. 小人国的秘密：讲述中国巴学园的故事[M]. 北京：京华出版社，2010.

不可以强行戒掉儿童对安慰物的依恋，因为儿童需要安慰物是内心状态的一个投射，而不是真的跟这个安慰物有什么关系。当然，我们对儿童的帮助不该仅仅停留在这个层面上，帮助他们消除问题的根源才是最终目的。像在故事中看到的那样，在老师的帮助下，大壮终于丢弃了那个大包，变得快乐起来，我们的目的就达到了。

眯眯的妈妈把眯眯送到幼儿园离开后，眯眯手里明明拿着小红枕头，却依然在哭喊："小红枕头，我的小红枕头！"其实，她要的不是小红枕头，而是妈妈的怀抱；当手里紧紧捏着这个小红枕头的时候，她的内心会获得一些安全感。如果小红枕头能起到这样的作用，那么我们为什么要把它从眯眯的手里抢走呢？当然，我们也不能听任她每天就这样抱着小红枕头，却不去帮助她消除内心的恐惧和焦虑，那样的话我们就失职了。所以我们要去看，是什么原因使她内心产生了焦虑；一旦我们帮助幼儿戒除了这种焦虑，他们就会主动放弃安慰物了。

"我们知道，任何一部作品，包括叙事作品，都由具体的作者所创作。其中叙述者的确定、'视点'的选择，可以说，都是由实际意义上的作者所决定的。而在这一选择中，无疑包含着作者希望传达给读者、观众或听众所叙故事的含义，希望读者更好地理解自己的作品所传达出的信息、意义、价值规范等。"[①]由此我们可以深切地感受到，课程故事作为一种教育叙事，它指向的不是故事本身，而是故事背后的"视点"——意义与理解。因此，所选择叙述的课程事件本身就要具有一定的启发性，即事件能够引起叙述者、听者和读者的精神震撼，引发共同的交流与思考。其中，具有启发性的课程事件不仅包括成功的课程事件，还包括令人困惑的问题事件，甚至是失败的课程事件，避免课程故事内容的单一化。听者（读者）在倾听、阅读课程故事时往往不是全盘接受故事，而是在领悟故事。这就是教育叙事最重要的问题——为什么要叙事。

"为什么要叙事？因为我们想通过'叙述''故事'去'告诉其他人发生了一些事情'，想传递出这些事情后面所承载着的教育学意义。"[②]正如丁钢教授所

---

① 谭君强. 叙事学导论：从经典叙事学到后经典叙事学[M]. 北京：高等教育出版社，2008.
② 蔡春. "叙述""故事"何以称得上"研究"——论教育叙事研究的基本理论问题[J]. 首都师范大学学报（社会科学版），2008（04）：127-129.

言,"如果叙事可以达到这样的境界,即不仅在讲述某个人物的教育生活故事的过程中解释一系列复杂的教育场景与行为关系,而且'照亮'了某个人物在此教育场景中的'心灵颤动',可以给读者一些精神震撼,那么这就是非常好的叙事了"[1]。

(二)选择有情节的课程事件

课程事件构成课程故事的内容。面对繁多的课程事件,教师需要对课程事件有所选择,才能使故事更聚焦于主题,进而促进主题表达的清晰化。

在撰写课程故事时,教师经常会遇到的一个难题就是到底该如何选择与处理所获取的素材,进而形成有情节、有线索、有内在逻辑的故事,而这个问题实质上就是课程事件的情节问题。"如果说主题是教育故事的灵魂,那么情节就是教育故事的骨肉。在故事中,人物的塑造、主题的体现,都是通过情节的发展来完成的。为了使教育故事变得活灵活现,就必须加强戏剧性,设置悬念。每个教育故事都蕴含一个或几个教育事件,即教育过程中出现的某一个有意义的教学问题或发生的某一种意外的教学冲突、管理矛盾等。从文学的角度来说,就是要有一定的情节性和可读性。"[2]

石亚兵博士在其《教育叙事"情节"三问》一文中针对教育叙事领域往往被忽略的话题——情节问题——做了深入的研究,特别指出了教育叙事情节的"真实与虚构""好莱坞化与平淡无奇""片段剪辑与全景呈现"三个问题,并提出了自己的独到见解,即教育叙事强调情节的真实;教育叙事强调在每一个看似平淡无奇的教育事件背后发现其蕴含的教育实践智慧;在教育叙事中应该把握实事求是的原则,尽量全面还原当时的情景,减少片面的情节剪辑[3]。这些观点对于我们建构一个好的课程故事的情节具有深刻的启发性。所以,课程故事在选择课程事件时要注意有情节性。

---

[1] 周勇. 教育叙事研究的理论追求——华东师范大学丁钢教授访谈[J]. 教育发展研究,2004(09):56-60.
[2] 王珩. 教育故事研究[D]. 金华:浙江师范大学,2005.
[3] 石亚兵. 教育叙事"情节"三问[J]. 教育发展研究,2016,36(22):37-39.

情节性是指事件要有矛盾冲突及其化解过程，情节曲折、生动的故事更引人入胜。课程故事不是记流水账，更不是把做过的课程全部回溯一遍，而是记述有情节、有意义的相对完整的故事，谈论课程中特别的角色、特别的问题。好的课程故事往往包含冲突明显的事件。下面来看一个由单一事件构成的课程故事《荷塘月色》[①]。

课程故事《荷塘月色》

一次语文课上，我正在讲解《荷塘月色》中历来被奉为通感手法经典之作的那一句——微风过处，送来缕缕清香，仿佛远处高楼上渺茫的歌声似的——"这句话中朱自清先生用了通感的修辞手法，把本来是嗅觉的清香，大胆新奇地比作听觉感受的歌声，充分表现了荷香的似有若无、丝丝缕缕、断断续续，达到了通常修辞手法所无法达到的效果……"，当我滔滔不绝地讲解完一段后，一位学生举手试探着说："老师，我觉得朱自清把荷香比作歌声似乎并不好，文章通篇的意境都极为宁谧，除了作者之外，没有第二个人，如果用'歌声'有点儿破坏整体效果，照我看来，改成'笛声'更好，既无人声掺杂，也符合当时的意境。"

听罢学生的话，我不禁为之一震，这一句通感多少年来被无数人奉为经典，从未有过疑问，一个高一的学生竟会对此提出异议，或许也只有一个高一的学生才敢提出这样的异议。这是我在备课中根本无法预见的。我突然意识到这是一个启迪学生思维的良机，于是我先表扬那个学生的"独特发现"，然后推翻原先准备好讲解"通感"的教案，当即决定让学生来唱主角改写这句经典名句。学生一下子变得兴奋起来，经过斟酌、品味、比较，不断地推举出大家公认的佳句来，如"微风过处，送来缕缕清香，仿佛天外飘来的悠远的钟声似的""微风过处，送来缕缕清香，仿佛摇篮边母亲轻轻地抚拍似的""微风过处，送来缕缕清香，仿佛蒙娜丽莎嘴角的绵绵微笑似的"，等等，他们文思如泉涌，直到下课铃声响起也无法停止。

我捧着同学们改写的"名句"激动不已，我庆幸那个学生的"突发奇想"，使我没有埋没他们如此精彩、巧妙的创造力；我也庆幸自己的随机应变，使我捕捉并利用

---

① 王红. 走进语文教学的艺术殿堂［J］. 上海教育科研，1999（06）.

了他的"突发奇想"。

我清醒地提醒自己:语文课并不是枯燥乏味的,相反,它具有数理化所不具备的审美性和情趣性,用艺术的方式让学生感受语文的蕴藉之美,品尝语文的探求之味,享受语文的发现之乐,那才是语文教学的真谛所在。

虽然这是一位高中语文教师撰写的课程故事,但同样吸引了我,打动了我。我感受到的是真实的故事情节,我感慨的是单一的故事片段也是由生动、曲折的故事情节表达的。在《荷塘月色》的语文教学课堂上,学生的提问打破了教师预设教学的常态,引起了故事的冲突——是按照自己原先预设的讲解"通感"的思路走还是按照学生提问的解决方案走。这就是教学故事的冲突,而教师面对课堂教学的意外不是漠视,更不是千方百计地回到原先设计好的思路上,而是随机应变、机智处理,顺应学生提出的问题并经过讨论发现,从而让人更加深刻地感受到了语文教学的语义之美。

下面再看一个课程故事《精彩的皮影表演游戏》[①]——大班孩子自编、自导、自演皮影游戏的故事。

大班课程故事《精彩的皮影表演游戏》之故事缘起:《小蛇散步》皮影表演看厌了

瞧!今天的表演开始啦!小舞台上正在表演的是《小蛇散步》。牛牛倚靠在椅背上,表现出无聊且不满意的神情并小声嘀咕道:"又是《小蛇散步》,怎么演来演去都是《小蛇散步》,我都看了很多遍了,已经看厌了,我才不要看了。"这让我意识到:《小蛇散步》已演整整一年,虽然小演员们对该剧本的皮影表演都已非常熟练,演出效果也不错,但很明显,这已满足不了小观众想看新故事的需求(见照片3.1、照片3.2、照片3.3、照片3.4)。

---

① 本课程故事由浙江省杭州市兰苑幼儿园王莉老师提供。

照片 3.1　　　　　　　　　　　　　照片 3.2

照片 3.3　　　　　　　　　　　　　照片 3.4

事件 1　新故事《光头强去大海旅行》"诞生"啦

于是，在游戏结束时，我问孩子们："刚才有小朋友提出已经看厌了《小蛇散步》，那么，大家想看什么呢？""我想看光头强，光头强好看。"牛牛说。"可是，光头强是动画片里的，我们怎么用皮影戏来演出呢？"我追问道。"这个我经常看，我还会讲，还会编光头强的故事呢！"文博很快接上了我的话。我内心有些小小的兴奋和期待，心想："文博平时就能说会道，或许他真的能根据平时看的动画片进行创编。这是一个好的教育契机，我应该抓住。"于是，我故意表现出一副不敢相信的样子，说道："你真的会编光头强的故事？""是啊！这有什么难的！我今天回家就编一个！"文博嘟着小嘴巴抬着头骄傲地回答。我用欣赏的眼神看着文博并给予他语言上的支持和鼓励："好，老师相信你，我们大家都期待听到你编的新故事。加油！"

第二天，文博早早地来到了幼儿园，一起来的还有他妈妈。看到我已经进班，文博转身就从妈妈手上递过来一份稿子："看，王老师，这是我昨晚编的故事，我讲的时候妈妈帮我录下来了，妈妈还帮我稍微改了一下，打印出来了！"我连忙竖起大拇指夸赞："哇！你一定是个故事大王，这么快就编了一个光头强的故事。快让我看看！""题目叫《光头强去大海旅行》。"文博大声地告诉我。我从他的声音中读出了满满的自信。我表现出非常感兴趣的样子，俯下身子说："哦！去大海旅行，那一定是很有趣的。老师也很想听呢！那你能不能把这个故事讲给大家听一听呢？""可以啊！没问题！"文博爽快地答应了。

餐前活动时间，文博不紧不慢地为小伙伴们讲述了自己创编的故事《光头强去大海旅行》……

直到故事结束，孩子们似乎还沉浸在文博的精彩讲述中，半天没缓过神来。只见文博如同小绅士般弯下腰，向大家鞠了个躬："谢谢大家，我的故事讲完了！"小意带头，大家纷纷拍起了手，夸赞文博的故事讲得真好！就在文博陶醉在一片称赞声中时，希希说："可是，我有个问题，你这个故事太长了，我们怎么用皮影来表演啊？""是啊，是啊！这么长的故事我们怎么表演呢？"

事件2 表演片段大讨论

希希的提问引发了大家的思考：这么长的故事，该怎么用皮影来表演？活动室里的孩子们顿时自发进行了一场精彩的讨论。迪迪说："文博讲了什么，我们就表演什么。""不行不行，那样太长了！也不好表演。"孝天急忙提出了否定意见。"对啊，对啊，假如故事里的每句话我们都要表演，那表演的时间也太长了。"小意肯定孝天的意见并做了进一步的补充。"既然大家都觉得太长，我们就一起选一下，把故事里大家都喜欢并且可以表演的部分选出来就可以了。"文博给出了自己的建议。"嗯嗯，我觉得可以。"牛牛在一旁连连点头，表示同意文博的意见。我认真倾听着孩子们的讨论并认为这是一个比较好的介入时机，于是我用参与者的身份提出自己的建议："我也觉得文博说得有道理，大家把故事里喜欢的、想看的片段表演出来就可以了，其他的可以不表演。""对的，对的。这样表演时间也不会太长，并且表演的都是大家喜欢的。"宁宁认同我的建议。"那我们怎么选出大家都喜欢的片段？"宝之问。"老规矩，分组讨论，投票决定。"孝天立刻给予回应。"好的，好的，就这么办！"孝天的回应得到了全班的认同。至此，全班达成一致意见：分组讨论，选出需要表演的片段。按照班级自发讨论问题的惯例,孩子们自由分成四个小组,讨论时间为 15 分钟,讨论结束后派代表发言阐述讨论结果,最后集体投票决定。

各小组七嘴八舌地讨论起来,活动室里热闹非凡。15 分钟的时间过得特别快,各小组请了代表一一介绍自己组里的讨论结果。这回孩子们听得尤其认真,因为他们是有权利进行投票的。介绍讨论结果的孩子也讲得格外认真,因为每个组都想让自己组的讨论结果获得最高的投票数量。第一组由宁宁代表:"我们组讨论后觉得只需要两个片段,第一个片段是光头强在家里玩,然后李老板打电话来给他飞机票;第二个片段是他到了大海里。"第二组由小意代表:"我们组觉得第一个片段是光头强得到了旅行的飞机票;第二个片段是他在飞机上快乐得不得了(因为我们觉得坐飞机也很好玩);第三个片段是到了夏威夷,光头强和熊大、熊二一起欣赏美丽的风景。"第三组由文博代表:"我们把故事分成四个片段,第一个片段是光头强接到李老板的电话,得到了旅行的飞机票;第二个片段是寻找旅行的伙伴;第三个片段是光头强和朋友一起坐着飞机出发了;第四个片段是到了夏威夷,光头强和朋友一起边欣赏美景边喝椰子汁,最主要是在大海里旅行时看到美丽的风景,遇到了海里各种各样的小鱼,他们一起玩得很开心。我们认为,第一个片段和第二个片段只要稍微表演一下就好了,主要是第三个片段和第四个片段。因为我们觉得坐飞机很好玩,并且第四个片段在夏威夷旅行时最好玩。"第四组由牛牛代表发言:"我们就分成两个片段,第一个片段是光头强和朋友一起坐在飞机上;第二个片段是在夏威夷的大海里光头强和朋友一起游泳,他们得到了很多贝壳。"

四个小组介绍完毕,全班小朋友进行投票,第一组 6 票,第二组 7 票,第三组 15 票,第四组 4 票。很显然,根据少数服从多数的原则,第三组胜出。最终一致决定,分成四个片段,分别是:得到飞机票、寻找旅行伙伴、坐飞机出发、夏威夷的风光真美丽。

事件 3:表演剧本"出炉"啦!

事件 4:表演道具和材料怎么解决?

事件 5:表演时录音太快怎么办?

事件 6:身体露出来、挡住光了怎么办?

事件 7:手电筒的光总是晃动怎么办?

由于篇幅所限，后面的几个事件片段就不一一呈现，但从仅有的两个片段及后续片段的名称上，我们可以发现，这个课程故事缘起于孩子们看厌了皮影表演《小蛇散步》，引发了他们想看新的皮影表演的冲突，那么大家想看什么样的新皮影表演呢？孩子们熟悉的"光头强"动画片成为大家的最爱，但"光头强是动画片里的，我们怎么用皮影戏来演出呢？"又引发了新的矛盾。后来，能说会道的文博通过创编的故事《光头强去大海旅行》解决了这一问题，但新问题随即又来了——这么长的故事，该怎么用皮影来表演？接着，孩子们通过小组讨论与投票，一致决定把皮影表演分成四个片段：得到飞机票、寻找旅行伙伴、坐飞机出发、夏威夷的风光真美丽。但新问题继续产生：每一个片段具体表演什么？表演的小朋友对话时说些什么？具体的道具是什么？带着这样的问题，孩子们提出继续分工合作，进行细化讨论……整个课程故事就是在一环又一环的问题与冲突解决中不断推进的，孩子们也在这样的小组合作与讨论中不断面临问题、解决问题并获得学习与发展。正如故事的最后所言：

至此，孩子们真正爱上了皮影表演游戏，几乎每天都在班里自发表演，孩子们时而是观众时而是演员，时而静静观看时而哄堂大笑，他们沉醉其中，乐此不疲。许多新的作品也相继"出炉"并上演着，比如，宁宁根据《光头强去大海旅行》续编的故事《光头强的无人小岛爆炸了》、然然的原创作品《黑黑的森林里》以及小意的原创作品《老巫婆的魔法棒》……皮影表演游戏正以独特的魅力浸润着每个孩子的心灵，孩子们因此而快乐，因此而成长，因此而收获美好的童年！

随着故事表演次数的增加和经验的不断积累，我欣喜地发现孩子们在表演中越来越游刃有余，同伴之间的合作越来越默契。通过同伴合作，孩子们练就一双会发现问题的亮眼睛，养成发现问题后积极思考的好习惯，习得和同伴共同讨论并解决问题的优秀品质。他们在游戏中通过合作自编故事、自制道具、自导自演，发现问题，随时调整策略，积极主动建构新经验，足以令人欣赏和敬畏。

《课程故事的当代特征与实践价值》一文的作者指出："课程故事既要追求可读性，又要进一步体现情节性，即课程故事要把教师与儿童在课程实践中遇到的各种问题及解决问题过程叙述出来，故事不仅表现儿童发现问题与解决问题的过程，同时还呈现教师如何支持儿童发现与解决问题的过程。"①因为阅读者在阅读、倾听这些故事时会感觉似曾相识，仿佛就是发生在自己身上的事件，因为情景与情节的相似与熟悉，他们会感同身受、有所启发，而这恰恰符合德国哲学家狄尔泰（Dilthey）体验教育的"体验—表达—理解"的方式，人就在这样的体验中理解与建构了意义。也许，这就是课程故事的本质所在吧。

（三）使用深描突出事件细节

课程故事是指教师以讲故事的形式述说自己或别人经历过的课程事件并诠释其中的意义。它与量化的研究和理性的研究论文的呈现方式不同，不能把事件切割成概念符号和统计数据，不能运用科学主义的从概念到概念的理论化表述，它需要通过一个又一个生动的故事来描述与把握事件的发生、发展过程。要按照故事发生的时间、空间、人物、线索、逻辑进展来描述事物的发展过程，关注的是有血有肉、有情感、有个性的人物与事件本身。"课程叙事研究的写作借用文学创作的描述方式，表现为蕴含情感的生活语言风格，既有细致翔实的故事性描述，又有基于事实的深刻分析。重视细节和情境的勾勒，通过详尽细密的描述，把真实的课程生活淋漓尽致地展现出来，使读者产生'身临其境'之感，从而产生感情共鸣。"②而要达到这样的效果就必须使用"深描"，突出事件细节方能让课程故事成为一个好的故事。那么，什么是"深描"呢？

蔡春在《"叙述""故事"何以称得上"研究"——论教育叙事研究的基本理论问题》一文中回答了这个问题：叙述需要"深描"……深描的第一层意义是生动描述，即对特定的事件丰富、细致的描述……在这种真实、生动、细腻的描述中，使人与人之间、不同文化之间达到一种真正的理解……深描的目的是使阅读它的人"能因此而像该社会或社群的成员一样恰当地参与和解释发生在群体中的事"，甚至能像该成员一样恰当地行动、感受、生活。"深描"的第二层意义是深度描述……借鉴生活体验研究中的体验描述，以期使叙事文本更能打动阅读者，使他们频频"点头"：正是在"点头"的过程中，视域融合实现了，意义世界诞

---

① 李云淑，吴刚平. 课程故事的当代特征与实践价值［J］. 基础教育，2015，12（06）：61-68.
② 王芳，翟爱萍. 对课程叙事研究特点的解读［J］. 贵州师范学院学报，2011，27（03）：64-67.

生了①。的确如此，课程故事叙述中只有深度描述和解释叙事过程中的人物、事件、对话、情景等才能最大限度地还原故事现场，才能凸显故事的关键事件，才能生动、细致、翔实地呈现故事的原貌，让听者（读者）身临其境地感受其感受，体察其体验。这也契合了丁钢教授在确定"叙事诠释的标准"时所提到的标准：有没有生动地叙事？有没有建立深度的叙事？过程性和交往性是否充分？对于现象是否交代清楚？等等。

下面，让我们通过《孩子王池亦洋》故事中的《"超人"归来》②这一部分文字来体会深度描述的事件。

"超人"归来

夏日一个雨后的清晨，巴学园还没有开门，一个男孩子就已经早早地站在了院门口。他的打扮有点特殊，身后披着件长长的披风，鲜艳的红色显得十分醒目。他忽闪着一双英气十足的大眼睛，向院内大喊着："'超人'来啦！"

"早上好！"王丽老师闻声走出小楼，亲切地打着招呼。而男孩子无心回应老师的问候，迫不及待地转过身去，向老师炫耀披风上那个大大的"S"的超人标志。

"小超人"名叫池亦洋，是巴学园里有名的孩子王。两周前，他跟随父母去美国旅游，今天重新回到巴学园，依然掩盖不住内心的兴奋。

孩子们陆续入园了。一进到屋里，池亦洋就冲向自己平日里最要好的朋友陈炳栋，脱下披风就要给他披上，以此表示兄弟的情谊。"瞧，我的超人披风。"但是，这位好兄弟却不领情，很冷淡地说："裙子，我不要。"

"这不是裙子，这是超人的披风。"池亦洋连忙解释，栋栋却似充耳不闻。

这大大出乎池亦洋的预料，他尴尬地举着披风。这时，披风已经失去了分量，他感觉到自己孩子王的地位已经动摇了。

栋栋坐在板凳上开始换鞋。池亦洋凑上去和他并肩坐在一起，想努力找回昔日的友情。"我和你在小班园的时候，还有朱江秋，还有佳佳。我吃口香糖，佳佳也吃，

---

① 蔡春. "叙述""故事"何以称得上"研究"——论教育叙事研究的基本理论问题[J]. 首都师范大学学报（社会科学版），2008（04）：127-129

② 张同道. 小人国的秘密：讲述中国巴学园的故事[M]. 北京：京华出版社，2010.

你也吃,朱江秋也吃,我们一起把胶搁到武燕老师的靴子里……"池亦洋兴奋地讲述着往事,希望引起栋栋的共鸣,可是栋栋只顾低头穿鞋。忽然,栋栋把头转向池亦洋:"池亦洋,帮我把这鞋穿进去。"

池亦洋一愣,然后迅速站起身:"这样一下,陈炳栋,这样。"边说边努力做着演示。可是栋栋继续命令着:"帮我系鞋带。"

池亦洋毫不犹豫地跪在栋栋面前,开始认真地系鞋带。在平时,都是别人围着他转,他哪里做过这种事啊!

到了自由活动时间,池亦洋已经重新赢得栋栋的友谊,两个小伙伴一起到院子里的沙坑去挖虫子。因为刚下过雨,沙坑里的细沙都被淋湿了。池亦洋掀开一块木板,发现了一块干沙,男孩子们都围了过来。但是池亦洋已经"占山为王",谁要分享院子里这唯一的一块干土,必须经过他的批准。见到有的小朋友已经闯入领地,他大声阻止道:"别动,你们这些人快出去!你都踩到我的线啦,还有你,都不许进来!"

显然,巴学园的那个孩子王又回来了……

《孩子王池亦洋》的故事通过《"超人"归来》《一根棍子惹的麻烦》《现在就打110》《大李老师的行动》《"我是这儿的领导"》《发明新游戏》《小将军》《足球赛风波》等故事片段讲述了以池亦洋为典型的幼儿园"孩子王"在老师的引领、帮助下是如何探索权力、使用权力以及进行社会交往、社会学习的,生动诠释了"池亦洋从一个小霸王变成一位小将军"的转变过程。故事生动、有趣,用幼儿园日常生活、游戏中发生的事件串起故事的过程,其中故事片段的描述中就大量使用了"深描",把故事中特定的情境、关系、人物的心理刻画得很细腻,比如,"巴学园还没有开门,一个男孩子就已经早早地站在了院门口""忽闪着一双英气十足的大眼睛""而男孩子无心回应老师的问候,迫不及待地转过身去""一进到屋里,池亦洋就冲向自己平日里最要好的朋友陈炳栋,脱下披风就要给他披上,以此表示兄弟的情谊""但是,这位好兄弟却不领情,很冷淡地说:'裙子,我不要。''这不是裙子,这是超人的披风。'池亦洋连忙解释,栋栋却似充耳不闻""这大大出乎池亦洋的预料,他尴尬地举着披风""池亦洋凑上去和他并肩坐在一起,想努力找回昔日的友情""池亦洋兴奋地讲述着往事,希望引起栋栋的共鸣,可是栋栋只顾低头穿鞋""忽然，栋栋把头转向池亦洋""池亦洋一愣，然后迅速站起身""池亦洋毫不犹豫地跪在栋栋面前，开始认真地系鞋带""见到有的小朋友已经闯入领地，他大声阻止道：'别动，你们这些人快出去！你都踩到我的线啦，还有你，都不许进来！'"。就是这些真实而生动的描述性语言将事件原原本本地叙述出来，通过对事件中幼儿语言、表情、动作及一些细节的描述，将关键内容原汁原味地呈现出来。

再比如，小班课程故事《玩转滑板车——相信孩子，游戏更精彩》[①]也使用了大量的深描，我们用下划线来标识。

小班课程故事《玩转滑板车——相信孩子，游戏更精彩》

滑板车是我园木制运动器械之一，由一块木板下加四个滑轮自制而成，是一物多玩的好器材，可促进幼儿走、跑、跳等多方面动作发展，锻炼幼儿的体能，培养幼儿的合作意识。此前，滑板车只被提供给中大班幼儿玩。

一天，孩子们去拿小木车骑，小木车一辆一辆地被骑走了。"老师，我要玩那个车子。"小备指着旁边的滑板车说。"你会玩吗？""我会。"我犹豫了一下，拿起一辆滑板车递给小备："那你玩给我看看。"小备接过滑板车，放在地上，然后一只脚站在滑板车上面，一只脚着地，并用力推动滑板车向前滑行，滑得非常顺利。四五个幼儿见状也拿了滑板车，学着小备的玩法玩了起来。漫漫学得最快，已经学会了"单脚滑行"（见照片 3.5）。玩了一会儿，小备滑过来说："我要休息一下。"然后，一屁股坐了下去。由于动作太急，滑板车居然往前滑了一下。"哈哈，坐着也能玩滑板车！"小备高兴地叫道。于是，小备坐在滑板车上，不停地扭着屁股，脚也不时地使劲。经过几次尝试，小备把双脚放在滑板车两侧，双手扶板，已能慢慢地往前"坐着滑行"了（见照片 3.6）。因此，我决定尝试让小班幼儿玩滑板车。

---

① 本课程故事由浙江省丽水市云和县实验幼儿园吴丽红老师提供。

第三章 幼儿园课程故事的叙述 057

照片 3.5 单脚滑行

照片 3.6 坐着滑行

进程一：单人游戏

有了小备的经验分享，孩子们拿了滑板车都自主地尝试着玩了起来。顺顺选的是"单脚滑行"，只见她左脚踩在滑板车上，右脚着地，慢慢地推动着滑板车前行，虽然有些慢，但玩得很投入；宸宸则选择了"坐着滑行"，坐在滑板车上，双脚不停地使劲，可惜滑板车只滑了一点点，他又扭动起屁股，这下滑板车又往前滑了一下。再看赫赫，单脚滑行已经很溜了！糟糕，滑板车从脚下滑出去了，赫赫一屁股坐在了地上，但他马上爬了起来，找回滑板车继续玩。每个小朋友都认真地游戏着。突然，我看到新的玩法了！毛豆双手扶板，翘着屁股，正推着滑板车快速往前滑行（见照片3.7）；心怡呢，整个身体趴在板上，双脚伸得直直的，双手往前撑地同时往后用力，向前撑地再用力，两脚脚尖也不时帮忙，居然滑得得心应手（见照片3.8）。旁边幼儿看见了，也学起了这两种新玩法。心心学的是毛豆"双手推滑"，可不同的是，他是双膝跪在地面上前进（见照片3.9）。滑了一会儿，他停了下来，拍了拍膝盖。我赶紧走了过去，对心心说："心心，膝盖疼了吧？快起来，看看毛豆是怎么玩的？"心心站了起来，看了看毛豆，朝我笑了笑，然后把两手扶在板上，翘起屁股推着滑板车往前滑。

照片 3.7　双手推滑　　　　照片 3.8　趴着滑行　　　　照片 3.9　跪着推滑

有了"小老师"小备的经验分享,孩子们开始时选择模仿"坐着滑行"和"单脚滑行",后来又出现了"双手推滑"和"趴着滑行"两种新玩法。游戏中还出现了摔倒、扶板时动作不正确等不安全现象。为此,游戏结束后我和幼儿借助本次游戏视频片段,提炼总结滑板车四种玩法的同时,也了解了玩滑板车时的一些注意事项。

进程二:结伴游戏

户外活动时,幼儿选择自己喜欢的玩法玩起了滑板车。小备和多多一起玩得正欢呢!两人先是都用单脚滑行,玩了一会儿,小备变成坐着滑行,多多见了也改变了玩法,双手推滑,一下就滑到小备前面去了,小备马上也改为用手推着滑板往前行。兜兜和榛榛则各自坐在滑板车上滑行,榛榛说:"兜兜,我比你快哦!"兜兜急了,双脚加快了速度,使劲往前挪动,一下子就和榛榛并排而行了(见照片3.10)。呵呵,她们这是在比谁滑得快啊!旁边的漫漫听见了,对可乐说:"我们也来比比谁滑得快吧!"可乐说:"好的。"她们玩的是双手推滑(见照片3.11),两人速度似乎差不多。丁丁和小玉在一旁进行单脚滑行(见照片3.12)。可乐看到漫漫比自己快一点,马上换了一种玩法,趴在板上滑行,漫漫当即也换了玩法,朝着同一个方向滑去,这回可乐的动作非常流畅,双手同时撑地,双脚蹬地,一会儿就滑到了墙根,然后马上掉头继续滑,一下就把漫漫远远地甩在了后面(见照片3.13)。

照片 3.10　双脚滑行

照片 3.11　双手推滑

照片 3.12　单脚滑行

照片 3.13　趴着滑行

游戏中，幼儿玩滑板车的动作更加流畅，他们会根据自己的爱好变换玩法，还自发出现了结伴游戏"比赛"。那是否可以尝试合作游戏呢？于是，我和中班老师联系，让他们班进行一次滑板车游戏。我带着幼儿观看，以引发合作游戏。

进程三：合作游戏

看了哥哥姐姐游戏后，我们的滑板车游戏又开始了！甜心和小语把滑板车并排放，然后站在上面，不停地跳啊跳，滑板车发出"咚咚咚"的声音，她们听了，跳得更欢快了。兜兜和榛榛看见了，马上把滑板车拿了过去，放在甜心的滑板车旁边，四个人一起站在板上跳啊跳，玩得更起劲了！远处，亦亦竟然一个人站在那里，我走了过去，发现他居然没有拿滑板车。"亦亦，你怎么啦？"亦亦说："我不想玩。"这时，旁边的小妹说："亦亦，坐我的滑板车吧，我来推你。"亦亦没反应，小妹急了，走过来拉起亦亦的手,走向她的滑板车,亦亦居然跟着她去了,坐了下来,小妹推着他往前滑行。刚开始,小妹推起来很费力,渐渐地,小妹越推越溜了。过了一会儿,再看亦亦和小妹,两人已经交换位置,亦亦在推小妹呢!(见照片3.14)再看那边的小舞台不见了,四人变成六人,她们排着队一个跟着一个在"过桥"呢!(见照片3.15)

照片3.14 你坐我推

照片3.15 过桥

这一次游戏更精彩,不仅有结伴游戏,还出现了"你坐我推"和"过桥"两种新的合作游戏玩法。这对小班幼儿来说,是一次质的飞跃。

从上述故事的呈现中可以看出,正因为小班滑板游戏的细节描述清晰,才让我们真切地体会到了这个故事背后的意蕴——相信孩子,放手儿童,游戏就会更精彩。

当然,在深描故事事件时也可以使用一些感性语言,感性的语言描述为课程故事的关键内容锦上添花,从文字中透露人物的情感态度、思想观念。例如,教师可以使用富有情感色彩的词语,如"满面春风""乐滋滋""心事重重"等;也可以运用一些修辞手法,如隐喻、比喻、对比、反复、设问等,表达个人的教育理念、个性化的教育体悟,抒发教育情怀,增加事件内容的感染力。

(四)加强反思,让反思走向深层次

日本学者佐藤学给予"故事"高度评价,他认为,"故事"的样式赋予教与学这一经验以意义,促进着这种经验的意识化和反省。[①] 研究者认为,只有通过

---

① 佐藤学,钟启泉. 教室的困惑 [J]. 华东师范大学学报(教育科学版),1998(02):16-26.

反思才能创造出"故事"。① 因此，深层次的反思无疑可以促进课程故事意义的升华。马克斯·范梅南说："教育学的文本应当具备一种启发灵感的品质和某种叙述的结构来激发批判性的反思和产生顿悟的可能性。"② 所以，一个好的课程故事是能引发人深层的反思的。

课程故事属于教育叙事范畴，而教育叙事不是理论思辨，不是原理分析，更不是抽象概括。它关注真实、多样的课程教学情境中的问题，面对的是丰富、开放、不确定、复杂的教育场景。课程故事通过捕捉那些发生在课程中的事件来呈现与反映课程中的问题，让听者或读者感受其背后所蕴含的课程理念。课程故事不仅仅是记录与叙述故事，而是通过故事来分析和揭示某种意义。"此种意义是研究者通过对自己的课程生活实践仔细地审视、分析而得出的，审视和分析的过程即反思的过程。课程叙事即述说个体的'课程之思'，以执着的'思'倾诉吸引人、打动人，从而以自己之思唤起他人之思。"③ 因此，反思是课程故事的应有之意。当然，"叙事不是以'先知者'的身份要求别人遵从或者盲从，而是以自身的问题思考去做他人问题思考的参照，经由自身切己性言说唤起他人切己性的问题意识。"④

对于课程故事中反思部分的呈现，笔者有以下观点。

1. 可以将反思部分融入课程故事的叙述中

教师不需要在文本的最后专门列出一部分来撰写反思，因为叙述者的反思已经自然地融入故事的发生、发展中了。课程事件的叙述尤其是事件的冲突解决，自然会反映当事人当时行动背后的思考。比如，课程故事《我和斑鸠做邻居》⑤中的片段"我给斑鸠投美食"就可以清晰地说明这一点。

课程故事《我和斑鸠做邻居》之"我给斑鸠投美食"

孩子们发现，斑鸠一直待在窝里，既不飞走也不吃食，于是开始了"斑鸠吃什

---

① 王珩. 教育故事研究［D］. 金华：浙江师范大学，2005.
② 范梅南. 教学机智——教育智慧的意蕴［M］. 李树英，译. 北京：教育科学出版社，2001.
③④ 王芳，翟爱萍. 对课程叙事研究特点的解读［J］. 贵州师范学院学报，2011，27（03）：64-67.
⑤ 张斌，虞永平. 冻不住的好奇心［M］. 南京：南京师范大学出版社，2018.

么"的研究。熙熙说:"我们一直在观察斑鸠,可是从来没看到斑鸠吃饭呢!它一直坐在窝里孵蛋,不饿吗?"语墨说:"应该是要照顾蛋宝宝,要孵蛋所以不能离开吧。"好好说:"也不知道斑鸠吃什么,不然可以放一点食物在斑鸠妈妈旁边,这样它不用飞远就能吃到了。"……孩子们你一言我一语,开始了"斑鸠吃什么"的新话题。

第一次投食

斑鸠到底喜欢吃什么呢?如果我们直接告诉孩子,就剥夺了他们探索发现的机会。于是,我们本着"善于发现和保护幼儿的好奇心,充分利用自然和实际生活机会,引导幼儿通过观察、比较、操作、实验等方法,学习发现问题、分析问题和解决问题"的原则,激发幼儿探究兴趣,让他们充分体验探究过程,发展初步探究能力,主动建构探究经验的契机,由此第一次投食活动开始了。

阳阳说:"我家的鹦鹉喜欢吃瓜子,鹦鹉和斑鸠都是鸟,应该都爱吃瓜子吧。"致远说:"我觉得斑鸠应该喜欢吃植物的种子。"安安说:"斑鸠喜欢吃豆子和米。"……"我们怎么才能知道斑鸠爱吃什么呢?你们说的这些,在哪里能够找到呢?"孩子们听到老师的提问,首先想到了幼儿园里有着各种各样美食的"生活馆"。他们来到幼儿园的生活馆,请教了生活馆里的应老师,认识了各种各样的粗粮。孩子们还从生活馆收集了一盒粗粮,放在窗口。两天过去,看着依旧满满的粗粮,他们很疑惑:"刘老师,我怎么没看见斑鸠来吃食物啊?""斑鸠到底吃了没有?"面对孩子们的疑惑,我们倾听了他们的想法,鼓励他们继续思考,解决如何清晰了解"斑鸠是否吃食,吃了什么,吃了多少"等问题。

第二次投食

孩子们经过协商,致远说:"有这么多种粮食,每种放一点,就会很多,放在一起,还是看不出来有没有被吃掉啊。"安安想到一个好办法:"我们把每种食物分开来放,每种放一点点,这样不就好了?"安安的方法确实可行,但是需要便于孩子们分类的容器。阳阳突然想到,说:"可以用我们数学课上使用的分类盒。"

孩子们调整了第二次投食:①先将粗粮分类;②再将每种粗粮的数量减少至十粒,利用分类盒分类盛放;③每天点数、计算、统计出粗粮被吃掉的情况。

我们则继续为孩子们提供更多粗粮，支持他们将"斑鸠爱吃什么"的研究进行下去。商田说："我们少放一点粮食应该就能发现有没有被斑鸠吃掉了。"接下来的几天，孩子们每天坚持观察分类盒里剩余的食物并把喂食活动的发现和收获都记录在自己的观察记录本上。他们每天一边做记录，数出被斑鸠吃掉的食物，一边继续按照每种食物十颗的数量为斑鸠投食。几天过去，孩子们数了分类盒里的豆子，黄豆少了两颗，小米十粒都没有了，原来斑鸠最爱吃的是黄豆和小米。

投食活动的收获

善良的孩子们希望为斑鸠投放食物，想让刚刚当上妈妈的斑鸠不用饿着肚子孵化小鸟，也不用飞很远就能吃到美味。他们在不知不觉中用科学实验的方式研究食物的数量控制、科学观察和记录；用数数比较物体的多少……孩子们在研究"斑鸠喜欢吃的食物"的过程中，通过实际操作理解了数与数之间的关系，学会了简单的调查收集信息方法，养成受益终身的学习态度和能力。

通过四周的投放观察，他们发现原来斑鸠也爱吃瓜子仁、绿豆和红豆。它们不吃白色的芸豆，孩子们猜想是因为芸豆太大了，斑鸠的嘴小没法吃，就把芸豆换成小麦，最后小麦也成为斑鸠的美食。

虽然这里呈现的仅仅是课程故事中的一个事件，但从事件的描述中我们仍然可以清晰地感受到教师在课程中的思考，即不断地利用自然资源——两只偶然飞来安家的斑鸠——引发孩子们对照料、孵化、出壳、生长等的观察、记录和探究。从孩子们的问题——斑鸠是否吃食，吃什么，到孩子们的投食、斑鸠吃了多少，尝试分类、观察记录，再到斑鸠最喜欢吃的食物等，其间每一步的行动及师幼互动都伴随着教师的思考，都有教师依据《3—6岁儿童学习与发展指南》及相关理论所进行的判断与分析，教师的反思自然地融入在故事的描述当中。同时，这样的课程叙事也让我们真切地感受到了故事背后教师引领的生命教育和爱心教育。这也是课程叙事所具有的在叙事中反思、在反思中行动、在行动中不断深化对问题和事件的认识，以及在反思中探寻行动本身及其背后的意义和理念的特点。课程故事最重要的就是表达和揭示叙述者对所经历的课程事件的理解、反思及建构的过程。因此，课程故事的反思是可以贯穿叙事的整个过程的。

2. 课程故事的反思也可以在课程故事描述完毕后另起一段进行专门呈现

实践中这种形式比较多。当然，这样的呈现也是可以的，但如果对课程故事进行专门的反思就不能仅仅停留在说大话的形式层面，而要与课程故事的事件和情境紧密结合，让反思真正有价值、有意义。

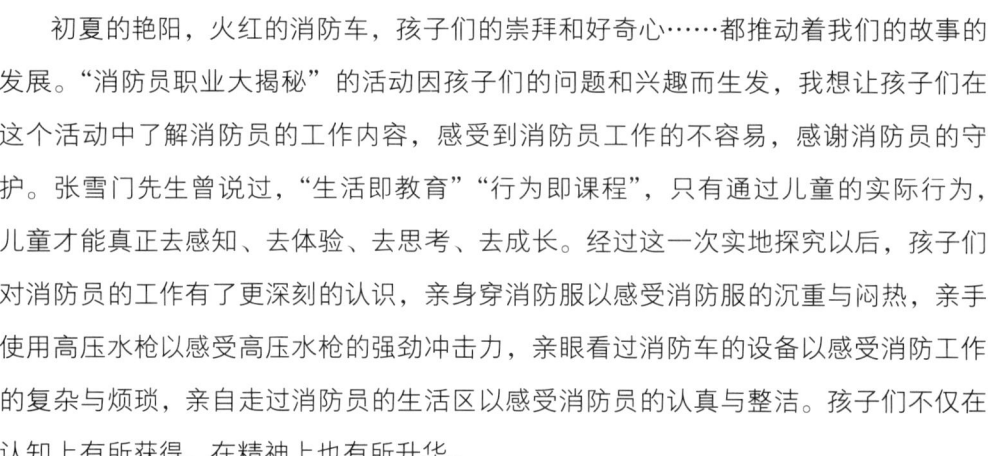

中班课程故事《消防员职业大揭秘》[①] 之反思部分

初夏的艳阳，火红的消防车，孩子们的崇拜和好奇心……都推动着我们的故事的发展。"消防员职业大揭秘"的活动因孩子们的问题和兴趣而生发，我想让孩子们在这个活动中了解消防员的工作内容，感受到消防员工作的不容易，感谢消防员的守护。张雪门先生曾说过，"生活即教育""行为即课程"，只有通过儿童的实际行为，儿童才能真正去感知、去体验、去思考、去成长。经过这一次实地探究以后，孩子们对消防员的工作有了更深刻的认识，亲身穿消防服以感受消防服的沉重与闷热，亲手使用高压水枪以感受高压水枪的强劲冲击力，亲眼看过消防车的设备以感受消防工作的复杂与烦琐，亲自走过消防员的生活区以感受消防员的认真与整洁。孩子们不仅在认知上有所获得，在精神上也有所升华。

在"消防员职业大揭秘"这个活动中，作为课程的引导者，我并没有在第一时间就给予孩子们正确的答案，而是引导孩子们先按照自己的想法解决问题，并将调查的结果以绘画的方式记录下来，在集体活动中引导孩子们大胆清楚地讲述自己的调查结果。作为活动的支持者，我为孩子们去参观消防队的行动提供可行的意见，与园长沟通报备孩子们的出行目的，与刘老师交流出行的安全事宜。作为活动的合作者，我时刻关注孩子们在活动中的表现和反应，及时地给予应答，提供了另一种了解方式（通过影视作品）。

然而，本次活动中仍然存在许多不足，这些是我在之后的组织活动中需要改进的。例如，在调查记录时，我让孩子们以绘画的方式进行记录，但《幼儿园教育指导

---

① 本课程故事反思是笔者在幼儿园课程故事分享会上听到的课程故事记录。文本由浙江省宁波市奉化区溪口艾迪幼儿园赵江珂老师提供。

纲要（试行）》指出"学习用多种方式表现、交流、分享探索的过程和结果"。所以，我应该鼓励他们用不同的方式记录，而不拘泥于绘画这一种记录方式。

《3—6岁儿童学习与发展指南》指出，"鼓励和引导幼儿学习做简单的计划和记录，并与他人交流分享。"在去参观消防队之前，我组织孩子们一起讨论了一个简单的计划，然后我只是将孩子们的想法和意见以文字的形式记录下来。其实，我可以将制订计划、记录计划的权利交给幼儿，应鼓励幼儿独自或者以小组的方式制订一个简单的参观计划。在今后的活动组织中，我可以引导幼儿制订简单的计划，帮助他们一起设法用图画、箭头等表征方式呈现计划。

在这次幼儿自发生成的"消防员职业大揭秘"的活动中，我发现孩子们发现问题、解决问题的能力有所提升，并在不断地尝试探索中增强了社会交往、沟通等能力。在整个活动的推进中，老师们的支持也为课程助力。与此同时，老师们看见的不仅是课程生长的力量，更是孩子智慧生长的力量。我们也将继续挖掘孩子们的兴趣点，继续带领孩子们开启下一个有意义的神秘之旅。

虽然，这个课程故事的反思还不够深刻，但与那些说大话、空话、套话的反思相比已经好了很多。课程故事叙述者能结合课程的实施来反思儿童的获得，反思教师的支持，与课程的具体情境联系起来了。

已有研究表明，学者们虽然在反思水平的等级划分问题上存在争议，但是几乎都对反思有三个层次——技术层面、情境层面、辩证层面——表示赞同。[①] 其中，反思的第一个层次是技术理性，主要针对为了实现教育目标而考虑的方法、技巧方面的问题以及理论发展；第二个层次是情境层面，主要是指对课堂教学实践的一些假设、趋势以及教学策略使用效果的反思；第三个层次（也就是最高层次）的反思是批判性反思（辩证层面），是指对直接或间接与教学实践相联系的道德、伦理方面的问题的反思。[②] 因此，笔者认为，幼儿园课程故事的反思应当从技术层面走到情境层面，并最终走向辩证层面。

需要注意的是，情境层面的反思虽然不是最高层次的反思，但依然有其价

---

①② 塔格特，等. 提高教师反思力50策略［M］. 赵丽，译. 北京：中国轻工业出版社，2008.

值。下面是大班课程故事《北京天坛》[①]的反思部分。这个反思虽然写在故事的最后，但却紧扣故事事件的情境，不再是形式上的套话与大话。

大班课程故事《北京天坛》之反思部分

从游戏中幼儿使用积木表征天坛的行为来看，幼儿在不断地运用数学经验和建构技能建构作品。建构中幼儿表现的数学能力包括：形状及其关系、数量关系、模式排列、空间感知、测量等。建构能力包括：架空、围合、模式、表征等。那么，幼儿的数学能力、建构能力与建构游戏发展之间存在什么关系呢？

在一开始的建构中，幼儿对多边形底座的边、角、顶点距离的感知，让他们具备了多边圆形围合的建构能力，在对齐排列的垒高中搭建了圆柱外形的"天坛"。而在审视自己作品的时候，幼儿已有的形状、空间、测量的数学核心经验，帮助他们发现了问题，即天坛的外形类似葫芦。在接下来的建构中，教师的模仿建构再次调动幼儿对数量关系和空间关系的感知。他们明白了利用相同的积木数，怎样让多边围合的圆形的大小发生变化，进而在建构中实现更高难度的围合方式。这样的数学经验和建构技能激发了幼儿继续建构的兴趣，也使建构过程更加有趣。幼儿已有的排列、数量、部分与整体的数学核心经验，帮助他们在建构中实现更高难度的架空、围合，并运用模式建构，这样的数学经验和建构技能稳定了建构主题。在建构天坛外檐时，幼儿不断地运用排列、对称、排序等数学方法美化建构作品。比如，对于外檐的搭建，孩子们很好地把握了左右对称以及每一根积木插入的距离等问题，让外檐能够均匀分布在外围一圈。

在整个搭建过程中，幼儿不断地运用数学的思维方法进行建构活动，让建构活动变得有过程、有趣味的同时，大大提高了自己的建构技能，推进了游戏的进程和发展（见照片3.16、照片3.17、照片3.18、照片3.19、照片3.20、照片3.21）。

[①] 本课程故事由浙江省丽水市云和县实验幼儿园徐艳玲老师提供。

第三章　幼儿园课程故事的叙述　067

照片 3.16

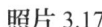

照片 3.17

照片 3.18

照片 3.19

照片 3.20

照片 3.21

那么，在课程故事中如何更好地促进反思走向深层次呢？基于反思的情境层面和辩证层面，我们提出如下对策。

3. 课程故事的反思要达到情境层面

（1）*对影响幼儿学习与发展的具体事件进行反思*。例如，在小班课程故事《雨》的"雨天的创作"课程事件中，幼儿积极参与、大胆表现，创作出一首优美的散文诗，教师可以反思该事件中幼儿的表现、教师的支持以及幼儿的表现与教师的支持之间的关系等。比如："对幼儿的语言回应是否适宜？""为幼儿雨天作画所提供的材料是否适宜？""如何顺应与满足小班幼儿希望在雨天踩雨、玩雨的愿望？""为何要这样做？这样做的意义何在？"

（2）*对具体教育情境下的决策进行反思*。马克斯·范梅南认为，当我们在一种情境中遇到一个孩子需要我们采取行动时，通常的经验是我们在真正知道自己做了什么之前就已经行动了。因此，教师需要对具体教育情境下的决策进行反思。例如，在中班课程故事《小兔子"跳跳"的房车旅行记》中，教师组织全班幼儿为小兔子制作房车的决策值得教师们进一步思考："这种决策是否适宜？""采取该决策的背后体现了何种教育理念？"

（3）*根据先进的教育理念对课程事件进行分析和判断*。先进的教育理念能够帮助教师敏锐地发现问题、深入反思、挖掘事件本质。例如：从高宽课程"主动学习"理论视角来反思幼儿的学习；从项目课程的理念来反思集体教学；从生态学的视角来反思区域活动等。

4. 课程故事的反思要走向辩证层面

（1）*关注课程中涉及道德、伦理以及社会政治方面的问题*。如课程事件中的公平、平等、自由、人道主义等问题。例如，教师可以就课程事件中发生的幼儿欺负行为事件，反思教师自身的伦理责任。

（2）*系统性地质疑一直被认为是理所当然的假设、标准或者规则*。例如，随着幼儿园课程改革的深入发展，幼儿的主体地位日益得到彰显，很多教师将幼儿的兴趣作为生成课程的源头。在小班课程故事《雨》中，10个课程事件都是教师追随幼儿的兴趣而生成的。就此，教师应该质疑："课程应该完全追随孩子的兴趣开展吗？""生成课程与幼儿的兴趣之间是怎样的关系？"

（3）就问题事件提出多种方案以及不同的观点。在这里，问题事件不再停留于被叙述的状态，辩证层面的反思要求教师能够从不同的角度认识问题事件并提出多种系统化的问题解决方案。

 评价一个叙事文本好坏的基本标准是:"故事"及其"叙述"是否蕴含了丰富的教育学意义,能不能很好地引导阅读者去领悟这些意义,能不能导致一种现象学式的"点头"。

——首都师范大学教授 蔡春

第四章

幼儿园课程故事撰写的基本要点

讲故事的历史和人类的历史一样久远。因此,人是非常善于讲故事的。教育实践中,一些令人印象深刻的或精彩或尴尬的事件经常成为我们交谈的事件。但这些"事件"要想真正成为有意义的课程故事,还需要经过一些转化。多年前在指导学生进行全实践的过程中,一名学生"失控"的活动场景虽令我印象深刻,但直到讲述幼儿园课程实施取向时,才让我有机会重新审视这个事件,并将其转化为一个课程主题或意义更加明晰(即教师要因人、因境、因活动选择适宜自己的实施取向)的课程故事。

多年前指导全实践中,一名学生"失控"的教学活动场景至今还历历在目。她是一名学前教育专业大二上学期的本科生,长相文静、性格内向,平时少言寡语,说话轻声细语,虽然已经在幼儿园进行了为期一个学期的全实践,但今天还是第一次独自组织全班幼儿开展教学活动。这次活动的名称是《生活中的曲线》。可以看出她对这次活动非常重视,准备了丰富的教具,事先多次调试了设备,活动前还不忘抓住最后一秒看了一眼"教案"。刚开始时,活动开展得比较顺利,一切尽在"预料"和"掌控"之中。但当讲到"盘山公路"时,班上的安安突然说道:"我在动物园里见过长颈鹿。"她想了想回应道:"盘山公路的'路'和你说的'鹿'不是一个。"本认为这件事就这样过去了,但没想到班上的妞妞马上大声说道:"老师,老师,我在电视上还见过梅花鹿。"顿时,班上孩子们陷入了关于"lu"的交谈中。面对孩子们"跑题"的激烈交谈,她虽试图制止但每次制止都好似"火上浇油",因此手足无措地站在原地不知如何是好,并向主班老师投去了无奈与求助的目光。后来,主班老师帮忙重整秩序,然后又交给她,最后才总算上完了。我们经常会说,教师要"眼中有儿童",要注意研究儿童,并据此调整甚至生成活动方案。但当她第一次组织教学活动且试图回应幼儿时,却遭遇了"混乱"与"失控"的尴尬场面。我们不禁要问,不论经验丰富与否,不论活动组织能力强与弱,所有教师在任何情况下是否都要接住并抛回幼儿所有的"球"?还是要因人、因问题、因情境而异呢?

总之,实践中的课程事件只是课程故事的素材、原材料,一般要经过确定主题类型、筛选故事素材、确定要素关系以及形成课程故事这四个基本环节,在此过程中会伴随着故事主题的建构与优化以及故事主线的确定与调整,并且这四个环节之间又会形成一种相互影响和调整的互动关系(见图4.1)。

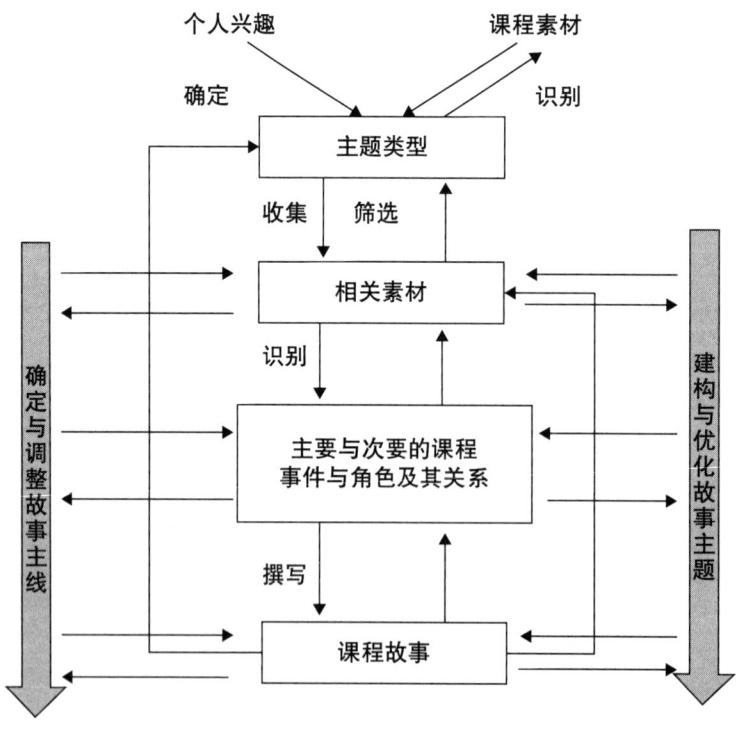

图 4.1 幼儿园课程故事撰写流程图

一、幼儿园课程故事撰写的基本环节

现实中，许多人撰写课程故事时也许并没有清晰地觉察到自己经历了这么复杂的过程，尤其是在撰写一些比较微型的课程故事时，有些人可能是"瞬间""一气呵成"。需要说明的是，图4.1是借用了"慢镜头"和"放大镜"的策略，"放大"了课程故事撰写过程中每一个可能的环节。这对于比较复杂的课程故事的撰写更有启发和帮助。因此，在撰写具体的课程故事的过程中，图4.1中的基本环节及其关系并非是简单的线性关系，可能会跳过某个甚至某些环节，或者将几个环节压缩在一起"瞬间"完成。接下来，我们将重点结合浙江省慈溪市早期教育中心孙艺容老师在大班主题活动《树叶，你好》后撰写课程故事的案例进行具体分析。

（一）确定主题类型

作为经验的焦点、意义和要点的主题，在课程故事中体现为叙述者所表达的核心思想。"任何教育故事的主题都不是外加的，而是其本身所固有的……经过思维加工，从基本事实和感性认识中概括出来。主题的概括，人们通常采取'归纳—提炼'的操作方法，即对大量的事实材料和感性认识首先按项目进行归纳，然后再逐层予以提炼。"[1]因此，故事主题是从相关素材中不断归纳与提炼出来的。换言之，故事主题的产生是以"相关故事素材"为基础的。但确定故事素材相关与否以及程度的一个重要依据又是故事主题。鉴于故事主题的最终确定需要基于相关故事素材的多次"归纳—提炼"，因而一般难以在故事撰写开始阶段就明确确定故事主题，只能初步确定故事主题的类型（即哪方面的故事主题，如教师支持、家园共育、幼儿探究、预设与生成关系、课程与生活关系等方面的主题），并据此筛选相关故事素材，进而从中进一步凝练与明晰故事主题。因此，主题类型确定就成为课程故事撰写的第一步。

教师既可以根据个人兴趣事先确定故事主题类型并据此有目的地收集相关素材，也可以通过浏览已有课程素材初步确定故事主题类型。实践中，许多教师

---

[1] 王珩. 教育故事研究［D］. 金华：浙江师范大学，2005.

往往是在课程实践（如开展完一个主题活动）后考虑撰写课程故事。因此，教师经常是通过浏览已有课程素材初步识别和确定暂时性主题类型，并返回已有课程素材验证这一暂时性主题类型的适切性，在暂时性主题类型和已有课程素材之间多次往返、调试和验证中确定主题类型。如前文中班课程故事《珍"桂"有你》中，从目前资料可以初步识别的暂时性主题类型可以包括"幼儿的探索者角色"（幼儿角度）、"幼儿兴趣和教师支持"（教师角度）、"课程内容和幼儿生活之间的关系""家园共育""多元实施途径之间的关系"……教师需要再次返回课程素材，判断众多暂时性主题类型中的哪一个主题类型在素材中出现得比较频繁并且体现得较为充分。经过判断之后发现，课程素材的"故事缘起""桂花知多少""桂花分布图""桂花巧摘取""桂花甜美食"等不同篇章中，许多内容都涉及幼儿的兴趣以及随之而来的多种教师支持行为，我们因而可以进一步确定"幼儿兴趣和教师支持"这一主题类型相对更加适切。当然，为了慎重起见，可以在这一暂时性主题类型和课程素材之间进行多次验证与调试，直到最终确定最适切的主题类型为止。

　　孙艺容老师在中班时组织过主题活动《多彩的秋天》。活动中，孩子们对树叶的外部特征和结构有了初步认识与感知，并运用多种方式"玩转树叶"，对树叶有了一定的经验积累。在大班秋游活动时，孩子们再次与树叶亲密接触，铺天盖地的落叶丛、缤纷而肆意掉落的树叶，吸引着他们四处寻找、匹配、讨论……那天，几个孩子捡起一片树叶，聊得热火朝天："树叶的形状有好多，有椭圆形、圆形还有扇形呢！""叶子落下来，变得干干的。""干树叶上的叶脉看起来有点不一样。""这个树叶的叶脉好多呀，像蜘蛛网一样。""我感觉我好像摸到叶脉了。"……孩子们被树叶的叶脉再次吸引。回到教室，我引导他们将自己的发现分享给所有人，孩子们热情高涨。有的孩子问："树叶的叶脉都一样吗？"有的孩子问："我们可以用什么方式寻找叶脉？""叶脉有什么作用呢？"叶脉的世界有"十万个为什么"，我觉得这是一个契机，可以结合主题活动《树叶，你好》来引导孩子们迁移中班时对树叶叶脉的已有经验，产生对树叶叶脉的持续探究欲望。

　　结合接下来的一系列活动内容，我们会发现素材中蕴含着多个暂时性主题类型，如"同类内容在不同年龄段的梯度性""幼儿的探究者角色""课程内容和幼儿生活之间的关系""幼儿兴趣和教师支持""家园共育""多元实施途径之间的关系""预设和生成的关系"。再次返回与浏览课程素材后,"幼儿的探究者角色"(幼儿角度)、"幼儿兴趣和教师支持"(教师角度)两个主题类型浮现在我们眼前。鉴于之前写过的一些课程故事中以幼儿为主角的不多,经过综合考虑,我们最终确定了"幼儿的探究者角色"这一主题类型。

(二)筛选故事素材

故事主题"不能直接用议论式、概念化的东西加以说明,而应该是暗含在讲故事的过程之中,通过故事中的人物、场景、心理活动的描写体现出来,让读者在字里行间自己去体味故事的真谛"[①]。因此,确定了主题类型后,就要据此筛选相关的故事素材。与此同时,开启故事主题的建构与优化和故事主线的确定与调整。需要注意的是,教师在相关素材和主题类型之间要经历多次往返并在此过程中进行不同程度的调试。

1."平淡无奇"的情节和"好莱坞化"的情节同样重要

"好的故事总是显示或暗示了某种冲突。冲突越宏大、深刻、不可调和,与这种冲突相关的故事就越可读、动听、迷人、感人。冲突越微小、越容易解决或缓解,与这种冲突相关的故事就越不值得阅读、不值得思考、不值得回味……能够将日常教育事件制作成引人入胜的教育故事,这是教育叙事的基本精神,也是教育叙事的基本难题。"[②]前者属于"好莱坞化"的情节,后者属于"平淡无奇"的情节。"不是每个人的教育生活都如'好莱坞情节'一般,'过日子'的平淡状态反而更加符合大多数人的教育生活逻辑。而基于叙事研究要做的,就是在每一个看似平淡无奇的教育事件之后反思并发现其蕴含的教育实践智慧。具体来说,教育叙事'情节'具有不同的类型,每一类型的'情节'都具有叙事功能。"[③]总之,课程故事撰写过程中,"好莱坞化"的情节固然有其独特价值,但有时可遇不可求,当然若遇到了万不可错过;"平淡无奇"的情节通常构成故事素材的主体部分,需要教师"慧眼识珠"并建构出蕴含其中的教育实践智慧,即故事主题。

---

① 王珩. 教育故事研究 [D]. 金华:浙江师范大学,2005.
② 刘良华. 教育叙事的"深度描写" [J]. 福建论坛(社科教育版),2006(06):60.
③ 石亚兵. 教育叙事"情节"三问 [J]. 教育发展研究,2016,36(22):37-39.

《小人国的秘密：讲述中国巴学园的故事》中的《锡坤闯世界》主要选取了《丢失的鞋子》《小小探险家》《新挑战》《阿里巴巴藏宝洞》《科学探索》《让我一次撒个够》《雪地里的思考》这七个故事情节。这些故事情节向我们立体展现了锡坤从表现出一系列不被常人鼓励乃至认可的"探索行为"，如《丢失的鞋子》《小小探险家》《新挑战》，到一些相对被接受的探索行为，如《阿里巴巴藏宝洞》，再到被鼓励的探索行为，如《科学探索》……指向不同探索对象的探索行为、被不同程度接受乃至鼓励的探索行为、锡坤自发或教师引导下的探索行为……这些构成丰富、立体的锡坤闯世界的图景。此外，为许多常人所不鼓励甚至制止的"破坏性"探索行为，在这里得到了"包容"甚至"纵容"。这种态度本身就反映了教师对待幼儿行为的一种态度，一种更加欣赏、包容、助长的态度。李跃儿对锡坤多种"不可思议"的行为背后价值的解读，进一步彰显了故事主题，也进一步呼应了"故事直播"前的一段话：

"他，时常游离于大人的视线之外，去捣乱、去破坏，去触碰他未知的世界。他像一阵龙卷风，所经之处一片狼藉，混乱不堪……这样一个不省心的孩子，你该怎样去对待？也许你会雷霆大发，严加管束，把他变成一个'乖乖孩'？

"请当心，你也许扼杀了一个天才！"

2. 成败的正反面情节、冲突性情节缺一不可

在故事素材的筛选过程中，除了注意选取和主题类型相关的"平淡无奇"的情节和"好莱坞化"的情节之外，还要注意选取正反面的情节，尤其要注意避免只选择那些符合自己喜好或价值观的情节的做法。因故事主题是从故事素材中"归纳—提炼"出来的，片面化的素材必然导致片面化的主题。总之，"文学、小说和影视作品中的片段剪辑是主观性、目的性与价值性十分强的艺术创作手法。但是在教育叙事研究中，'价值中立'是最基本的要求，研究者不能依据自身的价值取向而随意地剪辑'情节'。"[1]需要注意的是，这并非意味着无须对素材进行筛选，只是筛选的标准是"和故事主题的关联性"而非"和自己的喜好或价值观的符合程度"。

---

[1] 石亚兵. 教育叙事"情节"三问[J]. 教育发展研究，2016，36（22）：37-39.

此外，一些冲突性的、反面的、失误或失败的故事情节有时恰恰能起到神奇的作用。有的教师在撰写课程故事的过程中可能不愿甚至害怕呈现实践中的"曲折""失误"等，因而在选择素材时裁剪掉了实践中原本存在的这些"曲折""失误"等。殊不知，这些"曲折""失误"等情节经常恰恰是课程故事主题得以彰显的关键点所在。诚如有学者所指出的那样，"这些教育冲突、教育矛盾、教育困境是'教育道理''教育规律'栖居、寄生的地方。一个故事是否能够给人带来震动，除了这个故事在感情上引起人共鸣、同情之外，更重要的是让人从这些教育冲突、教育矛盾、教育困境中领会教育道理。"①

总之，不同类型、不同性质的相关故事情节有助于教师从中建构出更加真实、立体且丰富的故事主题。这也是有些学者所说的情节"全景呈现"的基本要求，即"以真实性为基础，以还原故事全貌为叙事框架，灵活地运用叙事技巧为教育叙事研究服务"②。

《小人国的秘密：讲述中国巴学园的故事》中的《孩子王池亦洋》这一部分中一次"失败"的"大李老师的行动"促使"大李老师发现，坐反思角对池亦洋的作用并不明显，决定调整教学方案"。在《我是这儿的领导》中，大李老师"败下阵来"。《发明新游戏》《足球赛风波》……这些"失败"的"行动"反而显得更加真实、丰满、立体，也增加了故事情节的冲突性，这种冲突性、挫折性恰恰也说明了池亦洋发展变化的复杂性、曲折性、缓慢性。正如李跃儿在解读中所指出的（p.49）："当然在探索权力的时候，池亦洋还不会把握好分寸，因而'恰到好处'是需要素养的，需要成熟了以后才能做到。池亦洋还是一个孩子，他不能把他的权力以及用什么方式来领导他的团队等这些方面把握得恰到好处，这需要几十年的探索和'修炼'。有时候他会做过头了，就把其他孩子搞得很不舒服。""我们从故事中可以看到，实际上他并不是只用武力的。他是一个有生存智慧的孩子，不会让群体对他反感到要排斥他的地步，所以他更多的是进行情感经营。""在发展得偏离轨道的时候，老师没有给予及时的帮助和纠正，因为老师从没有遇到过这么有力量的孩子王，不知道对他进行引领、控制的力度应该要多

---

① 刘良华. 教师如何讲述自己的教育故事[J]. 福建论坛（社科教育版），2006（07）：60.
② 石亚兵. 教育叙事"情节"三问[J]. 教育发展研究，2016，36（22）：37-39.

大；不知道老师可不可以成为他心目中的权威，或者在他的成长过程中需不需要一个权威。"前文中一系列或"曲折"甚或"冲突"或"顺利"的事件，恰恰反映了这种复杂性、曲折性与不确定性。具体地说，从池亦洋的角度看，对权力的探索需要经历一个过程，一个从霸道甚至蛮横到尝试管控自己的权力再到能恰到好处地管控和运用自己的权力的过程，这也是一个从"小霸王"蜕变成一个"小将军"的曲折之路。从教师的角度看，教师第一次面对这样一位"这么有力量的孩子王"，也需要不断探索如何面对和支持。

孙艺容老师根据此前确定的主题类型"幼儿的探究者角色"对自己收集的课程素材进行了筛选，开始时重点保留了"叶脉探究活动"方面的素材，具体包括"一、叶脉探究活动之准备阶段"，又包括"回顾已有经验——叶脉我所知""收集新生问题——叶脉我想知"；"二、叶脉探究活动之探究过程"，又包括"什么是'叶脉'""我们用什么方法寻找'叶脉'"（"初尝失败，讨论原因""再次实验又遇困难""坚持不懈，终获成功"）、"叶脉有什么用？"；"三、叶脉探究活动之拓展活动"，又包括"留下'脉'之美好""寻找'脉'之风景"等情节。随着后续故事主题的不断建构与优化，孙艺容老师不断对之前筛选的故事素材进行再次筛选，删减甚至剔除了"一、叶脉探究活动之准备阶段"中"回顾已有经验——叶脉我所知"和"收集新生问题——叶脉我想知"，以及"三、叶脉探究活动之拓展活动"中"留下'脉'之美好""寻找'脉'之风景"的部分甚至全部内容。

（三）确定要素关系

当在"相关素材"和"主题类型"以及萌发的"故事主题"之间经历了多次往返与调试之后，教师可以基本确定相关素材。接下来要做的就是从相关素材中识别与确定主要和次要的课程事件、角色及其相互关系。这种课程各要素之间的关系要注意体现出"整体性"，具体地说，"教育叙事中的'情节'并非碎片化，更不是随意为之，而是需要体现一种'整体性'。也就是说，'情节'的存在意味着教育叙事者必须围绕着一定的时间顺序和因果关系来展开叙事。"[1]在此过程中，故事主题和故事主线也将随之得到调试与优化，进而反过来又会影响课程故事各

---

[1] 石亚兵. 教育叙事"情节"三问[J]. 教育发展研究，2016，36（22）：37-39.

要素的主次及其相互关系。正是在多次往返调试与优化的过程中，故事的主题和主线更加明晰，同时课程各要素的主次及其关系也将更加明确。

《小人国的秘密：讲述中国巴学园的故事》中的《孩子王池亦洋》包含了《"超人"归来》《一根棍子惹的麻烦》《现在就打110》《大李老师的行动》《"我是这儿的领导"》《发明新游戏》《小将军》《足球赛风波》《一半是火，一半是水》《大将终成》这十个情节。我认为，这十个情节都十分重要，每个情节包含的小事件往往会有相对的主次之分。例如，《"超人"归来》至少包含了"王丽老师对'超人'的晨间问候""超人披风的裙子风波""池亦洋和栋栋回忆往事""池亦洋'屈就'帮栋栋系鞋带""沙坑'占山为王'"……显然，在这些众多事件中，池亦洋"收复"栋栋的系列事件（"池亦洋和栋栋回忆往事""池亦洋'屈就'帮栋栋系鞋带"）相对是主要事件，"超人披风的裙子风波"次之，"沙坑'占山为王'"再次之，"王丽老师对'超人'的晨间问候"最次之。这种主次的确定主要是为了刻画"'超人'归来"服务的。至于故事角色方面，我认为池亦洋是当仁不让的"主角"，栋栋和佳佳相对次之，大李老师、王丽老师等也相对次之。这种角色方面相对主次的确定也是由《孩子王池亦洋》的主题决定的。故事名称就决定了池亦洋一定是故事中的主角，而"孩子王"只有在同伴关系中才能得以展现和刻画，为此栋栋和佳佳自然就成为仅次于池亦洋的两个角色；同时，从师幼关系中也可以丰富池亦洋的"孩子王"形象，为此大李老师和王丽老师等人也就成为不可或缺的角色。

如之前提到的中班课程故事《小兔子"跳跳"的房车旅行记》中，我认为其中一个问题可能是对故事事件主次的区分不够清晰。如果从目前的故事名称看，这个故事的核心似乎应聚焦在"房车旅行"，"三次旅行"［即"我和跳跳的第一次旅行（草坪生日聚会）""我和跳跳的第二次旅行（认识我们的好朋友）"和"我和跳跳的第三次旅行（跳跳比赛）"］就会成为主要事件，相应地"三次造房车"将会成为次要事件甚至成为故事背景。如果将这个故事的名称调整为《小兔子"跳跳"的房车变形记》，那么"三次造车"［即"第一次造房车（轮胎房车）""第二次造房车（房车）"和"第三次造房车（跳跳的超级房车）"］就会成为主要事件，而相应地"三次旅行"将成为次要事件甚至故事背景。总之，要根据故事主题（类型）选择与调整故事素材。故事主题（类型）是从课程素材中建构而成的，同时反过来又会影响或指导课程素材的选择、调整与组织。

孙艺容老师在初步筛选课程素材与初步建构了故事主题的基础上，也初步区分了事件和角色的主次。在故事事件方面，将"二、叶脉探究活动之探究过程"作为核心或主要事件，将"一、叶脉探究活动之准备阶段"和"三、叶脉探究活动之拓展活动"作为次要事件；在角色方面，帆帆是主角，相对而言薇薇、悠悠、东东、小宝、多多、果果、然然以及教师等角色次之。随着故事主题"循脉乐探"的不断清晰和优化，孙艺容老师进一步对课程素材进行了筛选，重点保留了"二、叶脉探究活动之探究过程"部分的内容，相应地对事件主次进行了优化，其中"取'脉'：历经'九九八十一难'"（具体包括"'试水'失败，用'新'鼓励""再次'试水'，难破'坚冰'"和"持之以恒，'破冰'成功"）是主要事件，相应地"问'脉'：树叶的叶脉都一样吗"和"搭'脉'：用什么方法寻找'叶脉'"便相对次之，这更加凸显了"乐探"的核心，呼应了故事主题"循脉乐探"。角色主次方面基本没有明显调整，只是次要角色方面有所微调。

（四）形成课程故事

经过以上几个环节，教师就可以初步形成课程故事。形成课程故事初稿之后，教师还可以再次"重复"上述几个环节，进一步审视与优化故事主题、素材筛选、课程要素关系等，进而不断优化与完善课程故事。孙艺容老师经过多次调整之后，形成目前版本的大班课程故事《循脉乐探记》[①]。

大班课程故事《循脉乐探记》

自从中班以来，我们班的孩子已经对树叶的外部特征和结构有了初步的认识与感知，并且运用多种方式"玩转树叶"，有了一定的经验积累。越来越多的孩子喜欢走进大自然，探索大自然的奥秘，享受大自然带给他们的快乐。

今年秋游活动时，孩子们再次与树叶亲密接触。铺天盖地的落叶丛、"咔嚓""咔嚓"的落叶乐曲，缤纷而肆意掉落的树叶，吸引着他们四处寻找、匹配、讨论……

---

① 本课程故事由浙江省慈溪市早期教育中心孙艺容老师提供。

瞧，几个孩子捡起一片树叶，聊得热火朝天："叶子落下来，变得干干的。""干树叶上的叶脉看起来有点不一样。""这个凸起的地方就是叶脉吗？"……孩子们被树叶的叶脉吸引（见照片4.1、照片4.2）。

照片 4.1

照片 4.2

问"脉"：树叶的叶脉都一样吗

回到教室，我引导孩子们将自己的发现分享给所有人，他们热情高涨。他们发现树叶的叶脉有好多形状，叶脉密密麻麻，像迷宫。这个时候，坐在一旁的然然表现出困惑的神情，大声地问大家："树叶的叶脉有一模一样的吗？"

教室里的孩子们顿时自发形成一场精彩的辩论：大部分孩子认为每一片树叶的叶脉长得都不一样。帆帆自信地说："因为树叶有大有小，所以叶脉都是不一样的。""是啊，是啊。因为树叶都不一样，叶脉肯定也都不一样。"但东东反驳道："如果同一种树叶，它们的叶脉应该是一样的。""我觉得也会有一样的叶脉。"思璇立刻给予支持。双方争执不下之际，多多提出了一个想法："我们把叶脉比一比不就知道了。""对，对。"孩子们连连点头。我顺势建议："我也觉得多多说得有道理，你们可以试一试。""我们怎么找到叶脉呢？"之之问道。

搭"脉"：用什么方法寻找"叶脉"

在寻找方法之前，孩子们表达了自己对叶脉的认识。他们认为树叶上一条条的就是叶脉；叶脉好像树叶上细细长长的线；叶脉有粗有细。那么，用什么方法能找到叶脉呢？孩子们七嘴八舌地讨论起来，教室里热闹非凡。

彦成率先举手说:"中班观察树叶时,我用放大镜和显微镜观察叶脉。"

薇薇补充说:"是呀,我还用照相机把叶脉拍下来呢。"

我马上追问:"使用这些方法后,你们能对叶脉进行比较吗?"

孩子们陷入了沉思。"我觉得不可以,因为在这些工具下,我们虽然可以看到叶脉,还看到了叶肉,但是不能清楚地看见完整的叶脉,没办法比较。"帆帆如同小博士一般向大家解释着。帆帆对自然物非常感兴趣,常常阅读各种自然百科全书。他的已有经验被问题情境唤醒,被迁移和运用。

"那怎么办呢?"小宝着急地向帆帆提出了疑问。

"我觉得要把叶脉拿出来,就可以看清楚了。"帆帆补充道。

"拿出来是什么意思?"孩子们异口同声地问我。

我忙解释道:"就是可以将叶脉与叶肉分开来。你们有什么方法吗?"

带着新的问题,孩子们分组进行讨论,并记录表征。我静静地站在一旁,用欣赏和信任的眼神支持着他们。我欣喜地看到,孩子们在已有的起点上向前走了一步,不断地讨论,发现问题所在,收获满满。经过商量,孩子们想出了以下方法。

第一组的方法是用手将树叶的叶脉撕出来(见照片4.3);第二组的方法是用剪刀沿着叶脉的纹路把它剪出来(见照片4.4);第三组的方法是用手将叶肉扣掉,留下叶脉(见照片4.5);第四组的方法是将树叶放入水中,把叶肉泡软(见照片4.6)。那么,这些方法能成功吗?

照片 4.3

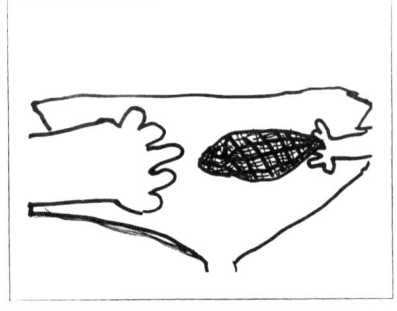

照片 4.4

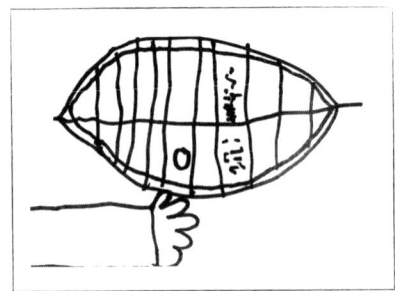

照片 4.5

照片 4.6

取"脉":历经"九九八十一难"

1."试水"失败,用"新"鼓励

根据大家的讨论结果,每一组幼儿开始进行尝试,但结果却"事与愿违"。"老师,我好像撕不出来叶脉,一撕就破了。""叶脉太多了,剪刀剪不了。""我用手一抠树叶,树叶就破了。""树叶放在水里好像没有什么变化。"

面对失败,小宝露出了失落的神情,喃喃自语道:"这好像有点难,不可能成功。"薇薇小声地说:"是啊,叶脉是取不出来的。"但帆帆还在观察着叶脉,若有所思,小声嘀咕道:"会不会还有其他方法呢?"于是,我开始鼓励他们:"别放弃,虽然这些方法失败了,但是肯定还有其他的方法。你们可以去查阅资料或者问问爸爸妈妈,明天再来试一试。"

虽然孩子们失败了,但他们在活动中的表现让我感到惊喜:在探索过程中,他们开动脑筋,积极思考,大胆表达自己的想法,寻找解决问题的方法,并愿意尝试,学习的广度、深度都在扩展,对自己、对世界都有了更深的觉知。

2.再次"试水",难破"坚冰"

第二天,帆帆一到教室就迫不及待地与我们分享他和妈妈一起找到的办法:"我们可以把树叶煮一煮,煮熟了就可以把树叶上的叶肉用牙刷刷掉,叶脉就出来了。""对,对,我昨天也找到了这个方法。煮的时候放一些小苏打,可以煮得更快一些。"然然马上补充道,并从家里带来了一包小苏打(见照片 4.7)。

方法有了,那么工具和材料怎么办?新的问题又困扰着孩子们,孩子们打算分工进行。工具准备组的孩子们从餐厅借来电磁炉和锅;材料准备组的孩子们去庭院采集树叶。一切准备就绪,孩子们开始实验。

孩子们将采集来的桂花叶、银杏叶、枫叶、枇杷叶一起放入

照片 4.7

加有小苏打的水中煮。所有孩子都瞪大眼睛,盯着这个"树叶大锅"。"需要煮多久呢?""我觉得水滚上来应该就好了吧,就像水烧开一样。"帆帆说。等啊等,终于锅开始冒热气了,水也咕噜咕噜地响了。孩子们开始捞树叶,结果却发现有些树叶已经煮烂了,有些树叶已经变黑了,有些树叶却没什么变化。

"这样煮好像不对。"帆帆一脸认真地说。"哪里不对?"我追问道。"时间好像太长了,银杏叶和枫叶煮过之后就不好了。"我继续追问:"那我们怎么办?"悠悠说:"我们就煮桂花叶和枇杷叶看看。"朝朝补充道:"我们需要计时。"(见照片4.8)

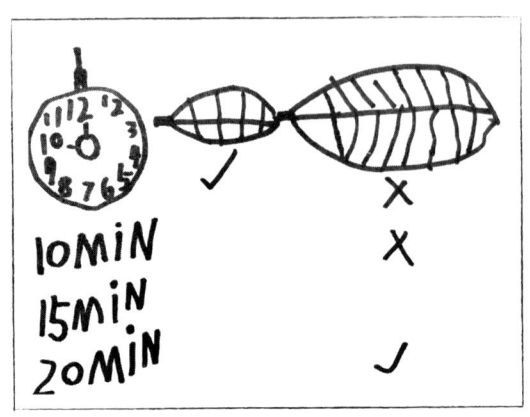

照片4.8 幼儿的实验和记录

3. 持之以恒,"破冰"成功

再次准备好工具后,孩子们又一次迫不及待地进行实验。这一次,他们将少许桂花叶和枇杷叶放进锅里,并开始计时。10分钟后,水慢慢变黑了。"我们可以拿起几片树叶先试一试。"帆帆提议道。帆帆用夹子夹起一片桂花叶和一片枇杷叶,在清水中洗净,用牙刷开始刷叶肉,孩子们都瞪大了眼睛看着。帆帆先刷桂花叶。"哇,桂花叶可以刷了!"帆帆高兴地说着。"太好了,我们成功了。"孩子们欢呼雀跃。只见帆帆小心翼翼地刷着,慢慢地,树叶越来越薄,留下美丽的叶脉。"试试枇杷叶。"薇薇说。"枇杷叶好像还不行,还是很硬。"帆帆说。"煮的时间长一些再试试。"东东说。20分钟过后,孩子们再次尝试刷枇杷叶,也成功了。"快来看,叶脉好美好多啊。"帆帆如同发现宝藏一般,兴奋地拉着东东的手说。"原来叶脉真的可以取出来。""叶脉都不一样,好像一幅幅画一样。"我发现,在活动过程中,没有一个孩子抱怨麻烦,大家都为了共同的目标努力着。同时,我也观察到,孩子们对于叶脉的探索已经达到了高潮。

后记

大自然最容易被人感知到的特征,一是它的色彩,二是它的纹理。大自然的每个物种都有其独特的纹理,树叶也不例外。如果说色彩是抓人眼球的大面积,那么叶脉就是需要静下心来仔细观察、慢慢琢磨的小细节。在叶脉探索过程中，我欣喜地发现孩子们呈现的状态越来越真实、自然。通过探索叶脉，孩子们练就一双会发现问题的亮眼睛；养成发现问题后积极思考的学习态度；习得探索过程中持之以恒的学习品质，用无限的探索热情为平凡增添色彩。

1. 好奇心："乐探"之强引擎

儿童有着与生俱来的好奇心和探究欲望。好奇、好问、好探究是幼儿的年龄特点。好奇心是幼儿探究的动机和内在动力，正是强烈的好奇心使幼儿保持探究的热情和积极性，使幼儿敢于探究，并使幼儿的活动得以推进。大自然和生活中真实的事物与现象是幼儿科学探究的生动内容。正如在活动中，"叶脉问题"来源于幼儿的生活，是他们感兴趣的问题，而这正是他们求得知识的原始动力。

2. 方法："乐探"之动力舱

儿童是科学家。大班幼儿的思维发展较中班有了明显变化，突出表现在他们已经具有初步的科学思维，即明确知道证据对于解释的重要性。这个阶段的探究不仅是问题驱使的探究，还是有目的、有方法的探究。正如在提取叶脉过程中，孩子初次失败后，再次寻找正确提取叶脉的方法，最终解决问题，获得知识和经验，体验活动的乐趣，从而满足自己内在成长的需要。幼儿在真实的情境下，会想办法解决真问题。

3. 品质："乐探"之压舱石

幼儿在活动中所能学到的不仅仅是知识和解决问题的能力，更多的是情感、精神、自由、创造和超越，这些都将伴随幼儿一生。每一次、每一步都由浅入深、坚持不懈、循序渐进地发展着。正如在提取叶脉探索实验中，幼儿一次次地遇到困难，发现困难，解决困难，持之以恒，全神贯注，所呈现出来的学习品质足以令人欣赏和敬畏。

4. 支持："乐探"之助燃剂

《幼儿园教育指导纲要（试行）》指出，教师要"善于发现幼儿感兴趣的事物、游戏和偶发事件中所隐含的教育价值，把握时机，积极引导"。在整个探索活动中，教师始终是幼儿的支持者和引导者，助推幼儿在自然、宽松、愉快的氛围中讨论学习，支持和引导幼儿用适宜的方法探究并解决问题，同时鼓励他们用数字、图画的方式记录探究的过程和结果，引导他们在交流中尝试整理、概括自己的探究成果，进一步帮助幼儿丰富观察经验、建立事物之间的联系。

需要说明和注意的是，课程故事的撰写、优化与完善是一个永无止境的过程，教师可以在不断地讲给别人听并接受公开"质疑"的过程中不断反思与优化，也可以将写好的故事放一段时间产生一定的"陌生感"之后再次反思与优化，还可以通过阅读文献、培训与观摩等途径提升自身专业素养后带着不同的"新视角"再次反思与优化。

二、幼儿园课程故事撰写的关键问题

图4.1表明，从初步筛选相关素材开始，故事主题的建构与优化、故事主线的确定与调整，这些都伴随并影响着后续所有环节。为此，这里将聚焦课程故事撰写的这两个关键问题进行阐释。

（一）如何建构故事主题

主题是课程故事的焦点和意义，是叙述者表达的核心思想观念。"在获得教育事件素材之后，首先要考虑的是：提炼并确立一个怎样的主题，主题一旦确立，其他环节的构思就要围绕着这个中心环节去进行。这与主题先行不同：不是先明确一个主题，再去教育生活中找素材，而是从已获得的素材中提炼主题，或是从一系列的教育生活现象中受到启发，明确一个写作意图。"[①]借鉴质性研究中扎根理论的思想，可以将故事主题的建构与优化粗略划分为两条路径，即自下而上和上下对话。

1. 自下而上的路径

如图4.2所示，自下而上的路径主要是从浏览课程资料开始，在浏览过程中初步识别与归纳出暂时性故事主题，然后到课程资料中去验证、调试这一暂时性故事主题，再次从课程资料中识别与归纳，形成修改后的暂时性故事主题……由此循环往复多次，最终可以确定与课程资料相匹配或"无缝链接"的故事主题。

[①] 王珩. 教育故事研究［D］. 金华：浙江师范大学，2005.

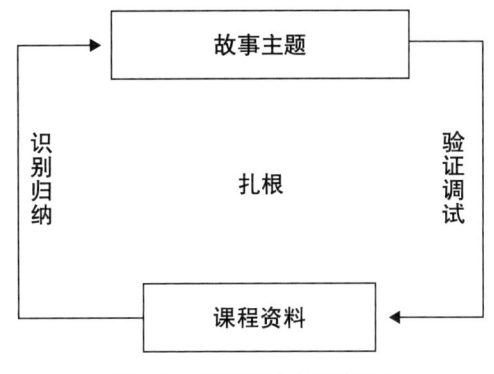

图 4.2 自下而上的路径图

教师在采用这种自下而上的路径建构与优化故事主题的过程中,可以采用初步浏览课程资料,然后合上资料闭目回想刚才看过的资料,将你的第一印象、深刻感触、困惑不解……写下来这一方法。这些往往会和接下来初步建构的暂时性故事主题有关。然后再次浏览课程资料以验证与调试这一主题。例如,孙艺容老师在开展完主题活动《树叶,你好》后收集了大量的图片、文字等资料,在决定撰写课程故事后先快速浏览一遍自己收集的资料,并在头脑中回顾一遍主题活动开展的过程,于是"叶脉""探究""兴趣""坚持""支持""帆帆"……浮现在脑海中。顺着这一思路,她进一步浏览课程资料,并和同事、专家讨论,最后确定了"循脉乐探"的故事主题。

2. 上下对话的路径

如图 4.3 所示,上下对话的路径的起点是已有课程理论,教师从已有课程理论中获得一些相对普适与抽象的"参考性主题",并以此指引自己更好地解读收集的课程资料,进而通过提炼、调试将源于已有课程理论的参考性主题建构成符合现有课程资料的富有情境性的、具体的暂时性故事主题,然后再到课程资料中去验证、调试这一暂时性故事主题……在不断地循环往复中,最终确定故事主题。在此过程中,还可以多次回到已有课程理论中寻求理论"滋养",以更好地丰富与充实建构的故事主题。

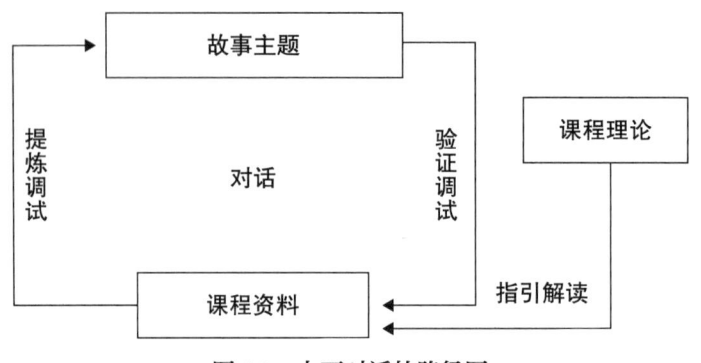

图 4.3 上下对话的路径图

例如，前文中班课程故事《珍"桂"有你》中，教师之前从文献阅读中获得的一些观点，如"幼儿是小小探索者"（幼儿角度）、"幼儿兴趣的判断""选择与助推"（教师角度）、"课程内容源于并高于幼儿的生活"（或者说课程和幼儿的生活密不可分），便可以成为相对普适与抽象的参考性主题。在这些参考性主题的指引下，教师反复阅读素材，可能会发现这些参考性主题需要不同程度的调整，如"幼儿兴趣的判断、选择与助推"这一参考性主题强调了对幼儿兴趣的判断、选择与助推，但素材中更多体现了对幼儿兴趣的追随和助推，因此适宜的主题可能就是"追随和助推幼儿的兴趣"。在实践过程中，如果出现了不同的幼儿兴趣点并给教师带来了"到底追随哪个兴趣"的困惑，如果出现了教师被动追随和助推幼儿兴趣以及由此产生了"脚踩西瓜皮，滑到哪里算哪里"的"课程随意性"现象，即"失误点""困惑点"，进而导致实践中虽然孩子高高兴兴、活动热热闹闹，但却活动表浅，幼儿学习有效性不高等现象，那就会引发教师对"追随和助推幼儿的兴趣"的反思，进而引发要"判断、选择与助推幼儿兴趣"的想法。如果是这样，故事主题就发生了变化，即由"追随和助推幼儿的兴趣"调整为"判断、选择与助推幼儿的兴趣"。此时，实践中的"失误点""困惑点"就成为课程故事的一部分，并且这些"失误点""困惑点"恰恰是故事主题的核心所在。诚如"拔苗助长"中禾苗与农夫预期形成巨大反差一样，禾苗的枯萎和死亡恰恰就是"失误点""困惑点"，也恰恰是点睛之笔，是故事主题的"栖居"之所。

（二）如何确定故事主线

如果说故事主题是灵魂，决定了课程故事的深度，那么故事主线便是骨架，影响课程故事的形式。故事主线主要是从内容组织的角度谈的，是将不同课程故事要素（主要与次要的事件和人物）串联起来的一条"主线"，往往表现为"活动线"。比如，前文的小班课程故事《玩转滑板车——相信孩子，游戏更精彩》主要是按照从"单人游戏"到"结伴游戏"再到"合作游戏"这样一个层层递进的线索组织内容的。再比如，大班课程故事《循脉乐探记》主要是按照对"叶脉"探究的不断推进组织内容的，从开始的"问'脉'：树叶的叶脉都一样吗"到"搭'脉'：用什么方法寻找'叶脉'"，再到后来的重点部分"取'脉'：历经'九九八十一难'"；在重点部分中又是以"取'脉'"过程中的多次"挫折"与"尝试"直至最终的"成功"组织内容的。

总之，课程故事"应该是前后连贯、有吸引力、能感染人的。那怎么做到这一点呢？这就要有一个线索。根据这个线索一个问题接一个问题，一个话题接一个话题展开：纵向上表现为层层递进推动故事发展，遇到问题—解决问题—产生新问题—解决新问题；横向上表现为孩子各个维度的发展。通过这样一个线索，整个故事就立体了"[①]。

---

① 张莉. 从编辑的视角谈幼儿园课程故事撰写[J]. 传媒论坛，2020，3（20）：90-92.

引导教师反思自身经验的最有效方式是叙事,因此,教育叙事研究以尊重教师的个人经验、推动教师的专业发展为终极旨趣。

——广东第二师范学院副教授 苏鸿

第五章

幼儿园课程故事与教师专业成长

近年来,幼儿园教师专业发展范式由"技术熟练者"转变为"反思性实践家"。教师专业成长应是在复杂的教育情境中,在不断解决问题的过程中形成实践性智慧的过程。课程故事是指由幼儿园教师作为故事的亲历者讲述自己在幼儿园组织与开展的一日活动中的一个或一系列的真实片段,在积极的师幼互动中发现问题,不断探究和解决问题。课程故事这种教育经验的表达方式正好为教师提供了一个崭新的视角:运用叙事的方式将教师的教育生活经验表达成一个个生动的课程故事,不断审视自己的教育生活,追问教育的意义,改善日常教育行为。因此,参与课程故事的研究既是教师专业发展的内在需要,也是教师专业化成长的有效路径。

一、幼儿园课程故事提升教师专业成长的价值

要践行新的教育理念,最根本的问题是转变幼儿园教师的教育观念。课程故事是教师对课程事件的叙事,也体现了教师对实施的课程的反思。当教师讲述一个个真实的课程故事时,他们在叙述、还原和再现的过程中不断地梳理,反思自己对儿童学习与发展的有效支持策略,或根据故事展开讨论,思考故事背后的

意义和价值，或是受到团队成员的启发，从而对儿童的学习与发展有进一步的认识。

（一）课程故事对教师观念转变的影响

一个好的课程故事以及讲好课程故事，可以转变教师的儿童观、教育观与课程观，这是教师不断提升专业水平的过程。

1. 发现幼儿、理解幼儿，树立正确的儿童观

课程故事能够使教师进一步树立正确的儿童观。我们知道，儿童观是指社会看待和对待儿童的看法或观点，主要包括儿童的特点、儿童的地位与权利、儿童期的意义、儿童的特质和能力、儿童生长发展的形式与原因以及儿童教育等问题。我们相信每一个儿童都是积极主动、有能力的学习者，理解他们是有巨大发展潜力的个体，尊重儿童独有的思想，明白儿童的发展具有个别差异性，等等。对于这些理念，教师们都能脱口而出，但在实际情境中开展教学时却很难与正确的儿童观保持一致。课程故事的撰写和叙述能使教师不断审视自己在专业实践活动中的行为，考量自己的教育实践是否真正遵循幼儿发展的规律，是否基于幼儿视角去理解和支持幼儿的学习与发展，并在不断发现幼儿与理解幼儿的过程中树立儿童观。

幼儿是独特的创想家。幼儿有独特的思维方式，无论是寻常时刻还是突发事件，幼儿的想法总是给予成人以惊喜。浙江省杭州市西湖区莲花港幼儿园小树林课程中的一个生发项目《假如，我有一架时光机》[1]的课程故事记录了孩子们在幼儿园门厅里发现三个洞以及由此产生的奇思妙想。

课程故事《假如，我有一架时光机》

我看见，早上小朋友从洞洞里"嗖"的一下钻出来就能走进班级，洞洞还把我们送到幼儿园门厅。如果洞洞是一个时光机该多好呀！

时光机？什么是时光机？你在哪里看见过时光机？时光机真的可以穿越时空吗？

---

[1] 沈颖洁，傅蓉萍. 发现课程：基于园本课程建设的孵化行动[M]. 杭州：浙江教育出版社，2021.

机器猫的大口袋就是一台时光机，大家只要钻进它的大口袋，就可以到自己想去的地方吗？

我知道宇宙中还有一种洞叫"虫洞"，穿过"虫洞"就能回到我们出生的时候，真的是这样吗？

时光机真的可以带我们去想去的地方吗？假如我也有一台时光机，那会是一件多么神奇的事情啊！

此刻，老师的思考：孩子们的小脑袋里一定有许多问题和想法。孩子们和这三个新鲜、有趣、充满无限可能的"洞洞"会擦出怎样有趣的火花呢？我们给孩子时间和自由，让他们和洞洞进行亲密接触，在钻进钻出、爬上爬下、东摸西瞧的过程中，奇思妙想会在他们的脑中迸发。这时候，我们要做的是细心观察和耐心等待……

幼儿是主动的探索者。他们对世界充满好奇，他们有无限的想象力与创造力，教师要做的就是接纳并理解幼儿的想法，适时地给予支持，为幼儿提供丰富的探究与学习机会。浙江省余姚市机关幼儿园陈梦霞老师的课程故事《冰"学"奇缘》[①]中关于多样制冰的片段描述可以生动地阐述这一点。

课程故事《冰"学"奇缘》片段

不一样的水会结冰吗？有了上一次做桂花瓶的经验，这次我们制作了5杯水，分别是清水、糖水、彩虹水、豆子水、肥皂水。共分两组，一组放室外，一组放室内。孩子们中猜测清水会结冰的人最多，猜测豆子水和肥皂水会结冰的人很少。经过一个晚上的等待，结果出来了。

室内的5杯水都没有结冰，而室外的5杯水都结了冰，室外的糖水沙沙的，摸起来和别的冰不一样。虽然此次实验因室外温度过低，并没有探究出这5杯不同水的结冰差异，但孩子们还是有了自己的奇妙发现。孩子们了解了水的结冰与放置的地方有关。室内会因为开了空调等因素使得温度比室外高，所以水就不会结冰了；还知道了糖水不容易结冰，豆子水上有奇妙的花纹。

---

① 本课程故事由浙江省余姚市机关幼儿园陈梦霞老师提供。

在这一阶段，教师鼓励和接纳幼儿的想法，提供合适的材料来帮助幼儿解答他们对不同的水结冰的疑惑。在看起来不完善的结果中，孩子们有了别样的发现：原来水中藏着不一样的花纹！有的冰纹像烟花一样朝四面八方发射；有的冰纹像流星雨一样朝同一个方向发射；有的冰纹像大海一样波光粼粼；有的冰纹像气泡一样颗颗闪耀；有的冰纹像沙冰一样软软碎碎。孩子们领略了冰纹的绚丽。

孩子们还用绘画和肢体表征了自己对冰纹的独特看法：伸出手脚，我们是烟花冰；圈个圆，我们是气泡冰；举起手，我们是流星冰；扭动双手，我们是沙冰。

幼儿是具有潜能的个体。教师要支持幼儿自主选择游戏材料、同伴和玩法，支持幼儿参与一日生活中与自己有关的决策。浙江省杭州市西湖区袁浦幼儿园外张分园韩菊丽老师在课程故事中反思道：在日常带班中不仅要与幼儿的关系更加亲密，走进孩子们的世界，倾听孩子们当下真实的学习方式，更要让孩子们有机会选择、表达、参与与自己有关的决策，让孩子们做生活的小主人。

课程故事《幼师互动，是一种关系，更是一种能力》[①] 片段

玩沙时间，我习惯性地开口："换好雨鞋的小朋友来玩沙子。"小朋友们纷纷开始换鞋，旁边的安安走过来跟我说："老师，今天我不想穿雨鞋，我想光脚去玩沙。"就在我即将脱口而出准备"好心引导"时，我突然有了一种意识，我发现自己每天习以为常地说"换好雨鞋来玩沙"这句话是不是已经在帮孩子做了选择和决定呢。因此，我随即回应道："当然可以，这是你的选择，保护好自己的小脚哦。"

在玩沙结束时，我特意关注了安安，他居然出乎意料地提前走出了沙池，找了个地方，清理自己脚底的沙子，然后穿上袜子和鞋。

这看似是我"瞬间的改变"，其实是我"意识转变为行为"的一个关键点。也许在我们一日带班的过程中，还存在很多"不知不觉、习以为常"的语言和行为，那些我们认为已经赋权的尺度里还藏着我们老师很多的"不放心与好心"，仍然在帮助孩

---

① 本课程故事摘自微信公众号"西湖儿童研究"中的《师幼互动，是一种关系，更是一种能力》一文。

子做一些选择。

幼儿的发展具有个别差异性。课程故事不仅要关注随机事件的教育价值，还要考虑不同个体的差异，例如，浙江省杭州市西湖区留下幼儿园陈雯骏老师在课程故事《吊锅事件》[①]中根据男孩与女孩的游戏表现进行了以下反思。

课程故事《吊锅事件》之反思部分

经过讨论，大家发现，当孩子们面对需要组装吊锅的工作时，相对于女孩子的旁观，几个男孩子的反应是截然不同的，他们对此是全情投入。动作上，他们毫无停下的意思，一直蹲在地上反复尝试琢磨；神情上，是异常专注和认真的；言语上，他们一直在讨论该如何安装，哪怕在回教室的路上，吃饭前还滔滔不绝地交流着自己的发现。虽然从秋秋一个人安装长杆开始就问题不断，一直到后面三人合力拼搭组建也失败了多次，完成得并不顺畅，但是他们自始至终都没有一个人中途退出，也没有一个人想要放弃，而是为了同一个目标愿意一次又一次地尝试，表现出了积极的探究欲望。

这个游戏事件引发了教师对儿童观新的思考。教师需要兼顾全体幼儿。教师面对这么多幼儿往往容易"只见森林，不见树木"，即忽略一些幼儿的个别化需求。但每一个幼儿都是独特的个体，我们需要考虑到每个幼儿的年龄、性格特点以及性别之间的差异，让每个幼儿富有个性、快乐地成长，"既见森林，又见树木"才是我们真正追求的儿童观。

新学期，幼儿园为男孩子添置了滑索、平衡钢索和攀岩网坡等新设施，满足男孩子想要冒险、挑战的心理需求。在幼儿园的课程设置与内容设计过程中，我们应更细致地兼顾男孩和女孩不同的生理、性格特点等，尽可能地组织一些更为多元化的游戏活动，让不同的儿童能在不同活动中获得多方面的发展。

2. 尊重幼儿的学习方式，形成科学的教育观

《3—6岁儿童学习与发展指南》指出，幼儿的学习就是要通过自己特有的方

---

① 郑秀凤. 没有屋顶也是教室：幼儿园野趣课程［M］. 杭州：浙江教育出版社，2021.

式与周围环境互动,无论是内容和方式,都有其独特之处。我们要理解幼儿的学习方式和特点,最大限度地满足幼儿通过直接感知、实际操作、亲身体验获取经验的需要。游戏和生活为幼儿的学习提供了适宜的机会,教师要珍视幼儿生活和游戏的独特教育价值。课程故事符合教师对幼儿的学习方式和特点进行不断地观察与研究的行动过程,教师会结合具体情境和经验反复衡量当下幼儿的学习方式。例如,课程故事是否能让幼儿进行积极主动、富有创造性地学习,是否支持幼儿主动探索与操作实践,是否可以丰富幼儿活动的经历和体验,是否追随幼儿的经验并满足幼儿的探索兴趣,是否促进每名幼儿在不同水平上得到发展等,这样深化对自身教育行为的认识,能够帮助教师完善与更新自己的教育观。

探究适宜幼儿特点的学习方式。在江苏省苏州市吴中区胥口中心小学附属幼儿园沈佳史、吴君妍的课程故事《蜜蜂嗡嗡叫》[1]中,教师准确地把握了小班幼儿的年龄特征,引导幼儿通过感受、体验、游戏等方式达成对探究对象的认识与理解,并结合小班幼儿的已有经验,帮助他们对蜜蜂的外形、习性进行初步认识。

小班课程故事《蜜蜂嗡嗡叫》

幼儿在这将近一个月的时间里获得了许多有关蜜蜂的经验:初次了解了蜜蜂如何采蜜,知道了蜂蜜产品,也知道了蜜蜂不会乱蜇人……虽然近阶段百耕园里的蜜蜂不像之前那样随处可见,但是幼儿和蜜蜂的故事还在继续。因为他们对蜜蜂的好奇不会因为看不见而消失,我们老师会继续顺应他们的天性和兴趣,和他们一起继续了解蜜蜂,满足他们的好奇心,也让幼儿自己去寻找、尝试、解答有关蜜蜂的问题,相信不久后他们都会成为班级里的"蜜蜂小博士"。

春天的百耕园是幼儿的学习场,幼儿在这里找到了他们感兴趣的蜜蜂。兴趣是最好的老师,为了找到答案,幼儿会持久地观察、寻找、探索,他们也会像一只只勤劳的小蜜蜂,在大自然这本活教材里自由寻找想要了解的事物。教师作为倾听者、支持者、合作者,需要适时为幼儿拨开云雾,创设环境,提供材料,让他们通过各种方式丰富有关蜜蜂的经验,在大自然中学习。

---

[1] 张斌,虞永平. 冻不住的好奇心[M]. 南京:南京师范大学出版社,2018.

尊重幼儿的生活与游戏。《3—6岁儿童学习与发展指南》指出："要珍视游戏和生活的独特价值，创设丰富的教育环境，合理安排一日生活，最大限度地支持和满足幼儿通过直接感知、实际操作和亲身体验获取经验的需要。"幼儿是在真实生活中感知，在操作中探究，在游戏中不断体验的。教师的课程故事以幼儿一日生活中的游戏与生活为基础，能够让教师基于儿童视角，发现幼儿的兴趣点和探索点，引导幼儿在探究中不断思考，并努力支持幼儿利用身边的环境，同时创设众多具有支持性的互动环境，以帮助幼儿建构、发展自我认知和经验。

《啊！静电》是幼儿与静电的一次奇妙偶遇，是幼儿与生活的一次亲密互动。在这段长达两个月的"慢课程"中，我们和孩子们一起讨论猜想、推理验证、记录分享，幼儿在语言表达、科学探究、社会交往和学习品质等多方面得到了发展。

幼儿对于游戏中的新发现"头发飞起来了"产生了浓厚的兴趣，能调动已有的生活经验大胆猜想，并尝试制订简单的实验计划。游戏中，幼儿能保持探究热情积极主动地参与实验，充分调动多种感官感知、体验静电；能用数字、图画等形式记录自己游戏中的发现；想说、敢说、喜欢与他人讲述自己的发现或遇到的问题。实验后，幼儿能对观察发现进行比较、分析并推测原因，将影响静电的因素从太阳聚焦到温度、湿度，将摩擦具体到摩擦的时间、速度和力度上，不断修整细化自己的猜想并进行持续深入的观察记录和实验探索。

在摩擦实验中，幼儿能大胆尝试，遇到困难能够坚持不轻易求助，能为同伴出主意、想办法，在实验取得成功后还能积极地展开新挑战。在发现静电、了解静电成因、调查消除静电方法的过程中，幼儿获得了有关空气湿度的新经验，也在猜想、推理、验证的过程中改造重组旧经验，建构新的经验。

教师的思考与感悟

敏锐洞察幼儿的兴趣是活动开展的前提。幼儿对这些自己既好奇又无法马上解释的现象充满了兴趣。洞察他们的兴趣和需要，选择有价值的话题开展活动，让他们在亲身体验、实际操作中逐渐建构对静电的认识。

专业支持幼儿的探究是活动持续的关键。积极引导幼儿与环境、他人互动是生活教育的真谛。很多时候，要基于幼儿的感知去验证。几次游戏下来，我发现很多我认为不会有静电的情况都产生了静电，这对我自己的认知是一个很大的冲突。我尝试着和孩子们一起去滑梯上做实验，让他们也给我拍照；有疑问的时候，我按照他们的实验记录去尝试，询问他们"你是怎么做的"。大家对于这种做法也感到很新奇……融入他们的游戏，引导他们与环境、与同伴、与老师和家长的互动，成为他们探索路上的同行者。①

3. 确立课程的价值取向，形成适宜的课程观

我们认为，幼儿在园的一切教育性活动都是课程，幼儿园课程价值取向应指向幼儿有益经验的获得和身心健全发展。教师在讲述课程故事的过程中要阐明自己的课程立场，发现和支持幼儿的有意义学习与个别化学习。

首先，基于儿童立场，树立科学的课程观。幼儿是课程的主体，幼儿的兴趣和经验是课程设计的起点，同时幼儿的发展是课程的归宿。教师通过关注幼儿的兴趣及他们提出的问题来设计课程，真正让幼儿成为课程的主体。比如，浙江省杭州市西湖区文新学前教育集团陈堃老师进行了如下反思。

在以往的课程推进过程中，我往往会依据预定的内容开展活动，因此，在落实幼儿主体性、项目活动个性化的理念中还存在表面化的问题。在不断的课改实践中，我们发现以"学"为中心的幼儿园课程理念逐渐被运用于实践，课程中的项目开启往往以幼儿为主。在一次次课程的优化中，"促进幼儿发展"逐渐成为一种课程观，幼儿有了更多的自主权，也有了活动的欲望。教师会通过多种渠道了解幼儿的原有经验和真实需求，关注幼儿的行为表现，真正把"幼儿主体"的理念落到实处。在项目活动《地铁》中，孩子们对幼儿园旁边的地铁感兴趣，从地铁建造之初到地铁开通，他们一直关注着地铁。于是教师带领幼儿走进地铁站认识了地铁，了解坐地铁的方法，乘着地铁去春游。因为跟随孩子们的兴趣，项目活动《地铁》的内容越来越丰富……这都源于儿童内在的驱动力。②

有效利用课程资源，实现资源的课程化。在课程故事中，教师根据幼儿的需

---

① 傅英. 心发现，新成长 [M]. 南京：南京师范大学出版社，2020.
② 沈颖洁，傅蓉萍. 发现课程：基于园本课程建设的孵化行动 [M]. 杭州：浙江教育出版社，2021.

要充分挖掘资源,通过开发相关活动,让幼儿生活的周边环境或资源成为课程的重要组成部分。浙江省杭州市西湖区留下幼儿园的课程故事这样描述。

留下幼儿园东穆坞园区的野趣秘密基地活动越来越受到小朋友们的欢迎。但对于每一次都是带上物品徒步去野趣秘密基地、活动半天就回园这种形式,孩子们觉得时间太短,不过瘾。于是,他们向老师提出:"我们能不能在那里待上一天?"老师惊讶于孩子们的想法,就反问孩子:"你们想在外面待上一天,那这一天的吃喝拉撒睡怎么安排呢?"经过四天的准备,孩子们终于实现了自己的愿望——把幼儿园"搬"到了野外。小朋友们根据幼儿园的一日作息安排了在野外一天的活动,他们搭建帐篷和厕所,捉昆虫、采集野菜、观察树皮,还像在幼儿园里那样进行午睡和玩游戏。开心的野外生活带给孩子们前所未有的乐趣,这样的"野外幼儿园"得到了孩子和家长的一致好评。①

(二)课程故事对教师专业能力提升的价值

《幼儿园教师专业标准(试行)》在教师专业能力方面提出:"把学前教育理论与保教实践相结合,突出保教实践能力;研究幼儿,遵循幼儿成长规律,提升保教工作专业化水平;坚持实践、反思、再实践、再反思,不断提高专业能力。"卢素芳等学者②提出,幼儿园课程故事是教师以讲故事的形式记录自己在教育实践中发生的真实、鲜活和发人深省的课程事件,表述自己在实践过程中的亲身经历、内心体验和对课程的理解感悟。因此,幼儿园教师在叙述课程故事中所体现的主动性、反思性、研究性,可以让他们在实践中不断提高自身的教育实践能力、教育反思能力、教育研究能力。

1. 关注日常教育实践,提升教育实践能力

教育实践能力的提升是幼儿园教师专业发展的重要组成部分。教师专业化发展既是一种认识,也是教师内在知识结构不断更新、丰富的过程。从学科教学知

---

① 沈颖洁,傅蓉萍. 发现课程:基于园本课程建设的孵化行动[M]. 杭州:浙江教育出版社,2021.
② 卢素芳,曹霞,唐翠萍. 利用课程故事提升幼儿园教师的专业自觉[J]. 学前教育研究,2017(12):64-66.

识的视角看，教师专业发展的过程就是其学科教学知识不断完善、学科教学认知水平不断提升的过程。自美国教育心理学家舒尔曼（Shulman）对教师专业知识的基础进行划分以来，PCK①概念的提出也使得教师专业成长逐渐由注重学科知识转向对教学有效性、高效性的重视。科克伦（Cochran）等人从动态的角度看待学科教学知识，用动态的学科教学认知（PCKg）②取代了静态的学科教学知识（PCK），"PCKg的四种成分，即教学法、学科内容、学生以及教育情境……是相互关联、整合在一起的一个融合体，这四种要素的整合过程就是个体观念变化、整合最终形成学科教学认知的过程。"③

课程故事形成过程是教师在真实的教学情境中自主建构，不断将诸多方面知识进行整合、创新的探究过程。在这一过程中，教育实践能力的提升主要依赖教师个人的"发现"与"建构"，具有明显的个体性、情境性和建构性的特征。从这个意义上说，课程故事很好地发挥了教师在专业成长中形成个人学科教学认知的催化作用，对于教师保教能力的提升有着重要意义。根据《幼儿园教师专业标准（试行）》中专业能力的要求，课程故事对于教师在环境的创设与利用、一日生活的组织与保育、游戏活动的支持与引导、教育活动的计划与实施、激励与评价等能力提升方面都有着积极的作用。

（1）**课程故事有助于提升教师环境的创设与利用能力**。环境是幼儿学习的重要载体，是支持幼儿探索与学习的途径，也是获取经验的重要来源。创设有助于促进幼儿成长、学习、游戏的教育环境既包含物质环境又包含心理环境。在物质环境方面，教师能够合理利用资源，为幼儿提供并制作合适的玩教具和学习材料，引发和支持幼儿的主动活动。在心理环境方面，教师需要建立良好的师幼关系，帮助幼儿建立良好的同伴关系，让幼儿感到温暖和愉悦，比如建立班级秩序与规则，营造良好的班级氛围，让幼儿感受到安全、舒适。浙江省杭州市西湖区申花路幼儿园余林霞老师在课程故事中进行了如下阐述。

在小班的番茄种植活动中，教师关注到孩子们的兴趣点存在差异，于是便以

---

① 英文全称为 Pedagogical Content Knowledge，即学科教学知识。
② 英文全称，Pedagogical Content Knowing，即学科教学认知。
③ 冯茁，曲铁华. 从PCK到PCKg：教师专业发展的新转向[J]. 外国教育研究，2006（12）：58-63.

分组开展小项目活动的方式满足不同孩子的需求。有的孩子对"给番茄苗浇水"产生了极大的兴趣，于是教师在班级建构区创设实景生态区，投放管道、塑料管等低结构材料，供孩子们进行接水灌溉的建构游戏。有的孩子对种植区发现的蚯蚓充满好奇，教师敏锐地捕捉到了孩子们对蚯蚓的热情，开展"我和蚯蚓做朋友"的游戏，鼓励幼儿摸一摸、看一看、碰一碰等，并在班级科学区专门开辟出一个饲养角供幼儿持续探究。此外，还开展了区角活动"蚯蚓日记"，这是班级幼儿非常喜欢的区角活动之一。[1]

（2）**课程故事有助于提升教师一日生活的组织与保育能力**。在课程故事中，教师会审视生态的、真实的一日活动对幼儿发展的价值，基于对"儿童本位"的再认识，关注幼儿的自主、自由，重视一日活动的教育价值；研究如何组织和实施一日活动；思考如何建立一日常规，如何让自主、自由、自律成为幼儿在园生活的常态。教师要注重合理安排和组织一日生活的各个环节，科学照料幼儿日常生活，充分利用各种教育契机，对幼儿进行随机教育。浙江省杭州市西湖区文一街幼儿园夏瑾岚的课程故事《我们不一样》[2]不仅促进了幼儿的学习与发展，也体现了教师较强的一日活动组织与保育能力。

课程故事《我们不一样》片段

老师最近看到有小朋友喜欢互喊绰号，这种行为有时会引起一些小朋友的不悦和气恼。于是，老师带来了"鳄鱼爱上长颈鹿"系列图书。

在午餐前共读图书《搬过来，搬过去》[3]的活动中，大家表达了自己的感受。

辰辰说："我喜欢最后一页，我发现什么都有两份。"

小语说："长颈鹿和鳄鱼身高相差好多，但他们还是可以幸福地生活在一起。"……

---

[1] 沈颖洁，傅蓉萍. 发现课程：基于园本课程建设的孵化行动［M］. 杭州：浙江教育出版社，2021.
[2] 马晓芽. 让儿童更幸福：幼儿园幸福种子课程［M］. 杭州：浙江教育出版社，2021.
[3] 该书的简体中文版已由少年儿童出版社于2016年出版。

后来，大家又看了《天生一对》①，书中有这样一个场景：到了广场上，鳄鱼和长颈鹿听到大家都在叽叽喳喳说个不停"小不点儿，小不点儿""好奇怪的一对啊"。当大家表演这个场景时，围成一圈的"长颈鹿"笑嘻嘻地指着"小鳄鱼"喊着"小不点儿"。表演后，老师请表演小鳄鱼的孩子们上来分享心情。

点点说："我很难过，一点也不开心。"

小语说："我听到这些话，感觉心里有把剑刺进去了。"粥粥说："就像一只恐龙尖尖的牙齿在咬你的心。"陈陈说："我都生气得想打人了。"

等孩子们再次表演这个故事时，他们纷纷表示不愿意再说这些令人难过的、嘲笑别人的话了。

这个课程故事起源于生活中一个"不尊重"的时刻。教师并没有组织一个谈话活动或是进行说教，而是基于幼儿的需求和学习内容的价值进行思考，关注隐性课程在一日活动中的教育渗透，潜移默化地引导幼儿解决问题。这样的课程故事也有助于教师不断探究适宜的支持和指导策略，提升教师的一日生活组织与保育能力。

（3）**课程故事有助于提升教师游戏活动的支持与引导能力**。提供符合幼儿兴趣需要、年龄特点和发展目标的游戏条件；充分利用与合理设计游戏活动空间，提供丰富、适宜的游戏材料，支持、引发和促进幼儿的游戏；鼓励幼儿自主选择游戏内容、伙伴和材料，支持幼儿主动地、创造性地开展游戏，充分体验游戏的快乐和满足；引导幼儿在游戏活动中获得身体、认知、语言和社会性等多方面的发展。

幼儿是活动的主人，当大部分幼儿对某种事物产生了浓厚的兴趣时，教师应作为支持者，保护幼儿的好奇心，支持幼儿的尝试、求证或动手操作，创造探究的机会，满足幼儿的兴趣需求，提升相关经验。下面的课程故事是在自主运动游戏现场发生的，孩子们因为对骑小车情有独钟，于是生成一个全新的游戏项目——《跑跑卡丁车》②。

---

① 该书的简体中文版已由少年儿童出版社于2016年出版。
② 沈颖洁，傅蓉萍. 发现课程：基于园本课程建设的孵化行动［M］. 杭州：浙江教育出版社，2021.

课程故事《跑跑卡丁车》

孩子们利用周边各种体育运动器械搭建赛道，齐心协力将"M"赛道打造成型。木板和垫子合成"无敌斜坡"，椅子和垫子合成"九华山隧道"，梯子和攀爬架合成"惊险桥洞"……游戏现场呈现了孩子们的无限创意。不久，问题来了，由于每轮参赛的幼儿人数有限，现场很多孩子处在等待的状态，怎么办呢？这时，天天小朋友提议可以由孩子们在赛道中扮演"移动障碍"，这可真是一个很不错的建议。很快，大家商量出一系列有趣的障碍，如呼啦圈套圈、充气棒击打、轮胎撞击……由小朋友扮演"移动障碍"，不仅避免了等待，也使原本固定的赛道"动"了起来。正是这些活动障碍的添加，让整个游戏更加有趣、有味。

活动中，孩子们一起发现问题、解决问题，无限创想并且大胆表达，成为真正的游戏主人。

（4）课程故事有助于提升教师教育活动的计划与实施能力。 教育活动的计划与实施能力提升是教师不断积累教育机智的过程。教育机智是一种"实践性知识"，是教师所具有的情境知识的外在反映，它具有实践性、行动性、情境性、个体性和开放性等特点。[①] 教师实践性知识是指教师在实现有目的的行为时所具有的课堂情景知识以及与之相关的知识，更具体地说，这种知识是教师教学经验的积累。[②] 我们认为，课程故事是教师"实践性知识"完善与更新的重要路径之一，教师通过课程故事的撰写能够认识自己的教学行为，并能深入分析、理解教学中出现的问题，再接着运用相关的知识、技能、观念、态度从不同的视角思考问题，待确定需要调整或改变的内容后进行实践。在这个过程中，教师根据幼儿的表现和需要，利用专业的理论知识进行解读和分析，不断思考适宜的组织形式或教学方式，更好地支持和促进幼儿的主动学习。

例如，浙江省杭州市西湖区小和山学前教育集团蒋丽娟老师在组织《桥一家子》的主题活动中，孩子们积累了诸多关于桥的知识经验，当活动开展到"人

---

① 肖川. 教师的幸福人生与专业成长［M］. 北京：新华出版社，2008.
② 辛涛，申继亮，林崇德. 从教师的知识结构看师范教育的改革［J］. 高等师范教育研究，1999（6）：12-17.

体桥"时,老师发现孩子们对人体造桥非常感兴趣,于是,活动结束后,他们将"多趣玩"运动课程与课程资源有机结合,通过问卷调查、"人体桥"的设计与实施、"人体桥"的小组展示等活动帮助孩子们提高对身体的控制能力以及上肢撑、下肢撑等能力。当关于"人体桥"的系列活动结束后,小朋友们又继续探究与桥相关的其他活动。

教师基于幼儿的兴趣,灵活组织各种活动,提供给幼儿更多学习与探索的机会,而不是按照预成的活动设计及时修正活动过程,体现了教学的调控和应变能力,从而形成自己的教学风格,不断提高其组织与实施的能力。

(5)**课程故事有助于提升教师激励与评价能力**。教师要关注幼儿日常表现,及时发现和赏识每名幼儿的点滴进步,注重激发和保护幼儿的积极性、自信心;有效运用观察、谈话、家园联系、作品分析等多种方法,客观、全面地了解和评价幼儿;有效运用评价结果,指导下一步教育活动的开展。同时,要认真观察幼儿在各类活动中的行为表现并做必要记录,根据一段时间的持续观察,对幼儿的发展情况和需要做出客观全面的分析,提供有针对性的支持。以下是杭州市西湖区文一街幼儿园张晔、金丽敏老师的《我的入学通关册》[1]课程故事片段。

课程故事《我的入学通关册》片段

虽然家就在幼儿园附近,但是多多常常不能准时到园参加晨间锻炼。自从班级开展"晨间星星大挑战"的闯关游戏后,多多发现其他小朋友都能获得星星,而自己一颗都没有。这激起了多多强烈的好胜心。

第一天,多多赶在 8:46 进入了幼儿园,1 分钟之差丢失了一颗心爱的星星。我们原以为他会大哭大闹,然而却见他回头跟妈妈说:"妈,明天再早点叫我。"

第二天,多多在 8:28 急匆匆地跑到教室门口,签上了自己的名字。

看着自己好不容易获得的星星,他的脸上露出了开心的笑容。他说:"我今天吃早饭吃得很快,所以今天就没迟到。"然后,他又下了很大的决心说:"我明天还要起得更早。"

---

[1] 马晓芽. 让儿童更幸福:幼儿园幸福种子课程[M]. 杭州:浙江教育出版社,2021.

第三天，多多兴奋地跳进了教室，妈妈在后面追得直喘气。这时是 8：05。多多大声笑着说："老师，今天我有两颗星。"多多通过每天的日记记录，回顾自己每天早上所做的事情，发现自己迟到的原因不是起床迟，而是吃饭速度实在太慢。找到问题的根源，就能确定努力的方向，加快吃饭的速度，从而为自己赢得奖励。

计划表增强时间感知。前期，师幼共同梳理一日生活环节中的自由时间，可以帮助孩子增强对时间的感知，让孩子发现时间与生活、游戏之间密切的联系，感知时间消逝、不停歇的特性。

团体讨论助力时间管理。在团体讨论的过程中，孩子们共同分析怎样合理利用时间、分配时间。同伴分享更能激发孩子们坚持完成计划的决心。时间看不见、摸不着，很难用一些具象的物品或图片让孩子们感知到，唯有通过实际行动、亲身体验才能让孩子们获得对时间的认知。我们从"坚持不迟到"出发，逐步延伸到对时间的管理上。孩子们既了解了时间流动、不停歇的特点，又能生发主动学习规划时间、制订计划的愿望，每天都能坚持完成计划任务。

教育实践是课程故事的基础，教师通过关注日常的教育实践来发现问题，分析问题，分享与交流，不断思考与衡量自身的教育行为，形成自己的教育经验。人类经验基本上是故事经验；人类不仅依赖故事而生，而且是故事的组织者。[①]在课程故事中，教师讲述着他们创造性地解决复杂多变的教育实践问题的经历，通过对教育事件进行分析和解读，从而揭示教育问题和教育规律，甚至形成自己的教育理念和实践智慧，促进自己的专业成长。

2. 进行循序渐进地自我觉察，提升教育反思能力

"反思"取向的专业发展观强调教育活动是一种复杂多变、高度综合的实践活动，教师的专业程度不是单单凭借外在的、技术性知识就能保障的，应强调通过各种形式的"反思"促使教师对于自己、对于自己的专业活动直至相关的物、事有更为深入的"理解"，发现其中的"意义"。[②]"经验+反思=成长"是美国著名学者波斯纳（Posner）提出的教师成长公式，积极肯定了教育反思在教

---

① 康纳利，克兰迪宁. 叙事探究[J]. 丁钢，译. 全球教育展望，2003，32（04）：6.
② 教育部师范教育司. 教师专业化的理论与实践：修订版[M]. 北京：人民教育出版社，2003.

师专业成长中的价值。叶澜教授说:"一个教师写一辈子教案,不一定成为名师;如果一个教师写三年反思,有可能成为名师。"[1] 美国学者唐纳德·舍恩(Donald Schon)提出,教师要做在实践中具备反思能力的专业工作者,即"反思的实践者",其所反思的内容包括潜在判断下隐含的规范和评价、隐于行动模式中的策略与理论、情境引发的一些感觉、形成问题的过程、实践者在体制情境中建构出的自我角色。[2] 课程故事能够让教师对自己的教育理念、教学行为、决策以及由此产生的结果进行认真的自我审视、评价、反馈、控制和调节,从而得到新的认知,其反思能力在这一过程中也将不断发展起来。在课程故事中,教师反思主要体现在以下两个方面。

(1)**教师对其教育理念的反思**。教育理念往往内隐于教师的个人实践性知识体系内,通过课程故事的讲述,教师可以将自己内隐的教育理念凸显,意识到哪些具体的教育理念影响了自己的教育行为,如有不适宜的或理解有偏差的可进行及时修正。因此,反思的过程也是教师有意识地厘清理念,不断吸收或更新理念的过程,也体现了教师专业成长的过程。此外,教师在教育实践中感悟理念的合理性,对课程事件进行分析和判断,不断敏锐地发现问题、深入反思,为新的教学实践提供计划和行动的依据,这样的反思无疑可以促进课程故事的价值得到升华。浙江省杭州市西湖区留下幼儿园邵利琴、毛青青两位老师基于一根绳子记录了一个关于秋千的故事——《我有一个林中秋千》[3],对于这个"课程故事"她们进行了反思。

课程故事《我有一个林中秋千》之反思部分

活动前,关注"蔡格尼克记忆效应"在活动中的助推作用。"蔡格尼克记忆效应"是一种记忆效应,指人们对于尚未处理完的事情,比已处理完成的事情印象更加深刻。孩子们在竹林活动中萌发了开展"秋千"游戏的欲望,但是受当天时间、工具材

---

[1] 朱永新. 教师最喜欢的教育名言[M]. 福州:福建教育出版社,2013.
[2] 舍恩. 反映的实践者:专业工作者如何在行动中思考[M]. 夏林清,译. 北京:教育科学出版社,2007.
[3] 郑秀凤. 没有屋顶也是教室:幼儿园野趣课程[M]. 杭州:浙江教育出版社,2021.

料等因素所限,他们没能玩这个游戏,产生了蔡格尼克记忆效应,老师敏锐地抓住了这个点,推动了项目后续活动的开展。

活动中,关注任务行进过程中幼儿的知识链形成。知识链是一种思维方法,在不同知识间,通过知识的相关、相似性进行链接,帮助思维进行推进与跨越,帮助学生、工作者提高思考能力,从而提高解题能力与处理工作中新问题的能力。在制作秋千的过程中,幼儿不仅形成秋千制作的一些经验,如绳子的选择、打结的技能、抛挂绳子的技巧等,还形成关于合作的一些经验,如小组合作的方式、合作能力、集体解决问题、互帮互助,等等。

活动后,关注满足幼儿成就感的表达通道的搭建。成就感是愿望与现实达到平衡时产生的一种心理感受,指一个人做完一件事情或者做一件事情时,为自己所做的事情感到愉快或成功。当幼儿完成秋千制作和秋千游戏的任务时,活动并没有因此结束,老师提供了表达的平台,鼓励幼儿用言语、绘画的方式把过程及心情表达出来。孩子们满满的成就感因有了载体而得到满足。在这些丰富、生动、富有个性的表达中,老师和家长感受到,当孩子亲身经历了感兴趣的事情时,他们的表达就不用教,不仅自然而然水到渠成,还富有个性特点。孩子们的欢笑声在整片竹林里回荡,童年竹林秋千的美好记忆将驻留在每个孩子的心里……

(2)*教师对其教育行为的反思*。教师基于个人原有的知识经验,探究幼儿园教育的深层理解与本真意蕴,开展深入的讨论与对话,提升专业发展的自觉意识和自主性,从而改善或调整自己的教育行为,形成实践智慧,使自己逐渐向反思型教师、研究型教师转变。江苏省南京市鹤琴幼儿园小二班田浦教师对于课程故事《小蝌蚪的故事》[①]的感悟就可以令人清晰地感受到老师对自己教育行为的真正反思。

课程故事《小蝌蚪的故事》之反思部分

从在大自然中发现蝌蚪,到零距离地观察蝌蚪,再到亲自照顾蝌蚪,看着小蝌蚪一天天长大变成小青蛙,亲身体验让孩子们对小蝌蚪一直保持着高涨的热情。他们关

---

① 张俊. 看得见儿童 找得到课程[M]. 南京:江苏凤凰教育出版社,2021.

注小蝌蚪的身体细节和生长变化，关心小蝌蚪的生活环境，愿意为小蝌蚪付出自己的感情和精力。《3—6岁儿童学习与发展指南》指出："幼儿科学学习的核心是激发探究兴趣，体验探究过程，发展初步的探究能力。"因此，当孩子们遇到问题和提出疑惑时，我没有急于给出答案，而是给予他们足够的时间进行观察、思考和讨论，必要时给予一些支持。孩子们也在这个过程中感受到了科学探究的乐趣，从蝌蚪尾巴上的"羽毛"或"须须"，到蝌蚪的尾巴不见了，每一次发现都能给他们带来快乐和惊喜。在获得一些科学经验的同时，孩子们还通过领养小蝌蚪、送小青蛙回家等活动获得了丰富的情感体验。

活动还有一些值得思考的地方。首先，对于幼儿表现出的对蝌蚪身体细节的兴趣和观察需要，我没有及时予以满足。比如：小蝌蚪刚来到班级的时候，孩子们就表现出了对小蝌蚪身体细节的好奇，提出"小蝌蚪有嘴巴吗？""它的眼睛在哪里？"等问题，我虽然鼓励孩子们去观察小蝌蚪，但蝌蚪的眼睛、鼻子、嘴巴很难用肉眼观察到，我一时也没有想到很好的办法。后来才发现，其实可以借助一些特写照片来满足他们的好奇心。其次，关于小蝌蚪变青蛙的过程，小班的幼儿虽然能够通过亲身观察逐步发现小蝌蚪会长出四条腿、尾巴会消失、最后会变成青蛙，并且对这些现象感兴趣，但是对于"蝌蚪变青蛙"这一连续的过程似乎兴趣不浓厚，这也体现了小班幼儿的年龄特点。我也在思考和期待：当班上的幼儿升入中班后，如果再次养小蝌蚪，他们的关注点与小班的时候比，会有哪些变化呢？作为老师的我们，又该如何更适宜地为幼儿提供支持和引导呢？

期待明年春天的到来。

3. 形成教育研究自觉性，提升教育研究能力

课程故事是通过描述教育过程中的真实情景，从而对有关教育的问题进行探究的一种叙事研究方法，是属于质的研究方法。随着质性研究的兴起，叙事研究通过对一个个故事的描述，去追寻教育背后的价值与规律。教育叙事研究改善了我国教育理论与教育实践之间相互脱节的局面，它以一种新视野角度下的全新教育研究范式给广大处于教育实践第一线的教师以契机。[①] 教育叙事研究使教育

---

① 杨捷. 促进教师专业发展的教育叙事 [J]. 中国教育学刊，2006（05）：72-74.

研究回归教育经验本身，回归生活本身。它让教育实践中的大多数教师都有机会参与进来，发出自己的声音，充分地尊重每位教师的话语权，让教师成为教育叙事的研究者，增强教师作为教育工作者的主人翁责任感。[①] 英国学者劳伦斯（Lawrence）从课程实施的角度提出教师作为研究者，他认为教师应以研究者的形象出现，而不是经验和技术型的专家。教师是课程的开发者与实施者，教师参与教育研究是促进教师专业发展的重要途径之一。教师从事实践性研究的最好方法，是不断说出一个个"真实的故事"。[②] 课程故事正是源于教育实践本身，源于教师与幼儿相处的一日生活之中，因此教师运用起来会更加得心应手。

（1）*在挖掘课程故事时，幼儿园教师可以形成教育科研的意识，提升教育科研的自觉性*。意识是人脑的一种机能，是高级神经系统高度发展的表现，是人的心理对现实生活的自觉反映，而教育科研意识就是指对教育活动的有意识的追求和探索，是使用教育科学理论指导教育活动的自觉。教师会在撰写课程故事的过程中努力发现幼儿园教育教学中新问题或新现象的价值，因为教育研究一般是从发现问题开始的。面对幼儿园教育实践中纷繁复杂的问题，教师基于平时的观察和思考去敏锐地捕捉教育实践中的问题，发现问题背后蕴藏着的教育价值，从而确定课程故事的主题。同时，不断调整教育实践并形成理性认识，这是教师专业成长不可或缺的重要能力。相比学前教育理论工作者，幼儿园教师处于实践的第一线，掌握着丰富的教育研究素材。课程故事是描述教师真实教育生活的一种"从下到上"的研究，可以唤醒教师作为研究者的角色意识。

（2）*在课程故事中对新的教育问题与策略进行探索和创新，形成创造性地解决新问题的能力*。因为幼儿园的教育生活情境是复杂多变的，所以教师们会不断地面临不同的实践问题，探讨教育教学规律，创造性地加以解决，从而实现教师专业发展由经验型向研究型的转变。课程故事是对已经发生的幼儿园教育事件的描述，教师需要不断地确定问题、解决问题以及审思其背后的意义，还要对解决问题的过程进行描述和分析，并从多个角度探索和尝试解决新的教育问题的多种方法。在这一过程中，教师的教育科研水平就会不断提升。

---

① 刘燕萍. 教育叙事与教师专业成长［J］. 四川师范大学学报（社会科学版），2005（S1）：204.
② 康纳利，克兰迪宁. 教师成为课程研究者——经验叙事：第2版［M］. 刘良华，邝红军，等译. 杭州：浙江教育出版社，2004.

（3）**在课程故事的研究中增强教育理论和研究方法学习的自觉性与主动性**。在课程故事的研究中，教师是研究的主体，课程故事为赋能教师学习主动性创造条件，不断引导教师用新的认识框架审视幼儿园教育中的具体事件并赋予其新的教育价值，将理论学习和教育科研活动相结合。课程故事研究的问题往往源于教育实践和特定的教育情境，教师会借助自己的经验或所学理论进行甄别、分析、调整。当遇到研究困惑时，他们会自觉地运用理论来指导和解释，或通过主动学习去寻求解决办法。他们一方面渴求对教育理论的学习，如不断加强对有关儿童的知识、教学方法的知识、学科的知识的学习，另一方面也会积极寻求与专家、同事进行学习交流的机会，充分发挥研究者的主动性和创造性，努力建构自己的专业信念和专业理想，不断加深专业自信和专业自觉。[①]

总之，撰写课程故事是一个观察、记录，对教育现象进行思索、对教育问题进行研究的过程，所以提倡教师用这样的叙事方法对发生在身边的课程事件加以关注，在真实地记录后开展研究。基于课程故事的教育研究可以改进教师的教育教学方法，提升实际教学能力；可以不断提高教师发现问题和分析问题的能力；可以丰富教师个人的教育理论。教师参与课程故事的过程，是一个收获职业认同感与幸福感的过程，也是自身专业能力不断提高的过程。

二、幼儿园课程故事支持教师专业成长的路径

课程故事能转变教师的观念，提升教师的专业能力，对教师的专业成长有着积极的意义。充分利用好课程故事这一载体，可以更为有效地支持教师的专业成长。

（一）课程故事与教师日常教育工作的结合

在当前课程故事被越来越多的幼儿园和教师接受的同时，我们也需要帮助教师认识到，课程故事并不是一项新增的、附加的工作任务，更不是一种负担和压

---

① 曹长德. 论教师专业自觉［J］. 安庆师范学院学报（社会科学版），2009，28（03）：26-31.

力。课程故事能有效地助力教师的日常工作，帮助教师更好地组织幼儿的一日生活，观察和了解幼儿的学习和游戏，与家长实现更为深度的家园互动。因此，合理地将课程故事与教师日常工作相结合，可以更好地支持教师的专业成长。

1. 课程故事源自备课日常

如何让幼儿的在园生活充实且有意义是教师日常工作中最需要思考的问题。作为教师，在各项笔头工作中，离不开"备课"。但幼儿园教师的"备课"和其他学段教师的备课有着很大区别。幼儿园一日生活皆课程，需要教师基于本班幼儿的兴趣需要、教育资源，灵活弹性地实施活动，因此幼儿园课程是一种预设和生成相结合、更为开放的课程样态。教师与幼儿共同亲历的一日生活活动中蕴藏着丰富的教育契机，隐含着产生课程故事的诸多真实情景，值得教师们关注和采撷。

（1）**与时俱进的"备课"**。传统的备课是指教师提前从教育目标、教育内容和材料、教学准备、教学流程、教学策略和方法等方面，对所要面向幼儿进行的教育活动做预设性的思考和设计，以确保幼儿有效地学习。但随着幼儿园课程理念的更新、课程样态的转型，传统以预设为主的前置性备课与当下教师实际的教育行为已不太匹配，"备课"需要进行与时俱进的改革。很多幼儿园开始尝试用"班级日志"代替传统的"备课"。班级日志可以实现预设与生成、计划与记录相结合的更为开放、动态的方式。教师可提前将第二天要开展的活动及其时间、地点以及要解决的问题、想实现的目标做一个大致的设想。活动当天，再将自己与幼儿一起亲历的活动记录下来，包括幼儿的生动语言和想法、发生的随机事件、遇到的困惑和问题、幼儿的学习过程等。经过一段时间的记录后，每隔一段时间（半个月或一个月）再对班级日志进行梳理，教师可以从中遴选出一个事件或一系列事件进行描述，形成课程故事。可以说，与时俱进地"备课"使得记录和反思成为教师的工作常态，课程故事也就自然而然地得以生长。

例如，陈老师在班级日志中记录了每天的活动历程——11月2日：孩子们对即将到来的秋游很期待，提议带着帐篷去秋游。11月3日：孩子们饭后散步，发现种植园地的萝卜成熟了，他们拔了三个萝卜，但没想好怎么吃，保育员老师说她有办法。11月4日：班里的小珂带来了一顶帐篷，几个男孩子尝试一起搭建帐篷，他们反复翻看帐篷搭建的示意图，虽然能看懂并了解如何按照示意图的步骤搭建，但是仍然没有成功；下午，孩子们看到幼儿园工会给老师准备的"秋天的第一杯奶茶"，孩子们纷纷聊起关于奶茶的经验，端端提议在班里的点心区开一个奶茶店，因为之前的月饼店已经没有什么生意了。11月5日：轮到生活操作间的活动，保育员老师给孩子们品尝了腌萝卜，孩子们很惊喜地表示希望自己动手腌制更多萝卜，于是约定午餐后散步时再去种植园地拔几个萝卜回来……

陈老师在回顾11月的班级日志时，可以根据点点滴滴的每日生活选择在儿童探索帐篷搭建的过程中生成课程故事《帐篷的秘密》；也可以记录孩子们如何从筹备奶茶店到开张，生成班级《奶茶店诞生记》的课程故事；还可以记录孩子们在种植园地劳动、拔萝卜并经过多次探索成功腌制出香脆萝卜的过程，这时《萝卜大变身》的课程故事也就诞生了。可以说，当教师的目光从预设性的"备课"转变为回溯反思性的"日志记录"，教师的视角就会更多地转向课程的生长，发现更多镶嵌在寻常日子中的值得被记录和梳理的课程故事。

（2）嵌入日常中的反思。课程故事是教师开展反思性课程实践和教育叙事研究的重要工具。当前，随着儿童观的更新，教师的课程意识也随之觉醒。越来越多的教师不满足于照本宣科地执行"教材"，而是基于儿童的实际需要、当下所拥有的资源进行灵活弹性的课程创生，结合课程资源等参考资料进行园本化、班本化实施。但在实施过程中，要确保课程实施的价值，这有待于教师在行动中不断反思、调整和优化。课程故事能帮助教师养成对自己的课程实施过程及时回溯复盘的反思习惯，让他们觉察自己日常保教过程中的下意识做法，思考如何进一步调整和优化。在对所经历的教育现象的深度思考中，教师将赋予点点滴滴的日常保教以深刻意义。

例如，浙江省杭州市西湖区西庐幼儿园大一班芮老师记录的课程故事《家乡的雷峰塔》。孩子们搭建了一座非常壮观的雷峰塔（见照片5.1），搭建中因为需要大量的积木，

照片5.1　孩子们搭建的雷峰塔

所以向中一班借了一批积木。近日，中一班要求返还积木。怎样拆塔并且清点积木数量、悉数归还？芮老师意识到，这是一个蕴藏在游戏中的学习契机。她进行这样的思考：

- 幼儿从生活中获得数、量、形、空间、方位等方面的最初经验，结合已有的生活经验，才能产生有意义的数学学习；
- 以真实拆塔行动为背景，让幼儿经历从用数学的方法和思维体验真实操作到抽象数概念的转换过程，促进幼儿数学思维的形成和发展。

果然，孩子们在持续多日的拆塔过程中进行了很多有意思的尝试和探索，如何计数？如何分工合作统计？当计数出现不同的结果时，如何检验？……其中，孩子们关于"搭的柱子到底是几根"出现了争执（见照片5.2）。于是，芮老师观察并思考：孩子们在围合圈数时容易出错，如漏数或重复数。因此芮老师让孩子们尝试用雪花片围成圈，进行圈数的探索。孩子们从操作中发现：圈数时记住起始的位置很重要。

照片5.2　每层塔一圈到底有几根柱子

2. 课程故事展现成长历程

课程故事虽然记录的是教育中的一些精彩瞬间和寻常片段，但却能以小见大地折射出故事中不同角色的成长历程。在一个饱满的课程故事中，我们不仅能看到鲜活的儿童形象，还能了解教师在自身专业成长中的所思所悟，此外还能透过故事感受到教师所在的幼儿园团队的价值观和课程理念。

（1）幼儿成长的精彩瞬间。之所以撰写课程故事，其根本目的在于，教师希望在反思中不断提升自己的专业能力，从而带给幼儿更好的学习与发展。因此，幼儿的学习与发展是最为终极的目标。但是，在有些课程故事中，我们很遗憾地看到，它们仅仅体现出了故事，鲜有故事中的幼儿。幼儿被笼而统之地指代为"孩子们、他们、有些幼儿"，为了故事线索的推进，作者往往会用"孩子们提议……""在孩子们的努力下，我们成功啦"等类似的模糊表述。在这样的描述中，幼儿成为故事中一个模糊的群像，成为教师意图的"替身"。我们无法了解幼儿真实的想法，也无法感知幼儿与幼儿之间是如何在分享交流中出现冲突、妥协和形成共识的。因此，教师在撰写课程故事的时候，不仅要叙述故事，还要刻画故事中的幼儿；不仅是群体的幼儿，更应是一个个鲜活的个体；不仅体现幼儿在行动和表达方面，还要体现幼儿在行为表现中所展现出的学习与发展。

例如，在浙江省杭州市西湖区文鼎苑幼儿园的课程故事《整理床铺，我们是认真的》中，李教师记录了孩子们整理床铺时试图用刷子将床铺刷干净的过程，孩子们在反复尝试中积累实践经验。之后，教师引导孩子们将找到的小窍门用自己的方式记录下来（见照片5.3、照片5.4）。

照片5.3 我们要做计划（澈澈）

照片5.4 脏的地方多刷几次，小黑点三次，大黑点五次（豆豆）

有一组幼儿想挑战用吸尘器清洁棉被,可是棉被很大,怎么操作才能方便使用吸尘器呢?(见照片 5.5)教师发现 5 名幼儿自发形成一个互助小团队,用分工合作的方式顺利完成清洁任务。教师随机用照片和文字记录了他们的分工合作。

照片 5.5 棉被太大,怎么操作吸尘器呢

小伙伴们一起思考之后,团结互助,分工协作。他们把两张床铺并排靠近,将被褥呈打开状,豆豆、朵朵、糖豆、悠悠一人抓紧一角,由添添做吸尘主力手,全力动起来。

从案例中可以看到,教师将孩子们成长中的精彩瞬间加以细致描述,记录了不同幼儿在解决"如何整理床铺,如何清理被褥"问题中的想法和策略。教师读懂孩子们的图示符号并倾听他们的想法,把孩子们的语言记录下来,能让读者感受到不同幼儿在群体中发挥的作用,同时还能看到不同幼儿的学习风格、思维方式和个性特点。一个课程故事中蕴藏着不同幼儿值得赞叹的成长"哇"时刻。

（2）**教育行为的"高光时刻"**①。当一位教师产生将自己和幼儿历经的课程实践记录下来的原始动力时，往往是因为教师在寻常的保教日常中看到了不寻常的精彩，他们感受到了幼儿更为愉悦、专注、享受的学习状态，并意识到幼儿的表现与自己的某个有别于往常的教育创新行为密切相关。此时，教师就迎来了自己教育生命中的高光时刻。我们鼓励教师记录这些让自己产生胜任感的高光时刻，它们能帮助教师实现"从现象转向经验，从经验形成教育主张"的专业成长。

课程故事《不要忽略儿童的天真理论》② 片段

留下幼儿园的叶老师在回溯复盘主题活动并记录课程故事《羽毛》时，记录了这个令她惊喜的高光时刻。

孩子们在滑梯附近的地上捡到了一根灰色的羽毛，究竟是"羽毛脏了"还是"羽毛原本就是灰色的"？孩子们就此展开激烈的争执，看到孩子们简单粗暴地争执，叶老师下意识地提出建议："用什么方式证明？"于是，孩子们开始寻找各种清洁工具进行实验验证，展现出了非常专注而又投入的学习状态……

当叶老师回顾这一段历程的时候，她意识到正是自己"忍住没说"、没有直接给出答案而是抛出一个关键问题"用什么方式证明？"才让孩子们从主观判断转为理性思考和实践验证。她认识到幼儿的"天真理论"也是基于自身经验而做出的主动思考，需要被倾听和接纳。虽然孩子们争论的问题很小，小到成人不需要思考就能下意识地给出答案，但直接给出答案会剥夺幼儿主动学习的机会，错失问题多元解决的过程体验。这时候"小题大做"一下，幼儿获得的就不仅仅是问题的答案，更是解决问题的方法，以及不迷信权威、亲身实践的态度。"不要忽略儿童的'天真理论'"就是叶老师在课程故事中对自身专业成长的反思与主张。

（3）**幼儿园课程理念的落地**。当我们在阅读很多课程故事的时候会产生这样一种感受——有时候，你能从众多的课程故事中分辨出哪些课程故事是出自同一

---

① 网络流行语，意指巅峰时刻、精彩时刻等。
② 本课程故事由浙江省杭州市西湖区留下幼儿园叶舟莱老师提供。

家幼儿园的。之所以会有这样的判断，是因为这些课程故事彰显出一种独特的精神气质，体现出一种共同的价值追求和文化氛围。这往往就是幼儿园的课程理念在课程故事中的落地。

例如，浙江省杭州市西湖区翠苑第一幼儿园开展了名为《润心启智》的儿童哲思课程，尤为强调以问题促进儿童的深入思考。在该幼儿园的很多课程故事中，我们能够非常鲜明地感受到，教师所提出的问题非常具有启发性，能促使幼儿的思维不断深入并指向多元角度。在《由菜叶上的洞洞引发的思考》中，幼儿不断思考："可以给虫吃青菜吗？""什么是益虫，什么是害虫？"当孩子们认为破坏我们的食物和伤害我们的虫就是害虫时，教师进而追问："如果按照这样的标准划分，那么是不是可以说破坏我们庄稼、抢夺我们食物、踩伤我们人类的大象是不好的呢？"幼儿开始尝试以不同的立场思考与判断。于是，教师引发幼儿换位思考："假如虫子会说话，它会说些什么？""你想对虫子说些什么？"又如，在课程故事《人为什么要工作》中，教师和孩子们一起讨论一系列问题，例如："什么是工作？人为什么要工作？可以选择不工作吗？未来的你想拥有一份怎样的工作？"在远足后记录的课程故事《带着思考去远足》中，教师引导幼儿观察"同一棵树上的叶子都长得一样吗？""树叶可以不掉下来吗？""既然要掉下来，树叶又为何要来到这个世界呢？"……

这些问题支持幼儿思考与表达，也使得这些课程故事彰显出幼儿园"让思维在对话中闪光"的课程愿景。幼儿园通过创设润物细无声的思辨环境，让幼儿始终抱有好奇之心，以敏锐的视角观察与发现，尝试在独立思考、提出问题、平等对话与分享交流等适宜的学习方式中发展思维。

3. 课程故事促进家园共育

家庭是幼儿园重要的合作伙伴，良好的家园合作能形成教育合力，更大程度地促进幼儿的成长与发展。为了帮助家长深入了解幼儿园的教育理念和活动过程，与家长分享课程故事是实现家园共育的有效举措。但在当下，很多课程故事的分享并没有真正地发挥作用，课程故事中大多是孩子们"热热闹闹"参与活动的镜头，家长阅读后也只是简单地说些赞美之词和感受。那么，如何让课程故事更好地实现家园之间的深度联结呢？

（1）**让家长理解孩子的"学习"**。提到课程故事的实践场域，人们往往会想到幼儿园和活动室。其实，课程故事可发生的场域无处不在，而对幼儿影响最大的场域是家庭。从这个角度看，教师可利用课程故事帮助家长理解孩子的学习方式和学习特点。既要充分尊重幼儿的主体权利，尊重幼儿的发展特点，又要了解幼儿发展的阶段、内在需求。家长只有借助课程故事理解了孩子是怎么学习的、学习的特点如何，才能更加明白在日常生活中如何更好地给予孩子学习与发展方面的支持，家园共育才更有效。

家长对孩子在园生活的了解，一般是通过孩子回家后对父母的描述而来的。然而，在描述中，家长也许会对孩子兴高采烈地描述的一桩桩、一件件"有意思"的事情感到疑惑："孩子是在学习吗？老师带着孩子们所亲历的这些事情究竟对孩子们来说有何教育意义？"在此，课程故事就能发挥积极作用，因为课程故事不仅可以生动形象地还原教师和幼儿共同经历的幼儿园生活事件、学习的历程及教育场景，而且通过教师记录的孩子们的体验、探究、交往的过程以及教师对此的分析和解读，家长可以了解教师的儿童观与教育观，也从课程故事中看到自己孩子生活、学习与游戏的影子。

例如，在浙江省杭州市西湖区三墩镇双桥幼儿园的课程故事《我们是挖土机研究生》中，与幼儿园一墙之隔的就是建设中的西湖大学。孩子们被工地上的挖土机吸引，于是教师便支持孩子们就感兴趣的话题"挖土机"开展一系列探究活动。家长们一开始并不理解，孩子们天天琢磨挖土机有何意义？但从课程故事中，家长们了解到，孩子们计划去采访工地的建筑工人叔叔以了解挖土机的相关知识。其中，"列问题清单、给建筑工人叔叔写信"的过程中蕴藏着孩子们前书写的创意表达。在"采访建筑工人叔叔、宣讲所了解的挖土机知识、创编有趣的挖土机故事"时，孩子们的谈话、讲述、故事创作等语言的核心经验都得到了充分的表达。正如教师在课程故事的结尾中写道："历时两个多月的研究和学习经历，深深地刻在每一个孩子的心里，他们的变化让我们欣喜，其实，我们是在养成——未来的学者、未来的记者、未来的演说家……"而家长们也纷纷留言："这个课程对孩子来说太有意义了，涵涵有时候在家里画挖土机，还向我解释它的内部结构，让我找不同……这就是在自主地学习、实践和参与。""小宇说未来挖土机也可以实现无人驾驶、远程控制。我相信，孩子们未来能够创造奇迹。同时也说明了此课程的意义和延展效果，在此，谢谢老师们，孩子的成绩源于你们的付出。"

课程故事中,教师会从看见、支持、评价幼儿的学习方式与特点的视角撰写和择取有意义的课程事件进行梳理。这种做法是在不断地识别和分析幼儿在学什么、幼儿是如何学习的以及教师为他们提供了怎样的支持等一系列问题的思考路径。家长平时通过阅读教师撰写的课程故事,所能读取到关于幼儿学习方式的信息是:原来我的孩子是通过这些方式探索世界的,原来孩子在生活中方方面面的体验都是学习,原来孩子在探索世界的过程中有那么多独特的发现,原来我还可以从这些视角看待孩子的学习行为,原来老师在孩子的学习行为背后有这么多的思考,等等。这些信息可能与家长原有的对幼儿学习方式的认知产生冲突,但冲突的背后就是引发家长觉察自我教育观念的契机。

(2)**让家长感受教师的"情意"**。课程故事中有许多看得见的部分,也有许多看不见的部分,如课程实施中教师对幼儿的关心和情感、尊重与接纳、看见与理解、珍视与支持,又如教师的课程决策思考和对教育理念的辨析与判断。这些看不见的底层部分是课程故事的根基,是教师在课程故事梳理中的专业思考和价值判断,需要阅读课程故事的读者去品味和咀嚼方能体会。因此,教师不仅应该在课程故事中着力构建关系、情感、连接,还需要运用一些方式将这些"情意"传递给家长,让家长更理解教师的专业思考和对孩子的情感支持,从中体会到幼儿在课程故事中的发展所具有的独特性和无限性。

课程故事《嗨!树屋,很高兴遇见你》[①] 片段

大班《嗨!树屋,很高兴遇见你》的课程接近尾声,老师很想知道班级孩子在这段课程经历中的体验和感受,也很想了解家长看了课程故事后如何看待幼儿在其中的学习。由此,便将写好的课程故事转发在班级家长群,同时设计了几个让家长对班级幼儿展开访谈的问题:

"你喜欢最近玩的树屋打仗游戏吗?"

"在树屋的打仗游戏中,你有没有遇到什么困难?是如何面对和解决的?"

[①] 本课程故事由浙江省杭州市西湖区文一街幼儿园姜程璐老师提供。

"在玩树屋打仗游戏的过程中，有没有让你最难忘（开心）的事情？"

随后，老师将其发放给家长。在收集、梳理幼儿带回班级的访谈结果时，教师惊喜地发现家长们记录了许多指向积极的学习品质的关键词，如合作"勇敢""自信""坚持"。

在以上做法中，教师设计的几个访谈问题分别指向幼儿在课程中的兴趣喜好、面对困难的情绪状态、最难忘的课程经历。家长在倾听幼儿的表达及感受课程故事中教师的教育行为时，可以真切地体会到孩子在课程中所获得的学习与发展，以及教师的专业支持。

（二）课程故事在幼儿园研修活动中的应用

在幼儿园教师的专业成长中，各类培训学习能提供丰富的理论滋养和教育经验，教研活动能随时随地地基于现实问题提升教师应对复杂教育情境的实践智慧，而课题研究和论文撰写能帮助教师实现从经验型教师向研究型教师的转变，在思维方式的转变中不断提升专业能力和专业水平。在这些与教师专业成长密切相关的各类研修活动中，课程故事的引入能在教师专业成长路径上带来更多的突破。

1. 在培训中代入

信息化时代下，优秀的课程故事资源丰富，且获取的方式也非常便捷，教师可以通过各大微信公众号获取大量优秀、已经被提炼出教育经验的课程故事。这些优秀的课程故事资源可以被最大限度地纳入幼儿园教师的培训活动中，发挥积极作用。

（1）*在日积月累中储备经验*。幼儿园教师的专业成长需要一定的阅读量支撑，然而在忙碌的工作之余，整体的、充分的阅读时间对幼儿园教师而言较难保证。相比理论学习和专业书籍的阅读，课程故事篇幅不长，单篇的阅读时间往往在 10 分钟之内，且因为其故事性、情境性强，阅读体验更为轻松愉悦，非常适合教师利用碎片化的时间进行阅读和学习。幼儿园的培训可以通过日常向教师分享和推介优秀的课程故事，让教师在日积月累中储备应对各种复杂教育情境的实践策略。

例如，西湖区新教师培训群里，负责培训的教师将一些高品质的微信公众号推介给新教师，倡导新教师每天阅读一个课程故事；平日里也会及时根据社会热点、节庆季节等特殊时段将一些优秀的课程故事有针对性地推送到群里，鼓励新教师结合课程故事在群里自由交流自己的阅读体会和感悟。日积月累间，新教师能了解到不同年龄段、不同教育情境下更为多样化的幼儿，也对有经验的成熟教师的教育做法有了感性的了解。

（2）*在对比分析中提升策略*。课程故事的行文较为活泼、随性，不同的幼儿园、不同的教师个体所撰写的课程故事没有太严谨统一的格式。但是透过这些形式丰富、表达多元的课程故事文本，教师依旧需要从中去领略故事背后教师课程行为的逻辑起点和推进脉络，以此增长自身的实践智慧。幼儿园可以引导教师通过阅读优秀的课程故事，将自身代入相应的活动情境中，与自身惯常的做法进行对比分析，在"以人为镜"的对比分析中自主提升自己在课程意识、互动策略、教育观念等方面的素养。

例如，浙江省杭州市西湖区文鼎苑幼儿园在暑假期间开了一个假期"学习单"，鼓励教师在暑期通过网络途径遴选两个相同主题的课程故事，要求所选的课程故事反映的教育主题是自己亲身实践过的。在精读课程故事时，链接自身完成对以下四个问题的思考（见照片5.6）：

- 两篇课程故事的共同点与不同点是什么？
- 两篇课程故事的亮点分别是什么？
- 两篇课程故事的脉络是什么？关键事件有哪些？
- 对比自己曾亲历过的课程实践，你有什么启示？你会如何梳理、呈现属于你的课程故事？

该幼儿园利用"学习单"的形式让教师精读两篇优秀的课程故事，看似是让教师利用表格进行自学，其实在表格中已经渗透了学习支架，且教师的"学习单"还能为后一阶段的集中培训与研修提供相关素材。所谓的学习支架，是指"学习单"的四个问题既是在帮助教师梳理课程实施策略，又关联了教师自身的工作，让教师在自学的过程中发现自身在课程实施中的优势与不足。后续，当教科室回收所有教师的"学习单"后，还可以结合教师的共性问题，组织集体学习或讨论活动。当然，这种自学加互学的培训模式可以在学期的多时段中进行，让教师在不断发现的过程中积累经验，为后续自己撰写或优化课程故事奠定基础。

> 杭州市西湖区文鼎苑幼儿园课程故事暑期学习支架表
>
> ### 如何撰写一篇课程故事
>
> **故事？课程故事？** 故事是文学体裁的一种，侧重于**事情过程**的描述，强调情节跌宕起伏，从而<u>阐发道理或者价值观</u>。而课程故事，顾名思义就是描述课程的故事，它以"故事"的形式，通过一个个"关键事件"，揭示<u>"课程背后的意义"</u>。
>
> **如何撰写好一篇课程故事？** 老师们，你们是否曾因身边小伙伴的课程故事在区里发表而感到羡慕？你们是否时常惊讶于"西湖儿童研究"上一篇篇优秀的课程故事怎么能写得这么好？其实，<u>故事写得好，最主要是课程做得好！！！</u> 让我们像一块海绵，在他人优秀的课程故事中汲取养分吧！<u>相信，这个暑假，你也能成为更优秀的自己！！！</u>
>
> | 课程故事学习反思支架表 | | | | |
> |---|---|---|---|---|
> | 我学习的课程故事 | 这些课程故事的共同点是什么？这些课程故事的不同点是什么？ | 这篇课程故事的亮点是什么？ | 这篇课程故事的框架脉络是什么？关键事件有哪些？ | 对比自己曾经的课程实践，你有什么启示？ |
> | 课程故事一
课程故事二
（微信稿开头含标题部分截屏，建议从"西湖儿童研究"中寻找截图） | | 课程故事一
（写题目） | | |
> | | | 课程故事二
（写题目） | | |
>
> 学习人：

照片 5.6　如何撰写一篇课程故事

2. 在教研中复盘

教研需要教师基于真实的教育情境去发现问题、解决问题。在确保幼儿园课程有效实施的过程中，离不开教研的支持。而课程故事对教研活动来说就是一种非常适宜的、重要的教研素材，我们可以依托课程故事对主题实施后的成效进行回顾与审议，也可将其作为实施的优秀案例在类似教育情境中加以迁移和运用。

（1）*主题实施后的回顾与审议*。课程故事作为幼儿园主题活动实施后的一种重要的复盘载体，不仅可以起到回顾、梳理的作用，也能引发教师对其课程决策进行价值判断与思考。在教研活动中，借助研修团队的力量帮助教师进行审议与提炼，能够在形成优秀课程故事的同时积累关于课程实施的有效策略，促进教师对幼儿园课程的深度理解。

例如，浙江省杭州市西湖区翠苑第四幼儿园组织的主题实施后审议教研活动，会定期邀请教师以课程故事的方式分享自己的课程实践。某教师与大家分享了课程故事《我是睡眠小专家》，图文并茂地记录了幼儿的表达表现，给其他的教师留下了深刻印象。教研活动主持人组织教师们复盘和反思，请他们说说最令自己怦然心动的活动片段和让自己心动的理由，比如：午睡辩论赛特别让教师心动，因为它不是一个简单的语言活动，而是让孩子们通过各种前期调查、记录而进行的有关健康生活的探究，并通过辩论活动引发幼儿关注和了解人与人的不同，学会包容和接纳。之后，教研组还会带领教师梳理主题的推进脉络，比如："调查中发现—辩论中理解—实践中改变—合作中体验"的策略路径，每一个路径中都隐含着有趣又有意义的活动内容。这样的复盘能助力教师更深度地反思，为未来开展更适宜本班幼儿的主题活动提供经验和思路。

（2）*情境迁移后的运用与提升*。教师在进行课程实施时，对于课程的目标和价值有着清晰的把握，然而如何通过生动且适宜幼儿学习特点的方式来推进课程是教师较为薄弱的瓶颈问题。教研活动中可以凭借优秀的课程故事，从故事缘起、活动价值、活动路径、实施策略等角度进行复盘梳理，将故事情境迁移到新主题中，通过对比、剖析、借鉴，在举一反三的经验迁移中拓展思路，从而实现教育目标，彰显课程价值。

例如，就偏向社会领域的主题活动而言，教师在推进活动时容易陷入直接说教的方式中。如何避免说教，体现出亲身体验、实际操作、具体感知的幼儿学习特点？每年五六月份，幼儿园大班都会开展《再见幼儿园》或者《我要感谢你》的主题活动，旨在通过活动让幼儿学会感恩。但怎样才能帮助幼儿发自内心地感受到幼儿园的成人对自己的付出和爱？浙江省杭州市西湖区文鼎苑幼儿园教科室利用园内曾梳理出的经典课程故事《致敬人民英雄袁隆平爷爷》开展了教研活动。教科室带领教师们梳理出这一课程故事在社会领域学习中的突破点，认识到故事中将内隐的社会情感转化成外显的数字，孩子们从"400 粒稻穗有多少"中感知超级水稻的"超级"；然后引导教师，将这一突破点转嫁到"我要感谢你"这一主题。教师在教研现场讨论出：可以鼓励幼儿用自己的方式记录对幼儿园每位工作人员有意义的数字，让幼儿通过这些数字感受幼儿园工作人员对自己的守护与爱。在教研活动的支持下，大班再次开展《我要感谢你》主题活动时，幼儿用画线、画圈的方式记录保健医生每天要晨检300个孩子、用微信记步的方式统计保安爷爷一天巡逻的步数、用记步手环记录食堂阿姨1分钟切菜的数字、用点数的方式统计生活老师拖台阶的数量。当幼儿统计出这些数字后，他们对工作人员的感恩就更加具体和用心了。孩子们为食堂阿姨选择了护手霜作为礼物，为保健医生选择了润喉糖作为礼物，而这些礼物正是工作人员工作时所需要的。

从上述教研活动中，我们可以感受到，教师更擅长在情境迁移与运用中总结经验，运用成功的课程故事作为研修素材，通过教研总结出：一定要将看不见、摸不着的社会领域学习内容转化成幼儿看得见、摸得着、熟悉的东西，而数字就是一个很好的载体。

3. 在科研中深入

教师的教育实践和教育研究是密不可分的。鼓励教师基于自身的教育实践，进一步提炼总结教育经验、寻找感兴趣的研究课题开展深入研究是教师专业发展中非常重要的路径。课程故事能够成为实践的"蓄水池"和"灵感泉"，助力教师从实践走向理论研究之路。

（1）**从课程故事中积累经验论文**。一篇优秀的课程故事往往会闪耀着一些质朴的实践智慧。而当这些质朴的实践智慧经过多次反复地实践和验证以及不断地完善和提炼后，就能生长出行之有效的教育经验。可以说，课程故事就好比一个"蓄水池"，在日复一日的教育经验累加中，就能自然而然地汇聚出属于教育实践者的经验论文。

例如，浙江省杭州市西湖区文鼎苑幼儿园的姚老师在小班《寻找春天》主题活动中，为孩子们提供了一个彩色的色盘作为收集器去采集不同色彩的植物。于是，这个小小的色盘成为一个非常有效的学习支架和任务驱动，支持小班孩子们对应不同的色彩有目的地采集春天的植物。活动后，姚老师又在区角中投放了很多小盒子，于是孩子们开始自发地分类（见照片5.7、照片5.8）。当这个课程故事被推送和大量转载时，这一策略被大家纷纷点赞和借鉴。此时，姚老师才深刻地感受到，投放的色盘和小盒子不仅仅是美观新颖的材料，更是触动幼儿"直接感知、实际操作、亲身体验"的激发物，特别契合小年龄孩子的学习特点，是非常有效且情趣化的学习支架。于是，姚老师在日常实践中开始留意并举一反三地思考：还有哪些材料可以作为激发物？激发物需要具备怎样的特质？如何把握投放的时机和策略……就这样，经过多次实践和探索以及不断地深入思考，姚老师完成了经验论文《支持幼儿主动探究的激发物的设计与投放》。

照片5.7 用色盘采集春天的色彩

照片5.8 用小盒子引发孩子的自主分类

从课程故事到经验论文，从感性的做法梳理上升为理性的思考，这样的实践研究过程和思维方式非常有助于教师的专业提升。

（2）**从课程故事中开启课题研究**。课程故事的记录和描述，是教育者对教育事件赋予其教育意义的过程，是反思性教育实践的生动展现。这些耐人寻味的教育事件，有时会引发教师极大的好奇心和探究欲，对幼儿生活、游戏中某些现象进行追问和探寻；有时会带给教师积极的自我认同和教育自信，激励教师进行突破与创新。因此，课程故事就像一眼"灵感泉"一样，能激活并指引教师开启自主且有生命力的课题研究。

例如，浙江省杭州市西湖区转塘幼儿园毗邻中国美术学院，有着近水楼台的地理优势。每当美术馆里有好的展览时，转塘幼儿园的教师们都会带着孩子们去观展（见照片5.9）。有一次，美术馆里举办了一场欧洲海报艺术展。明亮鲜艳、对比强烈的海报作品给孩子们带来了非常强烈的视觉冲击，参观结束后，很多小朋友都对这次海报展的内容念念不忘。于是，大一班的教师们支持孩子们去搜寻生活中丰富的色彩,并尝试像艺术家一样进行色彩创作。最为可贵的是,教师利用社区资源在中国美术学院一年一度的大学生毕业艺术作品展上为孩子们争取到了一个小小的展位(见照片5.10)。于是,孩子们的艺术创作热情被大大点燃和激励。教师也将此次活动记录为课程故事《萌童设计馆的色彩探索之旅》。幼儿园教科室看到了这一课程故事中对于课程资源和教育空间场域的突破与创新,于是在此基础上开启了课题研究《双环沉浸式学习:基于资源的幼儿园艺术课程学习样态的实践探索》。

照片5.9　孩子们走出幼儿园参观艺术展

照片5.10　孩子们在大学生毕业艺术展上的展位

小小的课程故事点燃了幼儿园的研究热情，也为幼儿园艺术教育的模式创新带来了新的研究契机。在课题研究的推动下，幼儿园的课程实践将走得更为深远与坚定。

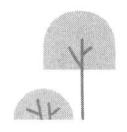
讲述故事，倾听故事是人类基本的生存方式和表达方式。

——华东师范大学教授　刘良华

第六章

幼儿园课程故事的编码解读

课程故事作为探究、洞悉教师个人课程实践知识的有效方法之一，其结构因素的研究需要扎根于教师的课程现实，面向课程事实，聚焦课程实践。虽然教师对课程生活的个人化理解很难通过某种标准化的观察表或行为测量技术进行评估，故事的撰写也并没有固定不变的程序，但好的课程故事确实存在一些共同因素，有一些在通常情况下普遍适用的指导原则。本章旨在以48篇课程故事文本为内容，自下而上归纳课程故事要素，以防课程故事陷入"低水平重复"的怪圈，助力更多高质量课程故事的产生，从而为一线教师提供自我反省课程实践的镜子，为读者打开观察他人课程实践的"窗户"。

一、幼儿园课程故事编码的基本方法

本章采用扎根理论的模式，依托自下而上的归纳方式，利用相关软件，通过文本选择、编码分析、比较归类、可视化呈现、模型建构等研究环节，形成不同层次的概念范畴和类属关系，探寻课程故事的结构要素。

（一）课程故事文本的来源

幼儿园课程故事文本有可能来自图书、报纸杂志和网络。

1. **图书资源**

选取南京市鹤琴幼儿园教师编撰的《看得见儿童 找得到课程》一书中的12篇故事文本,以及由张斌、虞永平教授主编的《冻不住的好奇心》中的14篇故事文本。这些故事受到国内幼教专家和一线教师的好评,具有一定的价值和权威。

2. **报纸杂志资源**

利用报纸数据库,找到10篇关于幼儿园课程故事研究的文本。这些文章刊发在教育及相关主管部门主办的刊物上,具有广泛的代表性和真实性,其内容能够反映幼儿园课程故事研究的质量价值取向,具有一定的科学性与引领性。

3. **网络文本资源**

本研究对一些微信公众号的热点课程故事进行了检索,最终选定学前教育领域权威媒体平台《中国教育报学前周刊》的12篇课程故事作为本研究文本数据的一部分。

(二)课程故事编码要素的确定

根据美国社会学家施特劳斯(Strauss)、格莱斯(Glaser)和后来的科宾(Corbin)等人对扎根理论的研究要求,研究者需要在不限制任何特定形式的资料中发掘、发展理论,通过质性辅助分析工具将研究分为三个阶段来完成,最终形成涉及4397个编码参考点、15个基本范畴、5个核心范畴的系统化分析体系。这成为本节的核心内容。

1. **开放式编码:课程故事编码的初级要素**

本阶段,研究者主要基于本土化编码的基本原则,逐字逐句地阅读研究文本资料,将收集到的资料打散,赋予概念,然后再以新的方式重新组合起来。[①] 具体而言,本环节将48篇文献全部导入软件中,并对文本逐个进行编码提取,形成由371个开放代码构成的初始概念群,接着对少于3个开放代码支持的初始概念进行删除处理,初步形成45个初始概念,示例见表6.1。

---

① 陈向明. 质的研究方法与社会科学研究[M]. 北京:教育科学出版社,2000.

表 6.1 开放式编码表（部分）

初始概念	原始语句示例	材料来源数
目标意识	· 什么样的活动既能够满足孩子成为小小兵的兴趣和愿望，还能让他们在活动中锻炼身体，培养坚强、勇敢、不怕困难的意志品质？经过讨论，我们有了第三个活动——军训。 · 我想借此机会拓展大班幼儿测量的经验。 · 这能不能成为一个提升孩子们棋类游戏经验的好机会呢？	27
主体意识	· 我没有急着将事实告诉孩子们，而是选择和他们一起等待，想让他们自己去发现问题，找到答案。 · 因为小班的时候孩子们就有过用儿童专用刀具切水果的经验，所以这次我也让孩子们自己使用刀具处理食材。 · 我们期望通过环境和材料的改变，为幼儿带来更多的游戏方式，促进幼儿在沙水区的深度学习。	25
……	……	……
幼儿认知或情绪	· "呀，怎么水池里长出了一根冰棍？""它怎么会被固定在水池里，就像一根柱子一样？""它没有被装在长长的容器里，怎么会有长长的形状呢？"之前，孩子们认为冰的形状与容器的形状相关，而在水池里发现的这根冰柱在没有任何容器的塑形下却有着圆柱体的造型，这个发现超出了孩子们原有的经验。 · 天天说："我们还有六个组呢，只剩两棵枫树了怎么办？" · 他一边画一边忙不迭地喊："小宝、翔仔，快点来，有骰子了！""没错，是……"我正准备对孩子们的回答进行肯定，突然听到一个反驳的声音："老师，应该叫土豆。""我姨妈也是喊的土豆，可是我们说的是洋芋。"	31
教师认知或情绪	· "桥面会不会腐烂？如果桥面腐烂怎么办？铺砖块？铺空心砖？铺块布？"眼看孩子们想到的办法一直停留在遮住桥面上，我们心里有些着急。 · 比如，按照数树枝的方法也非常令人出乎意料，令我们惊叹孩子们的思维能力。 · "贝贝，你为什么把衣服脱下来放柿子下面呢？"原本以为是太热了脱外套，但是她的回答让人满满感动。	21
……	……	……

注：由于开放式编码涉及的概念和原始语句较多，本表无法全部呈现，所以仅对部分初始概念、范畴和部分原始语句进行了呈现。

（续表）

初始概念	原始语句示例	材料来源数
反思与解释	・投票决定，结果10个人认为应该全部拆掉，启戒一个人反对："我不想全拆，因为全拆掉的话会很麻烦。" ・翔仔耐心地解释道："因为有的地方（面积）大，我们就定得贵一点；有的地方（面积）小，就定得便宜。" ・悦熙的反驳："虫子很轻，不可能把麦子压弯。"	22
好奇与兴趣	・他们小声议论着："叔叔们不热吗？不累吗？叔叔拿着枪动也不动，这枪是真的吗？" ・孩子们对这个活动的热情超出我的意料，他们一有空就主动在楼里到处走走看看，有的孩子放学后还主动让家长和他一起在前楼和后楼之间转一转，了解大楼的整体结构。 ・轩轩像发现新大陆一样地喊道："老师你看，苹果树怎么长这么高了！"	31
……	……	……
纵向拓展	・摘石榴—石榴是什么样子的—怎么打开石榴—品尝石榴。 ・制定游戏规则—调整游戏材料和规则—中国旅行棋的全新升级。 ・第一步，我和孩子们一起认识了碘——一种褐色的药物；第二步，验证土豆里到底有没有淀粉。	34
横向延伸	・故事一：这么多小朋友，但是只有三棵枫树怎么观察？故事二：九月的枫叶是什么颜色的？为什么裂片数不一样？ ・萝卜到底有没有长大？——橙色的"胡萝卜"？ ・苹果树有多高—苹果树受伤了—苹果树的"身份证"。	30
……	……	……

2. 关联式编码：课程故事编码要素的类属结构

关联式编码的目的是在开放式编码的基础上，将发现和建立的一级编码进行联系和贯穿，寻找概念范畴之间的各种联系，构建出更高一级的主要类属。为初步探寻资料与概念范畴之间的联系，需要使用软件探索矩阵功能；对开放式编码概念进行聚类分析，形成概念群内部编码的概念类属关系；以此为基本参照，将较低层次的概念整理成较高层次的范畴；对编码进一步调整，借用文献和相关研究成果的观点，对46个初始概念进行归纳整合。经过多次反复阅读和比较，最终抽象出15个基本范畴：故事缘起、故事语言、矛盾冲突、目标的发展、内容的关联、实施的依据、学习方式、学习品质、学习效果、情感支持、策略支持、材料支持、课程意识、故事意义、课程反思。

3. 选择式编码：课程故事编码要素的类属类型

选择式编码是在所有主范畴的概念类属基础上，经过系统分析与比较，选择一个"核心类属"，把分析集中到与"核心类属"有关联的编码上。在质性研究过程中，选择式编码是最高层级的环节，旨在开放式编码和关联式编码的基础上提炼出概念范畴、构建服务研究主题的理论模型，因此它又被称为"理论式编码"。按照这一思路，我们在关联式编码基础上提炼出5个三级编码（见表6.2）。

表6.2 三级编码汇总表

主题类属	基本范畴	初始概念	编码参考点数
故事情节	故事缘起	儿童经验	19
		主题延伸	13
	故事语言	情感性语言	215
		描述性语言	155
	矛盾冲突	儿童认知或情绪	191
		教师认知或情绪	60
课程逻辑	课程目标的发展	目标的递进	123
		目标的整合	50
	课程内容的关联	纵向拓展	194
		横向延伸	84
	课程实施的依据	儿童生活逻辑	61
		学科知识逻辑	132
		融合式的逻辑	55

（续表）

主题类属	基本范畴	初始概念	编码参考点数
儿童学习	学习方式	倾听与表达	292
		操作	152
		观察模仿	140
		交往	135
	学习品质	主动性	141
		坚持与注意	65
		好奇与兴趣	140
		反思与解释	69
		创造与发明	68
	学习效果	知识技能	162
		情感态度	116
		过程与方法	101
教师支持	情感支持	积极氛围	15
		教师的敏感性	10
		尊重儿童	9
	策略支持	提问	290
		讲解	67
		示范	48
		实地考察	15
	材料支持	物质材料	23
		非物质材料	38
故事理解	课程意识	主体意识	211
		目标意识	122
		资源意识	58
		整合意识	30
		生成意识	126

（续表）

主题类属	基本范畴	初始概念	编码参考点数
故事理解	故事意义	理解儿童	31
		理解资源	14
		理解教师	13
	课程反思	情境性反思	275
		技术性反思	45
		辩证性反思	24

二、幼儿园课程故事要素的构建

基于前面的文献梳理和可视化表达发现，幼儿园课程故事要素有自己内在的构建逻辑，也具有一定的层次类型。本章重点对各个主范畴进行阐释，以求对幼儿园教师撰写的课程故事要素进行探讨和澄明。

（一）故事情节

幼儿园课程故事是一系列彼此相关联的课程事件的集合，故事情节是幼儿园课程故事的明线，穿成一个完整课程故事链条。故事情节的描写对于表现主题具有重要意义。情节打动人、感染人，体现课程故事事件的丰富性、形象性和复杂性。故事情节的具体内容包括故事缘起、故事语言和矛盾冲突三个维度。

1. 故事缘起

故事缘起主要是交代课程故事的发生背景。在选取的48篇课程故事中，主要有儿童经验和主题延伸两种起源类别。其中，起源于儿童经验的参考点占了59%，说明一半以上的教师关注课程生发的儿童生活和探究经历；起源于前期主题活动延伸的参考点约占40%，说明教师关注到课程的连续性。下面通过几个具体的案例来说明幼儿园课程故事的缘起。

▶ **故事缘起之一：儿童经验**

大班课程故事《我们的幸运饺子》[①] 片段

寒冷的冬天，小朋友们围坐在一起讨论在冬天可以做哪些温暖、快乐的事情，有小朋友说期待下雪可以打雪仗、堆雪人，有小朋友说要做新年礼物送给好朋友，还有小朋友说冬天要吃热腾腾的饺子，然后辰辰小朋友说："在我的老家过年吃饺子的时候要在饺子里面包钱呢！"在饺子里面包钱？大家七嘴八舌地讨论这件新奇的事情，活动由此拉开序幕。

▶ **故事缘起之二：主题延伸**

中班课程故事《沙桌诞生记》[②] 片段

此次活动是在中班主题活动《幼儿园附近》《大马路》背景下开展的。幼儿在美工坊的沙盘游戏中收集了各种玩具（小汽车、小动物玩偶等），用纸盒做了路灯，用木棍做了标记，在沙盘中创设了大马路、房子等游戏情景。每周一次专用室的活动对幼儿来说是远远不够的，他们希望每天都能在教室里玩沙桌游戏，于是他们想出将班级的图书柜布置成沙盘桌游戏角，但是玩着玩着发现图书柜的高度和大小并不合适。在交流分享中，幼儿围绕沙盘桌提出了自己的想法，他们觉得可以亲手打造一个互动沙盘桌，"制作沙盘桌"的话题就这样产生了。

2. 故事语言

故事语言是教师叙述课程故事所使用的语言。在选取的48篇课程故事中，主要有情感性语言和描述性语言两种语言类别。文本中情感性语言和描述性语言比较均衡地构成课程故事的写作形式，描述了由于幼儿之间的关系与环境间的矛盾冲突而产生的一系列课程事件发生、发展直至解决的整个过程。其中，情感性语言的参考点占了58%，说明一半以上的教师关注到课程要有特殊的语言和声调

---

① 本课程故事摘自微信公众号"早期教育"中的《我们的幸运饺子》一文。
② 张斌，虞永平. 冻不住的好奇心［M］. 南京：南京师范大学出版社，2018.

变化；描述性语言占了大约 40%，说明教师注意到要详细写出事物状态或事情始末的语言。下面通过几个具体的案例来说明幼儿园课程故事的语言。

▶ **故事语言之一：情感性语言**

大班课程故事《红红枫叶中的课程秘密》[①] 片段

祺祺很好奇："枫叶不是红色的吗？""还没变红呢，以后就会变成红色了！"沫沫说。边上的小朋友听见了，都感叹道："哇，枫叶怎么会突然变成红色的呢？好想看看它是怎么变色的！"……"老师，另外两棵大枫树正好有六根粗粗的树枝！"……登登突然说："老师，这个枫叶也太高了，我都看不到！"旁边的轩轩说："你太小了，看我，一下子就能看到这么多枫叶！"登登"哼"了一声……回到教室，小朋友们迫不及待地分享着自己观察到的枫叶……老师说："枫叶上面一片片分出来的叶子有个好听的名字——裂片。"媛媛说："哇，裂片，真好听，我看到的是有五片裂片的。"……"那夹在两张纸里面的枫叶呢？"熙熙好奇道。熙熙很遗憾："可是还没有变红呢！"……天天喊道："哇，变红了，变红了。"……"快看，我们观察的那根树枝上的都变红色了！"……熙熙说："才不是呢，明明都差不多呀。"

▶ **故事语言之二：描述性语言**

大班课程故事《缘来"柿"你：一颗柿子开启的课程之旅》[②] 片段

受不了这个味道的孩子们都跑去拿纸巾狂擦舌头，然后赶紧喝水……可是操作过程中遇到了问题，格格："我要点这个柿子。"甜甜："这个是我点的。""还有哪个没点？"点着数最大的问题就是点不清楚，每个人站的角度不一样点着的柿子可能却是同一个，点到最后，发现大四班的孩子全部拥挤在了小小的柿子树下，可是柿子仍旧数不清……孩子们找来了梯子，爬上了汽车，轮番上阵一起将贴纸贴上。当孩子们正在统计贴了多少贴纸时，抬头才发现，有的柿子被贴了两张贴纸，有的贴纸已经从柿

---

① 本课程故事摘自微信公众号"中国教育报学前周刊"中的《红红枫叶中的课程秘密》一文。
② 本课程故事摘自微信公众号"中国教育报学前周刊"中的《缘来"柿"你：一颗柿子开启的课程之旅》一文。

子上掉下来了，落了一地……柿子刚被摘回来时，孩子们陆陆续续将柿子放置在自己的衣帽架上，等待中午的柿王选拔赛。贝贝把柿子放在自己的衣帽架上，转身又脱下了自己的外套，然后放在了柿子的下面。

3. 矛盾冲突

矛盾冲突主要是指故事人物在认知或者情绪上发生排斥、抵触。在选取的48篇课程故事中，有儿童认知或情绪和教师认知或情绪两种矛盾类别。其中，儿童认知或情绪的参考点占了76%，说明大部分教师关注到课程中儿童认知的前后矛盾或引起的情绪冲突；教师认知或情绪的参考点占了24%，说明教师对课程中教师认知的前后矛盾或引起的情绪冲突关注得相对不足。下面通过几个具体的案例来说明幼儿园课程故事中的矛盾冲突。

▶ **矛盾冲突之一：儿童认知或情绪**

小班课程故事《蜜蜂嗡嗡叫》片段

孩子们惊喜地尖叫着，好几个孩子激动得准备用手去抓蜜蜂了。胆小的悦悦看见蜜蜂飞来了拔腿就跑。回到班级，孩子们还在热烈地讨论着："蜜蜂会蜇人吗？被蜜蜂蜇到该怎么办呢？"墨墨和欣欣发现了蜜蜂，第一时间和小伙伴分享，她俩十分兴奋，萍萍皱着眉头提出疑惑："为什么我们教室里没有小蜜蜂呢？"

▶ **矛盾冲突之二：教师认知或情绪**

大班课程故事《中国旅行棋》[①]片段

我看到那颗骰子在墙角处，想到这已经不是他们第一次找不到游戏材料了，于是我不动声色地把骰子捡起来藏在口袋里，想让他们知道如果平时不好好收拾整理游戏材料，下次想玩都玩不了。

可是没想到，在发现找不到骰子后，孩子们马上有了替代方案……看他们玩得不

---

① 张俊. 看得见儿童 找得到课程[M]. 南京：江苏凤凰教育出版社，2021.

亦乐乎，我又欣慰又觉得有趣，有一种"无心插柳柳成荫"的感觉，孩子们总是能给我们带来惊喜。

（二）课程逻辑

课程逻辑是故事发展的一条暗线，各个课程要素之间的关系推动课程故事的连续性发展，主要包括课程目标、课程内容以及课程实施三个方面。

1.课程目标的发展

课程目标是指课程本身要实现的具体目标和意图。在选取的48篇课程故事中，课程目标包括目标的递进和整合两个维度。其中，目标的递进的参考点约占70%，说明一半以上的教师关注到课程目标应由浅入深、层层递进；目标的整合的参考点约占30%，说明教师关注到对目标所蕴含的知识、态度、行为等方面的渗透与整合（不同领域经验的渗透与整合）。下面通过几个具体的案例来说明幼儿园课程故事的课程目标。

▶ **课程目标的发展之一：目标的递进**

大班课程故事《缘来"柿"你：一颗柿子开启的课程之旅》片段

实践方案1：点数……实践方案2：贴纸数……我们给了孩子们一张估数记录表，让孩子们每天利用户外玩的时间到果园里去数柿子，而数的方法可以是多样的，想怎么数就怎么数……南南和夏天两人分别用了各自的方法进行清点……在这么多的方法里，孩子们投票选出了第四个方案：用称重量的方式找出最大最重的那个柿子……与柿子树建立了感情……心系柿子树……"柿"若珍宝。

▶ **课程目标的发展之二：目标的整合**

小班课程故事《瓶瓶罐罐奏响曲》[①]片段

……促进了他们数学思维和智力的发展，使他们获得了重要的数理经验。幼儿用

[①] 张斌，虞永平. 冻不住的好奇心［M］. 南京：南京师范大学出版社，2018.

象声词描述瓶罐发出的声音，发展了他们的语言表达能力。在活动中，幼儿兴趣浓厚，充满好奇，大方表演，大胆表现，充分体验了音乐游戏的快乐。

2. 课程内容的关联

课程内容是按照课程目标选择和组织的课程基本材料。在选取的48篇课程故事中，课程内容的关联包括纵向拓展与横向延伸两个方向。其中，纵向拓展的参考点占了70%，说明一半以上的教师关注到活动内容要环环相扣，具有连贯性与可持续性；横向延伸是指教师关注到活动内容之间水平的扩展，其参考点占了大约30%。下面通过几个具体的案例来说明幼儿园课程故事的课程内容。

▶ **课程内容的关联之一：纵向拓展**

大班课程故事《中国旅行棋》片段

设计棋盘和棋子—制定游戏规则—调整游戏材料和规则—中国旅行棋的全新升级—新游戏的初始设计及规则—游戏中的数学运算。

▶ **课程内容的关联之二：横向延伸**

大班课程故事《我们的苹果树》[①] 片段

是苹果树还是梨树—苹果树有多高—苹果树受伤了—苹果树的"身份证"—苹果树下的心愿—给苹果树过生日。

3. 课程实施的依据

课程实施是指把课程计划付诸实践的过程，它是达到预期的课程目标的基本途径。在选取的48篇课程故事中，课程实施的逻辑主要围绕儿童生活、学科知识逻辑或教师逻辑和融合式的逻辑展开。其中，儿童生活逻辑的参考点占了约25%，说明教师关注到课程实施围绕儿童的生活经验呈螺旋式展开；学科知识逻辑占了53%，说明一半以上的教师关注到课程实施围绕知识的结构呈线性展开；

---

① 张俊. 看得见儿童　找得到课程[M]. 南京：江苏凤凰教育出版社，2021.

融合式的逻辑是指活动在儿童生活的基础上结合教师或学科的规律得以实施，其参考点占到了 22%。下面通过几个具体的案例来说明幼儿园课程故事的实施。

▶ **课程实施的依据之一：儿童生活逻辑**

小班课程故事《草坪保卫记》[①] 片段

蓁蓁跑来说："老师，我觉得这块小山坡上的小草有点少。"……果树下的一小片草地长得绿油油的，而山坡上这块草坪却光秃秃的，露出黄黄的泥土。这是为什么呢？我们对这片小山坡做过什么？孩子们叽叽喳喳地讨论起来。

▶ **课程实施的依据之二：学科知识逻辑**

大班课程故事《小小桥梁工程师》[②] 片段

在哪里造桥—造什么样的桥—用什么造桥梁—先砌桥墩吧—怎么建桥面？

▶ **课程实施的依据之三：融合式的逻辑**

中班课程故事《我的小书袋》[③] 片段

对于好吃的，孩子们有了不同的声音，有的说："不能放吃的在书袋里吧，可能会引来虫子的。"可是爱吃的孩子们仍旧坚持自己的想法，他们认为糖果外面有包装，怎么会引来虫子呢。由此，大家提出疑问："零食能不能出现在书袋里？"经过食品大调查，孩子们达成共识后，开始精心挑选放入书袋里的东西，但是问题又出现了。小王子说："老师，我只放了一个玩具，它为什么嘴巴还是那么大呢？"因此，"多大才能放进去"，一个由儿童真实问题产生的数学活动应运而生。孩子们发现，都是书，能不能放进书袋，和书的厚度相关，还和书的长度相关。

[①] 张俊. 看得见儿童 找得到课程 [M]. 南京：江苏凤凰教育出版社，2021.
[②][③] 张斌，虞永平. 冻不住的好奇心 [M]. 南京：南京师范大学出版社，2018.

（三）儿童学习

幼儿园课程故事的主人公是儿童。儿童的学习与发展是课程故事的主干线。这一主题类属包括儿童的学习方式、学习品质和学习效果三个范畴。

1. 学习方式

学习方式是儿童在完成学习任务过程中的基本行为和认知取向（Biggs，1987），它对学习结果具有决定性的影响。[①] 在选取的48篇课程故事中，儿童的学习主要由倾听与表达、操作、观察模仿及交往四个方式组成。其中，倾听与表达的参考点占了41%，说明教师较多地关注到儿童通过听和说的方式获得知识经验；操作的参考点占了21%，说明教师关注到儿童通过探究、练习、实验等途径进行的操作学习活动；观察模仿和交往的参考点各占19%，说明儿童通过仿效他人的行为、与他人互动合作来获得经验。下面通过几个具体的案例来说明幼儿园课程故事中的儿童学习方式。

▶ **学习方式之一：倾听与表达**

大班课程故事《小小桥梁工程师》片段

孩子们一边"勘探"，一边讨论："桥一般建在有水的地方。""幼儿园的小池塘有水，去看看？""不行，不行，会吵到池塘里的小鱼的。如果要建桥墩，池塘里住着的小乌龟、小鱼怎么办？""旁边这片小棕榈林呢？""树太多了。""这个大操场好像不错。""不行！这样，我们小朋友们早上户外锻炼就没有地方了。"孩子们自己寻找场地，又在交流中发现所寻找场地的不合宜之处。

[①] 张亚星. 自主·合作·探究：学生学习方式的转变 [J]. 华东师范大学学报（教育科学版），2018，36（01）：22-28.

▶ 学习方式之二：操作

大班课程故事《萝卜地的故事》① 片段

切萝卜的小伙伴很快也开始行动了，他们姿势各异地切着萝卜，脸上都是用力的表情。"我觉得好难啊，切不动。"缘宝一手悬空拿着萝卜，一手拿着塑料刀用力地锯着萝卜。肉肉也无奈地说："我一切萝卜，它就跑。"……翔仔主动分享自己的经验："看我，先把尾巴切掉，然后这样切。"只见他拿来一个完整的萝卜放在案板上，一手扶着萝卜，一手拿刀先切下了萝卜的"小尾巴"，然后从切面向后移一些再切，这样比从中间最粗的地方切容易一些。熊熊也加入了"小老师"的行列，向肉肉演示着："你一只手这样按着，一只手拿刀从好切的地方用力切。"

翔仔和熊熊一边说一边亲身示范，一遍又一遍，很耐心，其他的"小厨师"也看得全神贯注，一边看一边尝试。很快，两筐萝卜就都被切成小块……切好萝卜之后，杨花萝卜组的小伙伴们很快就用醋和糖做好了凉拌杨花萝卜，碗里散发着酸酸甜甜的香味。

▶ 学习方式之三：观察模仿

小班课程故事《草坪保卫记》片段

首先是给小山坡撒种子。孩子们每人都领到了一小把种子，他们自觉地站在麻绳围起的圈子外面，学着春游时看到的园林师傅撒种子的样子，小手挥动着往山坡上撒种子。撒下种子后，孩子们时不时地用自己的小水壶给草坪浇水，希望小草可以快点长出来。

---

① 张俊. 看得见儿童 找得到课程［M］. 南京：江苏凤凰教育出版社，2021.

学习方式之四：交往

大班课程故事《石榴熟啦》[①] 片段

他们尝试先把梯子侧着，把两边的脚打开，再往上推，但梯子太重了，两个孩子力气不够，推不动；这时，彤彤来帮忙，她帮忙扶着梯子的顶端往上推，还跟大壮说："你把梯子那一边的脚扒开。"就这样，三个孩子一起把梯子先立了起来，再在两边抬着走。第二组的大壮和皋皋把梯子挪到比较高的树枝下面，彤彤开始往上爬。感人的一幕出现了：月月赶忙跑过去抱住梯子的腿，其他孩子看到也纷纷去帮忙，保护上面的孩子，这完全是没有老师提醒的自发行为。彤彤伸手就摘到了石榴，她往下下了两个台阶，把手上的石榴递给下面的月月，又继续摘。当她摘完这一片的石榴下来想把梯子抬到另外的地方时，还是皋皋和大壮一起帮忙，两人把梯子脚合了一点，抬起梯子，这时梯子就要倒了，彤彤大叫："要倒了，要倒了，先放下。"两人赶紧放下，彤彤建议："我们不要抬起来，就抓着两边在地上挪，这样就不会倒了。"三人合力按照彤彤的方法尝试了一下，梯子果然不再倒了，就这样孩子们换到另外的地方继续摘。

2. 学习品质

学习品质是能反映儿童以多种方式进行学习的倾向、态度、习惯、风格等。它不是指儿童所要获得的那些技能，而是儿童自己怎样使自己去获得各种各样的技能。在选取的 48 篇课程故事中，儿童的学习品质包括主动性、坚持与注意、好奇与兴趣、反思与解释、创造与发明五个方面。其中，主动性（即儿童具有肯接受任务，愿意参与学习活动，学新东西时会进行合理的冒险等）的参考点占了大约 30%；坚持与注意是指儿童在完成任务时表现出坚持性，能够集中注意，不容易被干扰或感到沮丧，其参考点占了 13%；好奇与兴趣（即儿童具有好奇感，有寻求新信息的兴趣，有对新知识的敏锐，渴望学习等）的参考点占了大约 30%；反思与解释的参考点约占 13%，说明教师关注到儿童具有吸收、思考、理解已有知识和信息，以便进行进一步学习的品质；创造与发明的参考点约占 14%，说明

[①] 张斌，虞永平. 冻不住的好奇心 [M]. 南京：南京师范大学出版社，2018.

教师关注到儿童能够利用想象等能力拓展知识，进行新的学习。在学习品质中描述儿童的主动性、好奇与兴趣这两个节点比重较大。下面通过几个具体的案例来说明幼儿园课程故事中的儿童学习品质。

▶ **学习品质之一：主动性**

大班课程故事《萝卜地的故事》片段

孩子们心里惦记着萝卜，午睡起床吃完点心后就又张罗起来："我们把萝卜叶子拔下来吧！"于是他们又快快乐乐地劳动起来。叶子、杨花萝卜、白萝卜被整整齐齐地分进了不同的筐里，本来以为今天的收萝卜活动可以就此收场了，没想到孩子们热情不减，又开始洗萝卜，把一筐杨花萝卜洗得干干净净。

▶ **学习品质之二：坚持与注意**

大班课程故事《缘来"柿"你：一颗柿子开启的课程之旅》片段

孩子们在两次失败之后，一起又来反思前面设想的几种方法，发现这其实真的很难数清楚，因为柿子是不规则分布的，树叶又多，干扰孩子们清点柿子的因素很多。柿子数不清就不数了吗？孩子们选择不放弃，老师当然继续支持。

▶ **学习品质之三：好奇与兴趣**

大班课程故事《冻不住的好奇心》[①]片段

在玩水区的水池里，孩子们发现了一根奇怪的冰柱，它没有被装在长条形的容器里，却有着长长的外形。充满好奇心的孩子们对这个奇怪的东西产生了兴趣，随之开启了一段有趣的探究之旅。接着，孩子们在水池里发现了一个"怪"东西。"呀，怎么水池里长出了一根冰棍？""它怎么会被固定在水池里，就像一根柱子一样。""它没有被装在长长的容器里，怎么会有长长的形状呢？"之前，孩子们认为冰的形状与

---

① 张斌，虞永平. 冻不住的好奇心［M］. 南京：南京师范大学出版社，2018.

容器的形状相关，而在水池里发现的这根冰柱在没有任何容器的塑形下却有着圆柱体的造型，这个发现超出了孩子们原有的经验，好奇心促使孩子们开始研究这个"怪"东西。

▶ **学习品质之四：反思与解释**

大班课程故事《中国旅行棋》片段

杨老师好奇地问："翔仔，你们这个土地价格是怎么定的？是随便定的吗？"翔仔看着杨老师，认真地说："当然不是，我们是和老师一起商量出来的，每块地都不超过10元。""那为什么有的地方便宜，有的地方贵呢？"杨老师问。翔仔耐心地解释道："因为有的地方（面积）大，我们就定得贵一点；有的地方（面积）小，就定得便宜。""'云南'为什么定7元呢？"杨老师又问。翔仔说："因为云南是一个省，我们在地图上看云南很大，所以要贵一点。"杨老师听了，不由得赞叹起来。

▶ **学习品质之五：创造与发明**

中班课程故事《趣玩树桩》[①]**片段**

树桩也成为孩子们晨间锻炼的一种器械，他们把树桩当作"梅花桩"，在上面走来走去。后来，他们自己组合树桩、设置障碍，不断挑战新难度。树桩也变成小医院里生病的宝宝、建筑工地里的桥、悬挂对讲机的支架……孩子们正在创造自己和树桩的故事。

3. 学习效果

学习效果是由学习所导致的个体心理与行为上的变化结果。儿童学习效果主要从知识技能、情感态度、过程与方法三个维度描述。在选取的48篇课程故事中，知识技能的参考点占了43%，说明教师着重关注儿童获得的基本知识和技

---

① 史文婷. 追随儿童，共建课程——中班课程故事《趣玩树桩》[J]. 东方娃娃（保育与教育），2020（02）：59-62.

能；情感态度的参考点占了大约 30%，说明教师关注到儿童对亲身经历过事实的体验性认识以及由此产生的态度；过程与方法的参考点占了约 27%，说明教师对于儿童经历的活动程序与学习方法关注较少。从儿童学习效果的三个因素中发现，儿童获得的知识技能占比最大。课程故事中的儿童形象主要从以上几个维度得以展示。下面通过几个具体的案例来说明幼儿园课程故事中的儿童学习效果。

▶ 学习效果之一：知识技能

小班课程故事《蜜蜂嗡嗡叫》片段

他们获得了有关蜜蜂的新经验：蜜蜂是益虫，能帮助植物传播花粉，酿造蜂蜜；而蜜蜂屁股上的刺是为了保护自己，只要不去追赶蜜蜂，它就不会伤害我们。

孩子们知道了，原来蜜蜂是靠口器——舌头吸出花蜜，一边采蜜一边用脚采集花粉，然后将吸到的花蜜放至蜂巢中，经过一段时间倒出蜂浆，再经过加工后才变成甜甜的蜂蜜。同时，孩子们还了解到花蜜中含有多种活性物质，在酿蜜的过程中逐步形成独特的保健物质，所以人们常说蜂蜜是有营养的食品。

▶ 学习效果之二：情感态度

小班课程故事《车来啦》[①] 片段

司机师傅也兼职我园保安，和孩子们的接触仅限每天早上在门口迎接他们。今天为了帮助孩子们体验乘车，他分期分批请孩子们上车感受，孩子们在车上都很兴奋，下车后，都主动跑到师傅面前，用最纯真的拥抱表达谢意。

看到这个大家伙在阿姨的操作下乖乖听话，孩子们对环卫阿姨非常崇拜。阿姨说她受到了从未有过的礼遇和尊重，第一次觉得干环卫是这么光荣的事。的确，在孩子的眼中，职业没有高低贵贱之分，正如《3—6岁儿童学习与发展指南》中提到的，"尊

---

① 张斌，虞永平. 冻不住的好奇心［M］. 南京：南京师范大学出版社，2018.

重为大家提供服务的人,珍惜他们的劳动成果。"孩子们向每一位劳动者都表达了由衷的敬意。

▶ 学习效果之三:过程与方法

中班课程故事《传声筒的初探》① 片段

琦琦看到美工区内老师制作的示意图,说:"我可以画下来。"于是琦琦将制作传声筒的方法画了下来,我们将示意图张贴在了益智区中。

小阳从家里带来了一把锥子,表示想用锥子试试钻洞。孩子们在瓶子自选材料区内选择用矿泉水瓶来制作传声筒,再次进行了探索。铠铠说:"我们直接用这个矿泉水瓶做传声筒。"他和小阳用锥子在矿泉水瓶瓶底钻洞,他们发现,只要一人用力握住瓶子,另外一个人用锥子对准一个地方用力钻,很快就钻出洞来了。另一边,辰辰和小涵用美工刀将瓶子切开,并按照制作传声筒的步骤制作出了矿泉水瓶传声筒。

(四)教师支持

从课程设计和开发的角度看,在课程情境中,教师是除儿童以外最重要的参与者。② 课程构成四要素,即"教师、学生、教材、环境之间的相互作用构成一个有机的'生态系统'"③。儿童的学习离不开教师的支持,教师的支持是课程故事的重要因素。教师支持包括情感支持、策略支持和材料支持三个方面。

1. 情感支持

情感支持在于创设温暖、鼓励、相互尊重与接受的氛围,对幼儿的具体行为给予肯定、鼓励与宽容。幼儿在这样的环境中,可以被充分尊重与信任,可以得到更多的表现机会,可以消除胆怯与依赖心理,进而积极主动地加入探索活动中。这是课程故事温度的体现。

情感支持包括积极氛围、教师的敏感性、尊重儿童三个方面。在选取的48篇

---

① 张斌,虞永平. 冻不住的好奇心 [M]. 南京:南京师范大学出版社,2018.
② 康纳利,克兰迪宁. 教师成为课程研究者——经验叙事:第2版 [M]. 刘良华,邝红军,等译. 杭州:浙江教育出版社,2004.
③ 单丁. 课程流派研究 [M]. 济南:山东教育出版社,1998.

课程故事中,积极氛围的参考点占了44%,说明较多的教师关注到教师与儿童和儿童之间所呈现出的情感联系以及通过口头与非口头互动建立的各种积极的情感;教师的敏感性参考点约占30%,说明教师关注到自己发现并回应儿童的学业和情感需要的能力;尊重儿童在于教师尊重儿童的观点、鼓励儿童独立自主的意识和行为,其参考点占了26%。下面通过几个具体的案例来说明幼儿园课程故事中的情感支持。

▶ **情感支持之一:积极氛围**

中班课程故事《保护蛋宝宝》片段

"老师,我是不是没有勋章了?"小哲眼巴巴地看着我。"嗯……我觉得,你应该有,因为这是勇士的勋章,虽然你没能坚持到最后,但是你已经非常努力了,而且,你能想办法自己处理撒出来的米,真的非常勇敢!应该获得勋章。"他十分惊讶,挠了挠头,脸上露出了笑容。

户外活动时,贝儿突然惊呼道:"老师,我刚才摸到笑笑肚子里好像有两个蛋宝宝!"我的天哪!笑笑居然从第一天开始就一直戴着两个蛋宝宝,三天都完好无损!要不是其他小朋友发现,大家还不知道呢。我不禁夸赞:"笑笑太了不起了!双胞胎的妈妈比一般的妈妈辛苦多了,她可爱的宝宝们一定会为这么棒的妈妈感到骄傲!"

▶ **情感支持之二:教师的敏感性**

中班课程故事《吉羊堡的故事》① 片段

听完小朋友的话,我把嘉嘉拥在怀里告诉她:"妈妈虽然不能陪在嘉嘉身边,但一直会在天堂关注你的。嘉嘉要像麦先生一样,勇敢地面对现实,试着把爱给别人,让更多的人来爱你。以后,爸爸可能会帮你找个新妈妈,又有妈妈爱你了,在天堂的妈妈就会放心了。"

---

① 张斌,虞永平. 冻不住的好奇心[M]. 南京:南京师范大学出版社,2018.

▶ **情感支持之三：尊重儿童**

大班课程故事《中国旅行棋》片段

在绘制过程中，有的孩子想把地名写上去，我们很支持；有的孩子表示不会写，就没有写，我们也不强求。

……玩了大约两周之后，孩子们对棋格中所画的各个地点及其具有代表性的景点、建筑或特产都已十分熟悉，很多人都觉得游戏太简单了。我们就考虑调整游戏材料和规则，以增加游戏的挑战性和趣味性。我们就此组织了集体讨论，希望孩子们自己来出出主意……

我问："记录什么呢？"雨泽说："就是记录每次游戏的大富翁是谁。可以有一张表，我来设计吧！"孩子获得了成功，渴望得到大家的认可，我觉得应该支持他的想法。

2. 策略支持

策略支持在于引导幼儿在探索过程中获得探索问题的有效方法，使探究问题不断深入，课程故事不断发展，说明教师主要通过讲授的教学方式给予儿童学习支持。分析文本材料发现，三种教师支持中，策略支持占了77%，包括提问、讲解、示范与实地考察四个方面。其中，教师提问与讲解占了85%，这说明多数教师会为促进儿童学习或故事发展而向儿童抛出问题解决的任务和通过口头语言向儿童叙述、描述事实，说明问题，解析概念和规律。示范，即教师通过自己的语言、动作所做的演示，为幼儿提供具体的模仿范例，其参考点约占11%，实地考察的参考点仅占4%，说明教师为了丰富儿童的经验而让儿童去实地进行直观详细的观察的支持较少。下面通过几个具体的案例来说明幼儿园课程故事的策略支持。

▶ **策略支持之一：提问**

大班课程故事《水稻和小麦》片段

"怎么才能确定它是水稻还是小麦？"……"聂师傅说是就是了吗？"……（教师）问道："你们知道它长多高了吗？怎样才能知道它长多高了？"有人提议用尺子量一

量，淏博跑到教室拿来尺子。可是应该从哪里开始量呢？瑞瑞："把尺子放水里。"激动："不要啊，会弄脏尺子的。"瑞瑞："这又不是脏水……"和上次一样，大家在从哪里开始测量的问题上产生分歧。

教师："应该从哪里开始量呢？"瑞瑞："应该放在水里去量"。可爱："不行，不行，这样会弄脏尺子的！"……于是，我问："你们记得上一次是从哪里开始测量的吗？"轩轩回答："是在蓝色圈圈这里。"

▶ **策略支持之二：讲解**

小班课程故事《草坪保卫记》片段

可是球球却有点不敢下脚去踩，他说："之前小草就是被我们踩没了的，我不能踩了。"聂师傅听了，向小朋友解释说："之前草地上小草的根都露在外面，我们踩在上面就把小草的根踩坏了，现在我们放上新的草块，它们有厚厚的草叶，踩一踩不会伤害到小草的根，还可以让草块更快扎根，长得更好！"

聂师傅说："白白的丝儿是小草的根须，一颗小种子往上长是绿色的小草，也会往泥土里长根须。"

聂师傅关掉除草机说："小草长得太高了，夏天会有很多蚊子。夏天你们是不是要穿裙子、穿短裤呀？蚊子会来咬你们的，所以剪短一点，方便你们玩游戏呀。""那它们还会再长吗？"萌萌问道。"会的，小草的根还在呀。"聂师傅回答："而且有些草长得太高，下面长得矮的小草就长不好了，把长得高的剪短一点，下面的小草也能长出来，这样草坪可以长得更好。"

▶ **策略支持之三：示范**

大班课程故事《我们的苹果树》片段

两个小朋友表示不知道应该写多大。对大班幼儿来说，自己掌控书写的空间布局确实很难，于是我在两张卡纸上分别写下了两个单词的首字母，请他们按照这样的大小继续写。

▶ 策略支持之四：实地考察

大班课程故事《小小桥梁工程师》片段

为了搞清楚台阶是什么样，孩子们在成老师的带领下来到了幼儿园大厅里观察、测量，发现原来1步台阶有15厘米高，2步台阶是30厘米高，4步台阶是60厘米高，正好是我们砌的桥墩的高度呢！孩子们和老师们都觉得这真是一个神奇的发现。回到"工地"后，孩子们又开始测量，发现3块砖就是15厘米高。

3. 材料支持

材料支持主要是指教师根据儿童探究的情况，适时提供材料，使儿童的探索行为得以维持和深入。文本中的教师情感支持和材料支持占比都比较少。在选取的48篇课程故事中，材料支持包括物质材料与非物质材料两种。其中，物质材料的参考点占了38%，说明教师关注到材料包括设备、器材和其他物质性材料；非物质材料占了大约62%，说明一半以上的教师关注到作品、规则、既成文化等精神材料。下面通过几个具体的案例来说明幼儿园课程故事的材料支持。

▶ 材料支持之一：物质材料

大班课程故事《建构我们的幼儿园》[①] 片段

接着，我为孩子们提供了树枝、泡沫板、纸箱等各种材料，鼓励他们自己练习使用各种工具……于是我采购了正方体纸盒的半成品，让孩子们自己折叠正方体纸盒，作为搭建房间的原材料……我引导他们用回形针作为测量单位，在平面图上进行测量，感知每个房间的长和宽，然后再用相应单位的方形纸盒尝试拼搭。

---

① 张俊. 看得见儿童 找得到课程[M]. 南京：江苏凤凰教育出版社，2021.

▶ **材料支持之二：非物质材料**

大班课程故事《蓝天小兵》[①] 片段

孩子们有了想法，老师就要"提供必要的条件，帮助他们实现想法"。为了让参观活动更有意义，老师们在与连队领导沟通后，从参观路线、参观内容、活动前的猜测和活动后的分享等环节，做好细致的预案。

我们的每次活动都得到了部队领导的大力支持和帮助，为了让孩子们获得更好的体验，我们确定军训时使用部队的训练场而不在幼儿园。经过反复教研，老师们根据大班幼儿年龄特点和身体情况，制订了为期一周的军训计划，包括每天训练的科目，训练时间，训练中喝水、如厕、休息时的活动安排等，尽可能制订得详细。

（五）故事理解

幼儿园课程故事不仅是教师描述课程的过程，更是解释课程的过程，是描述与解释的统一。故事理解包括课程意识、故事意义和课程反思三个维度。

1. 课程意识

课程意识体现着教师对自我课程领导地位和课程主体角色的确认。课程意识的具体内容包括主体意识、目标意识、资源意识、整合意识和生成意识。主体意识体现教师对儿童经验、个体差异以及实际需要的认识与判断，彰显教师个体独特经验的运用，课程自主权的发挥，这一节点约占意识范畴的39%；目标意识体现教师对课程内容和过程的设计是否与儿童发展目标相匹配的审视，影响着课程故事的发展方向，这一节点占意识范畴的22%；资源意识是指教师对课程实施中幼儿园、社区与家庭可以利用的因素的认识，为课程故事的展开提供多种可能路径，这一节点占意识范畴的11%；整合意识是指教师让幼儿教育各领域的课程和活动相互渗透、紧密联系，构成能发挥整体效应的课程结构的意识，这一节点仅占意识范畴的5%；生成意识是指教师在课程的实施过程中能以幼儿参与课程的实际情况、教学情境、突发状况等情况为依据，对设计好的课程进行调整和改

---

① 张斌，虞永平. 冻不住的好奇心［M］. 南京：南京师范大学出版社，2018.

造，创造性地根据各种情况生成课程内容、课程目标和课程意义，这一节点占意识范畴的23%。下面通过几个具体的案例来说明幼儿园课程故事的课程意识。

▶ 课程意识之一：主体意识

大班课程故事《水稻》[①] 片段

我希望大班幼儿在遇到问题时能够自己先想办法解决……"聂师傅说是就是了吗？"……希望他们能自己发现水稻的变化（这是他们第一次竖着测量植物）……我没告诉他们测量的起点应该是哪里，我想这是值得让他们主动探讨的问题……我能理解瑞瑞的想法，坚持测量规范，而且想知道水稻到底有多高。但是幼儿今天是想知道水稻有没有长高，比之前长高了多少……我希望他们能够自己思考并解决问题……我们一直鼓励幼儿做他们想做的事。

▶ 课程意识之二：目标意识

大班课程故事《萝卜地的故事》片段

考虑到大班幼儿现阶段的发展水平，结合《3—6岁儿童学习与发展指南》中5—6岁幼儿科学领域的发展目标"能通过观察、比较与分析，发现并描述不同种类物体的特征或某个事物前后的变化"，我们决定在四块地里种上不同品种的萝卜。

▶ 课程意识之三：资源意识

小班课程故事《车来啦》片段

孩子们的谈话引起了老师的注意，既然他们这么喜欢车，那我们就开个汽车博览会吧。从幼儿的表现中可以看出，汽车已经引发了他们的探究欲望，那么该利用何种方式让幼儿感知和体验呢？这时，有老师大胆提出：能不能把车开到幼儿园，让孩子

[①] 叶屏屏. 幼儿园自然资源的开发与利用——大班课程故事《水稻》[J]. 东方娃娃（保育与教育），2020（06）：53-55.

们与车来个零距离接触，效果会不会更好？希望园长为孩子们协调车辆进园事宜。通过分析，我们发现：园内可利用教师的私家车、幼儿园的商务车、营区可以协调的消防车、洒水车，还有门诊部的救护车。在和孩子们商议后，老师决定邀请静静的爸爸来幼儿园，给我们讲一讲更多的交通规则。

▶ **课程意识之四：整合意识**

大班课程故事《建构我们的幼儿园》片段

整个活动过程是幼儿主动学习和老师积极引导、支持的过程，实现了幼儿科学领域关键经验学习与主题学习的融合，在问题解决的过程中发展了幼儿的科学学习能力，丰富了幼儿的科学学习经验。同时，幼儿的艺术创作能力、表达能力、探究能力、合作学习的能力以及主动性、坚持与专注等学习品质都得到了发展。

▶ **课程意识之五：生成意识**

中班课程故事《我的小书袋》片段

我们班的保育老师对我说："黄老师，我们班的椅子经常翻倒，不知道什么原因？"我们的保健医生也对我说："黄老师，你们的书袋里怎么连巧克力都有，你看都融化在书袋里了。"……其实我也发现，我需要经常把孩子们上课时放进书袋的手拿出来，我需要经常提醒他们别去玩别人的书袋……这些问题确实让我觉得头疼。我该怎么做呢？生长课程告诉我，所有来自教育中的问题都可能成为教育的起点，我就试试让它成为起点吧。

小王子说："老师，我只放了一个玩具，它为什么嘴巴还是那么大呢？"嘟嘟说："老师，我就放了一本书，椅子怎么还是会倒呢？"因此，"多大才能放进去"，一个由儿童真实问题产生的数学活动应运而生。

我突然觉得，让孩子们参观我的办公室是个不错的办法，这样孩子们能够更直观地感受物品的分类与整理。

2. 故事意义

故事意义主要是指教师通过陈述人物活动过程、人与人的关系构成的课程事件，获得或加深对自己、儿童和课程要素的认识。撰写课程故事是教师理解自己、理解课程要素的过程。在选取的48篇课程故事中，主要的故事意义包括理解儿童、理解资源与理解教师三个维度。其中，通过课程故事，教师理解儿童的参考点占了53%，说明一半以上的教师关注到要加深对儿童的年龄特征、学习发展特点、兴趣需要等儿童观的理解；理解资源的参考点占了大约25%，说明教师关注到要进一步理解课程资源的作用、开发与利用等；理解教师的参考点占了大约25%，说明教师关注到要进一步理解教师的价值、教师的行为意义。下面通过几个具体的案例来说明幼儿园课程故事的故事意义。

▶ 故事意义之一：理解儿童

大班课程故事《石榴熟啦》片段

瑞吉欧的《儿童的一百种语言》[①]提道："儿童天生就是艺术家，他们能够广泛运用各种不同的象征语言和其他媒介来表达自己对世界的理解。"通过绘画的方式记录是幼儿选择的一种表达方式，他们先仔细观察再进行绘画，可见幼儿是会观察的。观察的教育，不仅能激发幼儿学习的兴趣，还能促进幼儿人生态度健全地发展。

▶ 故事意义之二：理解资源

大班课程故事《水稻》片段

刘晓东认为，儿童作为自然之子，保存着与鸟儿对话的天赋，与群山、田野、万物交流的能力，儿童是大自然娇宠的孩子，儿童与大自然可以水乳交融。儿童与生俱来拥有一种亲自然性、亲生命性。自然之于孩子，犹如氧气之于人，是不可或缺的。一口废旧的铁锅里种出的水稻为幼儿亲近自然创造了机会。虽然只是一点点水稻，幼儿却在探究水稻的过程中获得了观察、对比、测量、社会交往、语言表达等能力发展的机会。

---

① 该书已由南京师范大学出版社于2014年出版。

对于水稻田的探讨也让我们看到，创造自然环境的过程也可以成为重要的教育契机。即便幼儿园没有广袤的土地、丰富的自然资源，但只要充分利用，依然可以让幼儿在亲近自然中获得无限的学习经验。

▶ **故事意义之三：理解教师**

小班课程故事《瓶瓶罐罐奏响曲》片段

课程故事的开展为幼儿和老师搭建了一个共同的舞台，老师对幼儿有了更加深入的了解，为他们建构了自由宽泛的发展空间。老师从以前的牵着幼儿走，到现在追随幼儿的脚步，真正做到信任和尊重幼儿，认同"每个孩子都是有能力有自信的学习者和沟通者"。

3. 课程反思

课程反思主要是指教师通过撰写课程故事，对教育教学实践进行再认识、再思考，并以此总结经验教训，进一步提高教育教学水平。在选取的48篇课程故事中，课程反思包括情境性反思、技术性反思和辩证性反思三个方面。情境性反思是指针对课堂教学实践的一些假设、趋势以及教学策略使用效果所进行的反思，占课程反思的80%；技术性反思是指针对为了实现教育目标而考虑的方法、技巧方面的问题以及理论发展所进行的反思，占课程反思的13%；辩证性反思是指针对直接或间接与教学实践相联系的道德、伦理方面的问题所进行的反思，仅占课程反思的7%；课程故事中蕴含着教师对实践的反思、领悟，以及重述故事时的再反思。这种"双重反思"使得教师在撰写故事的过程中重新认识教育，意识到自己缄默的教育观念，促进自身观念的更新和教育经验的积累。下面通过几个具体的案例来说明幼儿园课程故事中的课程反思。

▶ **课程反思之一：情境性反思**

中班课程故事《我的小书袋》片段

"大自然，大社会都是活教材。"幼儿的兴趣点与关注点是教育的有效起点，也是幼儿真正的学习动机。因此，经常细心地观察儿童的兴趣，对教育者是最重要的。正如陈鹤琴先生说的："教师在未定课程以前要随时随地地留意儿童的行动、好奇与兴趣之发生、持久等状况。"我们要善于在一日生活中把握教育的契机，追随儿童成长的脚步，不断为课程的生发而努力，让"活教育"不断生根发芽，实现儿童"活泼泼"地成长。

▶ 课程反思之二：技术性反思

小班课程故事《草坪保卫记》片段

这一阶段的活动中蕴含着很多小小的教育契机，比如：通过实践发现不同材质的盒子（纸盒、塑料盒、金属盒）的特性；对比观察盒子里的小草和山坡上的小草的生长情况，发现其异同；迁移经验，感知植物根系的作用；在发现土壤里的蚯蚓之后进一步探索蚯蚓、泥土、植物之间的关系……对此，老师应该有所思考和准备，密切关注幼儿的兴趣和经验发展，扮演好支持者的角色。另外，本探索活动使我感触更深的是孩子们对草地的关心，以及愿意动脑筋、动手去帮助小草恢复生长的行动力。

▶ 课程反思之三：辩证性反思

中班课程故事《我的小书袋》片段

儿童发生的这一切，难道在老师身上没有发生过吗？老师们，你们有没有东西放着放着就堆多了的经历呢？我就有这样的习惯，我的钢琴，我的办公桌，也经常很乱，因为我也是为了图方便，上完课教具一放，用完的材料随手一放，放着放着就放多了。这样的反面榜样，我自己首先得纠正。

三、幼儿园课程故事要素分析的启示

课程故事作为一种叙事探究，具有故事性、生动性和反思性的特点。它是幼儿园教师通过意义串联，对一系列课程事件进行叙事性思考、重述和重写的过程。叙事过程能够促使教师觉醒,以揭示教师课程实践经验的意义,从而引起幼儿园课程实践的变革。下面,我们将从幼儿园教师课程故事的价值取向、故事要素和故事逻辑三个方面进行阐述。

(一)价值取向:从故事复原向重构转变

康纳利提出,故事是这样一种研究,它让人们不断地讲述和复述他们的生活故事,既描绘过去,又创设未来的目的,通过这种方式来研究如何使经验有意义。①正如虞永平教授曾提到的,课程故事是一种回顾、一种反思、一种研究。②课程故事有多重内涵,回顾课程经历是课程故事的基础,关键是要通过对课程体验的重新审视,发现其对于未来教育提升的意义。撰写课程故事是对过去事件的重构过程,对过去的重构是为了更好的未来,使经历的过去与正在经历的现在相互作用,使过去的事件产生意义。幼儿园教师的课程故事是一种传记故事,是教师通过对过去课程实践的传记式的观察、体验与反思,融合其自身过去、现在与未来的儿童观、教师观、资源观等课程理念,使过去的经验实现以未来发展为指向的持续改进。故事主题产生于过去,它引起现在的某种实践,并且指导我们走向未来的某种实践。③幼儿园教师大量的课程故事呈现的是对过去课程实践的回顾与复述,比如,儿童在课程中的学习方式、学习品质与学习效果等现场复原占了文本近1/4的参考点。虽然课程实践的再现使读者产生身临其境的感觉本是故事的要素之一,但是不能止于对过去文本的描述,更应该指向未来。"读史使人明智",正如德国史学家、教育家雅斯贝尔斯所说:"从历史中我们可以看见自己就好像站在时间中的一点,惊奇地注视着过去和未来,对过去我们看得愈清晰,未来发展的可能性就愈多。"④教师现在的课程现象就是昨天的课程历史的延续与发展,是教师过去、现在、未来的课程生活的全部。

幼儿园课程故事的作用并不局限于记载昨天,其意义重在引导我们遇见明天。教师需要经常通过"转身"来反观事实,以当下的"我"去审视、反思经验

---

①③ 康纳利,克兰迪宁. 教师成为课程研究者——经验叙事:第2版[M]. 刘良华,邝红军,等译. 杭州:浙江教育出版社,2004.
② 张斌,虞永平. 冻不住的好奇心[M]. 南京:南京师范大学出版社,2018.
④ 雅斯贝尔斯. 什么是教育[M]. 邹进,译. 上海:生活·读书·新知三联书店,1991.

中的那个"我"。另外，教师对过去课程经验进行重构，把课程体验当作文本去思考，不意味着要完全抛弃自己过去的观点与意见去符合现在以及未来的课程观念，而是要将自己过去、现在与未来的视域融合于一体，从而产生一个新的视域，获得一个包含自己前见在内的新的课程观念，这样更有利于教师真实地认识课程意义的转换。

（二）故事要素：从描述与解释的失衡向平衡转变

正如本书前面章节中提到的，课程故事不是对课程实施的线性回顾，也不是对课程实施过程性材料的简单堆积，课程故事作为一种教育叙事，它指向的不是故事本身，而是故事背后的"视点"——意义与理解。课程故事不仅包括描述课程经历，还包括解释课程经历，属于"实践-理论"型的文献。"对我们每个人来说，越是理解自己，越是明白我们自己是我们所是、做我们所做和选我们所选的原因，我们的课程就越有意义。赋予我们的课程以意义的过程，就是我们的经验叙事的过程。"① 教师撰写课程故事是对课程事件的再理解和再探索，在展现故事的过程中，发现前所未有的教育意义至关重要。经验是身处教学中的教师领悟出来的各种意义，是教师对他们的生活世界的个人化理解。课程故事要做到经验的描述与理解的统一，不仅描述做了什么，更要理解做的事情的意义。

幼儿园教师撰写的课程故事中描述类的要素参考点和初始概念节点分别占80%和76%，也就是说大量的文本在描述"是什么"的现象；而解释他们自认为是谁，他们自认为在做什么、为什么这么做、身体力行的意义框架是什么的参考点少之又少。虽然描述能够把人物带到动态的课程事件中，把互动的师幼未掩饰的交互行为呈现出来，但是描述的意义应该指向更好地对所捕捉的课程现象和现象背后的意义加以解释。课程故事的解释要素正是让读者理解背后的意义的关键。"以美国派纳（Pinar）为代表的'概念重建主义'正是在现象学、存在主义、诠释学的基础上，用'现象-诠释学'来理解和解释课堂，这一理念在课堂研究中恰好是'描述-解释'的运用。通过解释教学过程基本要素、师生关系和教学

---

① 康纳利，克兰迪宁. 教师成为课程研究者——经验叙事：第2版［M］. 刘良华，邝红军，等译. 杭州：浙江教育出版社，2004.

内容的重新诠释，可以使教学研究指向对教育本真意义的追求和回归，使得理解成为教育教学的核心。"①

正如美国人类学家格尔茨（Geertz）所提到的，描述和解释是一对关系词，课程故事发生的地方会形成"现场文本"，"描述"正是一种现场文本的表现方式，而把这种"现场文本"转化为"研究文本"，使其经验呈现出意义，实际就是"解释"的过程。在以观察和体验为基础的前提下，描述为有意义的解释提供了框架和资料支撑，同时解释赋予了一个个片段式的描述背后的意义。因此在课堂研究中，没有描述的解释是形式主义的，没有解释的描述又是浮于表层的，就像一幅色彩斑斓的画一样，没有创作者加以解释，欣赏的人就不能完全地理解和感同身受。因此，解释是通过对意义的澄清，使读者最终达到对深描背后意义的体认，没有解释也就达不到真正的理解。②幼儿园教师应该在展示事实的同时，将自己的想法、情感、反思等连同自身一并呈现，使自身真正进入课程实践现场。

（三）故事逻辑：从儿童经验与学科或教师逻辑的分离向融合转变

"在成人与儿童之间，具体教育实践活动展开的真正起点，既不能归于教师，也不能简单地归于儿童，而必须是置于教师和儿童之间的、既能对教师具有引导性又能对儿童发展具有引导性的事物。这个'引导性的事物'乃是建立在儿童生命之上的儿童发展的可能性。"③杜威（Dewey，1911，p.400）写道："儿童的当下经验与教学中的学科，不是以两个分离的世界存在，一个完全是心理的，另一个完全是逻辑的。恰恰相反，它们表征一个连续社会过程中两个变化着的或动态性的两极。成人的童年经验与体验为理解儿童文化提供了可以加以利用的先入之见。"④ "发展不是儿童从它自己心中发展出这个或那个事实或真理；不能指望儿童自身就可以发展出一个宇宙，没有一个东西能够从无中发展出来"，发展"是经验的发展，发展成真正需要的经验"⑤。

---

① ② 王鉴，刘祎莹. 试论课堂研究中的深描与解释方法［J］. 南京师大学报（社会科学版），2019（06）：25-33.
③ 刘铁芳. 古典传统的回归与教养性教育的重建［M］. 北京：北京师范大学出版社，2010.
④ 崔金丽. 回归童年：成人理解儿童的一种可能途径［D］. 南京：南京师范大学，2015.
⑤ Vansieleghem N. Philosophy for children as the wind of thinking［J］. Journal of Philosophy of Education，2005，39（01）：19-35.

分析教师的课程故事逻辑发现，由"课程缘起—课程目标—课程内容—课程实施"几个范畴构成的故事文本，呈现出"知识逻辑"与"儿童经验"的主线和辅线。课程文本70%的参考点呈现了"知识逻辑"脉络，课程目标与课程内容围绕领域知识呈线性的纵深递进发展，教学过程以教师的讲授、示范以及儿童的倾听、模仿为主，课程效果凸显儿童知识技能的获得。这种以"为了儿童"的名义和"进步"的姿态呈现的知识逻辑线索，根本忽视或误解了儿童个体经验的课程意义，课程内容脱离了儿童的经验、情感与生活，[①]课程实施忽略了儿童认知产生与发展所依赖的动作性与活动性，限制甚至伤害了儿童的发展。而另外一条辅线呈现出，"以个别代替整体""将儿童经验视为全部"的逻辑思路。教师把个别儿童不经意的一句话当作集体的兴趣，不加审视地盲从。整个课程实践中，教师的声音十分微弱甚至刻意悬置。"儿童变成太阳，教育的各种措施围绕着这个中心旋转。"[②]将儿童现有的经验与发展、已然产生的兴趣和倾向、已然获得的能力和成就，视为终极的、完成的和理想的，并以此判断儿童经验的价值，必然导致对儿童的放纵，甚至会"把儿童未来的人格本身也置于种种危险之中"[③]。然而，如果儿童在早期的成长过程中，能够得到一种合理的、符合教育规律的强制性的引导与规约，其后期的健康成长与学习都将获得十分良好的基础。[④]

幼儿园课程故事中出现的这两种非此即彼的二元论，人为地割裂了经验与课程、儿童文化与成人文化之间的关系。教师需要具有发展智慧，把学科知识、学科逻辑当作儿童经验发展和理智成长最重要的资源、环境和条件，激起出生至入学前儿童的学习愿望，给他们学习体验，助力儿童整体发展。[⑤]同时，将儿童当前经验的价值置于整体、全局的生长过程和发展趋势中进行判断，科学解释儿童当前经验中的学科价值与意义，使儿童课程实现心理学科化与学科心理化的统一。

---

① 张华. 论杜威的儿童课程观［J］. 华东师范大学学报（教育科学版），2021，39（06）：43-57..
② 吕达，刘立德，邹海燕. 杜威教育文集：第1卷［M］. 北京：人民教育出版社，2008.
③ 赫尔巴特. 普通教育学［M］. 李其龙，译. 北京：人民教育出版社，2018.
④ 谢维和. 论学前教育的"学前性"［J］. 教育研究，2022，43（03）：88-96.
⑤ 顾明远. 教育大辞典［M］. 上海：上海教育出版社，1998.

实践篇

课程故事 1　龟兔赛场上见"公正"

缘起

在开展以社会主义核心价值观中的"公正"为主题的幼儿园启蒙活动中,考虑到幼儿认知具有笼统、感性、直观等特点,我们选择了孩子们较为喜欢且熟悉的寓言故事《龟兔赛跑》作为载体,在和孩子们分享完故事后,引发了孩子们极大的争议。

佳琪说:"为什么比赛中兔子能睡着呀,这可是比赛呀,怎么能睡呢?"

子涵说:"故事里本来就是这么说的,我也不知道(为什么故事要这么写)。"

轶诚说:"可能是写故事的人想让乌龟赢吧,哈哈!"

岚笛说:"但这场比赛不公平!"

昊诚说:"对,不公平……"

孩子们特别敏感,探讨着故事中"龟兔比赛"的各种不公正。这似乎在情理之中,又在意料之外,我欣喜之余,也看到了孩子们天生作为哲学家所具有的对公平、公正的认知与理解。于是,关于"龟兔赛跑"的故事拉开了帷幕。

"公正"的评判团

我们认为,儿童是天生的哲学家。我们相信,儿童是有能力的学习者。当"龟兔赛跑"变成讨论的话题与问题时,最好的办法就是交给儿童自己。在我的建议下,孩子们准备成立一个以"公正"为核心的评判团。可是,哪些人来加入评判团呢?孩子们纷纷讨论起来。

子涵说:"应该是读过《龟兔赛跑》故事的人才可以加入。"

思宇说:"我认为,我们的评判团是讨论龟兔赛跑不公平、不公正的,只有觉得比赛不公平、不公正的人才可以加入。"

倩倩说:"那要是有人觉得龟兔赛跑是公平的,他能加入吗?"

一苇说:"我觉得他们都可以加入,因为总会有人觉得公平,总会有人觉得不公平。就像有的人认为这是对的,有的人认为这是错的一样,我们都要听一听!"

教师说:"哦!存在即合理。"

骏屹说:"我觉得,不管他们有什么想法,只要能说出原因,就可以加入。"

教师说:"说出什么原因呢?"

骏屹说:"就是要说出为什么龟兔赛跑是不公平的,要说出理由,就可以加入。"

伊涵说:"是呀!大家都是讲道理的,就都可以加入。"

教师说:"那我可以吗?"

朵朵说:"当然可以。王老师、陈老师、郁老师、俞老师都可以加入,但是你们要有自己的理由才可以参加讨论……"

良好的开端是成功的一半。我能感受到孩子们对于"龟兔赛跑"这一话题充满了期待,他们的态度很开放,思考也较为理性。于是,班里大部分孩子自愿加入了"公正"的评判团,他们将围绕寓言故事《龟兔赛跑》展开讨论。

孩子们自主成立了"公正"的评判团

接下来,我也和孩子们坐在一起。我们一起围着一张大桌子,这样围坐起来能让我们看到彼此,因此大家更容易分享交流。这时,孩子们不断向我提出需求,他们加入的是"公正"的评判团,希望享受和成人一样的权利,我便一一允诺。

倩倩说:"我们开会的地方,可以用老师们的教工之家(教师会议室)吗?"

教师说："当然可以！"

轶诚说："我们可以选择老师们开会的地方吗？我们想一会儿去看看，哪些地方漂亮，就在哪里开会。"

教师说："可以的，你们可以随意去走走呀！"

骏屹说："我们可以和大人们一样边嗑瓜子边讨论吗？比如，大人们讨论事情时是可以边嗑瓜子边聊天的，叔叔婶婶来我家，他们在我们客厅里就是这样的，我们可以吗？"

教师说："可以呀！一会儿让陈老师送来你们需要的瓜子、纸巾，好吗？"

朵朵说："好的。可是我们聊聊肯定会口渴的，我们可以带上自己的水壶吗？"

教师说："没问题。"（我笑着向孩子们做了一个表示"好的"的手势）

岩烁说："我们还需要一些水彩笔和纸，一会儿肯定要用到的。"

教师说："好的，你们可以按照你们希望的那样，开始准备起来吧！"

孩子们自由组队，每组 8~10 人，每次团讨时间基本上是 20~30 分钟，在班内分组、分时间段开展探讨。我和我的配班陈老师在大桌子上为他们准备了瓜子、纸巾、水杯和小花盆栽等，给他们创造一个自由、自主的愉悦空间。此外，我们还为孩子们准备了随时可取的纸和笔，以便他们及时记录观点与理由。

就这样，孩子们围绕"龟兔赛跑公平吗"这一核心主题，轻松地开展讨论。他们讨论得特别热烈，我在一旁记录，偶尔也会引导孩子们提出问题，或帮助他们梳理结论，引发孩子们的判断、推理、辨析。接下来，我们的讨论聚焦在以下几个方面。

比赛场地公平吗

一开始，孩子们讨论更多的是"为什么兔子比赛会输"。从而，我发现好几个孩子提到"因为兔子半路睡觉，所以输了比赛"的观点。我想，孩子们思考的立场并不亚于成人，他们也能一下子找出问题的根源，最可贵的是他们还在进一步讨论"为什么比赛的场地要设在树林里"这一问题。我琢磨着，此问题的提出，是不是就表明这些孩子正在逐步关注"是什么——场地在比赛中的意义是维护谁""为什么——将场地设

比赛场地公平吗

在森林的原因""怎么样——我们应该建议龟兔在怎样的场地开展比赛"等概念，显然这些已是哲学层面的问题，我不由得深感佩服。当下，孩子们便开启了团讨会，探讨主题为"比赛场地公平吗"。

幼儿在团讨会上比较、分析"场地不公平"的话题

"比赛场地"的探讨结论

伊涵说："我觉得龟兔赛跑，在树林里比赛是不公平的。"

骏屹说："我觉得不公平。比赛场在树林里，只有树，为什么没有'河'跟'树'呢？"

教师说："为什么要有'河'？"

骏屹说："树能吸引兔子睡觉，那么，小河里的石头也可以吸引乌龟睡觉吧？"

教师说："你认为，场地上有障碍物，障碍物是树，它吸引兔子去睡觉了，是吗？"

骏屹说："对的，所以我认为场地放在树林里是不公平的，如果没有树，兔子不会想到要在树下睡觉。"

伊涵说："我同意，如果场地有树，也要有河。"

倩倩说："这样它们不都去睡觉了呀！还怎么比赛呢？"

伊涵说："虽然有树有河，都会吸引兔子和乌龟去睡觉，但是它们都有障碍物，才是公平的呀！"

恬恬说："我认为，应该去掉比赛场地的'树'和'河'。这样他们都不会被干扰了，比赛就公平了。"

教师说："那应该设在哪里比赛呢？"

朵朵说："在我们幼儿园塑料场地上，没有树可以让兔子偷偷睡觉，没有河让乌龟枕着石头睡觉呀！"

倩倩说："可是这样跑步不舒服，应该是平坦的大草原上，兔子和乌龟都在草地上跑。"

我发现，孩子们总是在积极寻找策略，他们还得出了两个结论。结论一：去除障碍物的干扰。孩子们说将场地设置为没有树、没有河，要尽力保证兔子与乌龟的比赛不受干扰和限制。结论二：增加障碍物的干扰。孩子们认为，要将场地设置为有树、有河，都有障碍物存在，就看兔子和乌龟的发挥，谁先到谁胜利。作为孩子们团讨会的会议记录员，我看到的是，他们不仅发现了公平分配的问题，还能聚焦问题，开展有判断、有质疑、有比较的探讨，这着实让我感到惊讶。

比赛项目公平吗

随着讨论，孩子们又提出了新的疑问，子涵说："就算我们将场地设置为有树、有河，如果还是比赛'跑步'，只要兔子不睡觉，肯定是兔子赢啦！""对啊！对呀！"其他几个孩子也一致地点头表示赞同。我发现，孩子们的观察能力和逻辑推理能力正在不断发

比赛项目公平吗

展，他们上次在团讨会上讨论了比赛场地的问题，这次似乎关注到了比赛项目，的确，场地和项目都是影响比赛公平的必要因素。于是，一场主题关于"比赛项目公平吗"的团讨会再次拉开帷幕。

轶诚说："我认为，比跑步是不公平的。兔子擅长跑步，虽然它输了，乌龟可不擅长跑步。"

教师说："那么，你认为比什么才公平？"

轶诚说："乌龟擅长游泳，那就比游泳呗！"

子涵说："我不赞同。乌龟会游泳，兔子不会游泳，怎么办？也不公平。"

云曦说："我觉得它们都会走路，那就比走路。"

子涵说："对呀，比走路，谁走得快，谁就是第一名！"

思宇说："可是有一个老问题，兔子走得快，乌龟走得慢，比不了怎么办？"

子涵说:"那就让兔子走慢一点。"

佳琪说:"走慢一点,兔子控制不住速度怎么办?而且不公平。"

一苇说:"我感觉就不比运动了,肯定兔子快呀!可以比谁吃得多。"

思宇说:"不行的,兔子吃多了会胀死的,因为它消化系统不太好。"

教师说:"我们平时会比什么呀?"

一苇说:"比比谁先不动,谁动了谁就输了。"

教师说:"这个游戏叫什么?"

一苇说:"木头人。"

岚笛说:"还有,比一比谁能不眨眼,谁先眨眼睛谁就输了。"

轶诚说:"还有比勇敢,播放一些动感的声音,谁不乱动谁就赢。"

教师说:"你们的意思是比一些兔子和乌龟都能做的事,这样就比较公平?"

一苇说:"是的。或者比一些它们都擅长的本领,比如,兔子跑步快,而乌龟游泳也很快,它们就可以比'游跑'。"

教师说:"什么是'游跑'?"

子涵说:"哦!就是一个游泳一个跑步,同时比赛。那么比赛的场地,是不是就要变了?"

岚笛说:"对!兔子应该在树林里,乌龟应该在小河里。"

思宇说:"不对,我不同意。你们说一个游泳,一个跑步,怎么比呀?"

一苇说:"从起点开始,兔子跑步去,乌龟游泳去,谁先到谁赢。"

教师说:"这样的比赛也有意思,那么路程的长短要计算吗?"

思宇说:"肯定要计算,比赛时有裁判计算呀!不然就不公平了。"

幼儿在团讨会上提出公平的比赛项目

慢慢地,我发现孩子们在不断寻找"共性"。这里的"共性",既有龟兔不擅长的项目,又有龟兔各自擅长的项目,以此来确立比赛的项目。其中,孩子们提出乌龟和兔子都不擅长的项目,如"木头人"——可以比一比谁能不眨眼,"比勇敢"——比一比谁的胆子大;而乌龟和兔子都擅长的项目,如"比游跑",一个游泳,一个跑步,是利用选手优势开展的比赛。

孩子们讨论得很精彩,思路很开放,话题很聚焦。但我认为,孩子们最重要的收获不在于找到一项最合适的比赛项目,而在于探讨过程本身带给他们思维上的碰撞与生长,让他们在彼此的交流、探讨、质疑中逐渐厘清思路,如为龟兔选择更合理的比赛场地、比赛项目,并推论出依据。孩子们都能站在龟兔两方的立场中立地看待问题,能通过反驳、补充、推理等策略表达出儿童特有的哲学思考。我想,只有这样,孩子们才能真真切切地感受到"公平",并知晓"公平"的重要性。

在连续两轮团讨会后,孩子们常常会在日常游戏中开展龟兔比赛的游戏。他们有游戏的需要,有分享成果的需求,这样的扮演游戏正能满足他们内心的期待。我想,此刻的他们一定会更加投入,更有成就感,更能将"公平"内化于心,外化于行。

幼儿在日常游戏中开展龟兔比赛的游戏

谁来当裁判更公平呢

随着孩子们探讨得不断深入,孩子们探讨的视角也在不断地向外延伸。一天，岩烁捧着图画书跑到我面前，他用手指了指画面上的猴子，说："老师，我发现这个故事还有更严重的问题。""什么问题？"我好奇地问，"猴子怎么了？"只见岩烁迅速翻着图画书，直至最后一页，接着说："你看，猴子为什么只出现了一次呢？""为什么呢？"还没等我说话，几个孩子紧紧将我围住。

岩烁说："它只是个发令员，不是裁判。"

教师说："哦？你怎么知道的？"

承宇说："兔子在比赛中睡觉犯规，它都没发现，怎么能当裁判呢！"

吴诚说："它也没有发现比赛的不公平，如比赛场地和比赛项目。"

一苇说："我也觉得猴子不能当裁判，还好兔子比赛中只是睡着了，万一兔子掉进小河里淹死了，猴子也发现不了。所以，它好像一点也不关心选手们。"

教师说："你们的意思是不同意猴子当裁判吗？"

轶诚说："是的，我们可以推荐其他动物来当裁判吗？"

教师说："当然可以。"

原来，孩子们还关注到了比赛场地上裁判的问题，他们读到猴子的那一页：画面中猴子举枪"啪"的一声——比赛正式开始。但直到比赛结束，猴子也没有再出场，而是其他动物宣布乌龟赢得比赛的消息。因此，孩子们对猴子当裁判表示不赞成。于是，我将孩子们对猴子的评判做了梳理：一是猴子没有洞察选手的能力，例如，它没有发现兔子在比赛中睡觉；二是猴子没有判断能力，例如，它没有说比赛场地、比赛项目存在不公平的问题；三是裁判没有爱，对选手们漠不关心；四是没有履行裁判的责任和义务，猴子只做了一件事——举枪"啪"的一声，只是当了一回发令员。

那么，谁来当裁判更公平呢？孩子们主动提出要举行一场裁判的"推荐大会"。我为他们准备了"裁判推荐信"记录表，孩子们认真地写下了心目中的裁判，如老虎、鹅、狐狸、老鼠、熊等。

可是，这么多裁判，推选谁好呢？我想，按照以往，用投票的方法，孩子们肯定只关注自己推荐的裁判候选人并为它投票，就忽视了其他候选人之间的比较与联系。于是，我思考着：如何让孩子们关注到每一位裁判候选人，并进行比较、排除呢？我对孩子们说："这么多裁判候选人，请把你们认为不合格的动物——淘汰吧,看看最终剩下谁。"孩子们非常赞同,一个个认真地筛选,并说出了自己的理由。

骏屹说:"狐狸不行,大家都说它太狡猾。狡猾的动物是不可以当裁判的,要公平公正。"

子珺说:"老鼠会偷东西,老虎会吃小动物,也不受欢迎。"

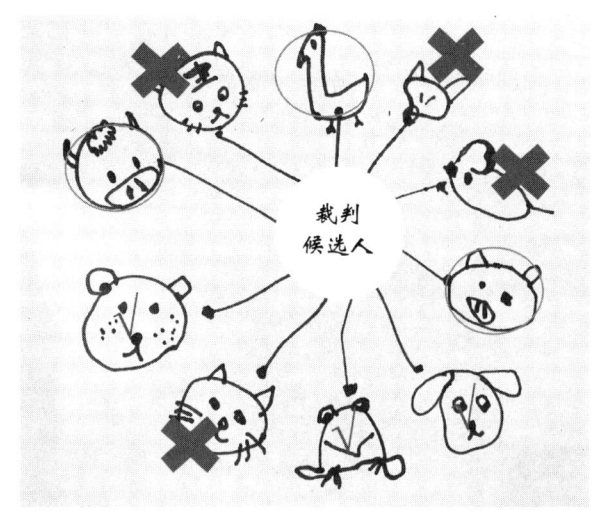

"裁判候选人"投票结果

教师说:"你们认为,不受大家欢迎的动物是不能当裁判的,是吗?"

子珺说:"对,它们不能被大家信任,信任很重要。猫咪也要偷吃食物,也不可以的。"

谁来当裁判(1)

乐乐说:"牛好像还行,但是反应不够快。"

轶诚说:"猪虽然不干坏事,但它比较懒,反应也不够快吧!"

伊涵说:"鹅当裁判,说话也说不清,太烦躁了……"

教师说:"你们将并不聪明的动物也排除了,剩下的呢?"

孩子们说:"剩下的都还可以。"

教师说:"既然大家都觉得青蛙、狗、熊可以当裁判,但最终裁判只选一人,请谁来当呢?"

轶诚说:"我觉得可以让青蛙当裁判,它很善良,反应力也很快,所以我选它。"

岩烁说:"我反驳!青蛙不可以当裁判,青蛙看不见静止的东西,如果乌龟和兔子不动(睡着了),青蛙是不会发现的,利用这一点,人类还发明了'电子蛙眼',为了发现快速移动的东西。"

昊诚说:"我推荐狗。狗是最忠诚的朋友,它很聪明,跑得也很快,反应力也很集中,所以我推荐狗。"

恬恬说:"可狗不能站起来像裁判一样记录呀?"

教师说:"啊?动物好像都不行吧?"

恬恬说:"熊可以呀!"

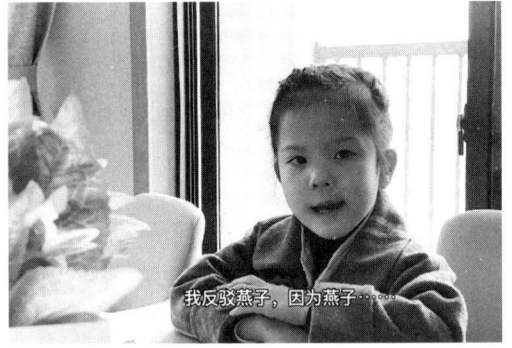

"裁判候选人"团讨会现场

最后,似乎只能是熊当裁判。但对于这样的结果,也让一部分孩子感觉并不能信服。因此,他们还想推荐更好的裁判候选人。

谁来当裁判(2)

倩倩说:"我还想推选燕子当裁判,它能在空中清楚地看到选手们有没有犯规,比熊都要厉害。还有一点,就是燕子很守时,裁判是要计时的。"

一苇说:"我反驳燕子,燕子虽然能和老鹰一样会飞,但它解决不了'下面的问题',比如,大的食肉动物来了,把兔子吃掉,这时候燕子裁判飞下来也会被吃掉,而老鹰就不一样了,它眼睛亮,飞得高,看得远,如果猎物来了,它会用爪子'唰'的一下驱赶猎物,保护下面的兔子和乌龟不被吃掉,保证比赛顺利举行。所以,我推荐老鹰当裁判。"

岩烁说:"我觉得老鹰不可以当裁判,它是肉食动物,万一有小鸡观众呢,还有兔子,老鹰忍不住也会吃掉它们。我推选大猩猩,因为猴子进化成大猩猩,大猩猩进化成人类。所以,像人类会做的事,大猩猩也会一点,比如站起来写字和计分,所以我推选它。"

幼儿关于裁判候选人的"辩驳大会"现场

最终，经历两轮讨论，孩子们分别推荐了"熊"和"猩猩"。他们的两大结论各有依据，在这两场激烈的"辩驳大会"中，我看到了孩子们关于动物习性的丰富经验，看到了孩子们清晰的思维逻辑，更看到了孩子们基于观点的儿童哲思。关于"熊"和"猩猩"选谁的问题，孩子们分成大熊组、猩猩组，他们决定举行一场直播辩论会，并邀请了班里的家长、年级组的老师们、幼儿代表、园长妈妈当评委，请评委们点评、打分。

在直播辩论会上，孩子们围绕"熊和猩猩，谁当裁判"这一辩论主题，再次上演了一场精彩纷呈的唇枪舌剑。

大熊组（骏屹）："我们推荐熊，首先熊长得英俊，身板也比较直，裁判都需要穿黑色的礼服，熊就很符合。而猩猩不仅脸长得奇怪，还是个驼背，穿上礼服也不好看。"

猩猩组（倩倩）："我们反驳熊，长得好看有什么用？裁判要用到口哨、笔或者秒表，猩猩的手指长得比熊更灵活，它可以灵巧地把口哨放进自己的嘴里然后拿下来，它还可以像人一样用一个手指摁秒表，用笔写字呢！"

大熊组（伊涵）："我反驳猩猩，虽然猩猩的手指比较灵活，但是熊有爪子，万一有动物来破坏比赛现场，熊就用爪子抓它们。"

猩猩组（承宇）："一般比赛现场是不会发生这种事的，其他动物也可以帮忙，现场还会有保安呢！我不赞成熊，它很冲动，会用爪子袭击动物，没有爱心。而猩猩性格温驯，不会袭击动物，更有爱心，更适合当裁判。"

猩猩组（丁丁）："对！熊什么小动物都要吃，连人都要吃。而猩猩只吃蔬菜和水果，力气很大，应该还会帮助朋友，有点像人一样会思考，很有正义感！"

大熊组（恬恬）："可是大熊跑得比猩猩快！"

猩猩组（承宇）："谁说的？"

大熊组（恬恬）："大熊的腿很健壮，身体很挺拔，跑起来不会摔倒，猩猩就不一样了，它是个驼背，手臂好长好长，跑起来的时候手臂抬不起来，是垂下的，一点也不灵活。如果比赛的时候要看全程，那肯定要选熊当裁判。"

猩猩组（一苇）："我不赞同熊当裁判。因为裁判要看全程，要有聪明的头脑，看一看选手有没有犯规，比如睡觉或者作弊等。所以，最好要爬到树上看，才能看得清楚，爬得高看得远，猩猩的手能抓住粗壮的树枝，从一个枝头绕到另一个枝头，再到下一个枝头，而且很轻松，熊在下面跑，肯定累死了，坚持不到最后的。"

大熊组（恬恬）："……"

直播辩论会现场

两组辩手都能基于自己的立场，给出足够的观点并说明理由，也能为反驳对方的观点进行说明来论证自己的立场。这说明孩子们心中已然呈现出非常鲜明的立场，知道通过探讨的方式维护自己的立场。我回顾孩子们的辩论，发现其实孩子们谈到的裁判角色是辩证统一的，于是我为孩子们梳理了他们需要的裁判形象。第一要有正义感，裁判要正直，维护公平的规则，且能独立思考。第二要有爱，裁判心里要充满爱，还要去保护别人。第三要专业，裁判要全程监控比赛，并熟练运用口哨、笔或者秒表等工具以记录比赛的过程和结果。此外，裁判还需注意形象，有强壮的体魄及现场应急的能力等。

在本场关于"正义的裁判"话题争锋中，我发现：孩子们始终能带着儿童特有的哲学思考去探讨问题，通过一次次的探讨、判断、推理、辩论感受到裁判的核心概念，即任何一名裁判员都应该执行好公平的规则，拥有正义感、爱与专业等素养！粗浅地体验一回辩证、统一、综合性地看待事物的过程，这对孩子们的成长来说具有里程碑式的价值。

我来当"小裁判"

《3—6岁儿童学习与发展指南》社会领域指出：理解规则的意义，能与同伴协商制定游戏和活动规则。通过关于"龟兔赛跑"的多轮探讨，孩子们萌发了自己当小裁判的愿望。在班里，他们通过公开投票选拔的形式产生了小裁判，小裁判们还通过团讨、辩论、调查等形式制定出班级的三制度：轮流制、选拔制、自荐制，监督大家遵守规则，并打卡记录。从儿童的理论中来，到儿童的实践中去，以此真正地让"儿童哲学"的朴素理论落地生根，开花结果。

反 思

1. 儿童是天生的哲学家

《龟兔赛场上见"公正"》这个课程故事，是在启蒙幼儿社会核心价值观中的"公正"这一主题的节点活动中产生的。我最为深刻的感受是：儿童与生俱来就带有哲学性，儿童是天生的哲学家，他们对问题往往能直击本质，我们还捕捉到了来自儿童哲思的高光时刻，他们一个个以珠玑智慧的言语表达了富于哲学意趣的言论，我被孩子们呈现出的深刻思想、突如其来的洞见力深深折服，且深深感动！那些潜藏在他们推论中的思维能力正在无可限量地生长与发展。例如，在关于"比赛项目公平吗"的团讨会上，他们对"公平"提出了平均分配的概念，即找"共性"——既要有乌龟和兔子都不擅长的项目，又要有乌龟和兔子各自擅长的项目，以此确立公平的比赛项目。这让我深信：儿童有能力拥有自己的哲学！

2. 儿童对"公正"的理解更指向于"公平"

社会主义核心价值观中的"公正"包含了公平、正义两层含义。作为儿童探讨的核心，在一轮又一轮的儿童团讨会中，我们发现：大班孩子更容易理解"公平"，他们认为的"公平"主要指向平均分配。而"正义"的含义相比而言更为隐性，孩子们对"公正"的理解侧重于"公平"，还不能理解"正义"。此外，他们也谈到了裁判需要具备正义感、爱与善，以及专业能力等，这也说明儿童在伦理哲学层面有一些发现。

3. 儿童团讨会，发展了儿童更多的能力

在整个活动中，孩子们通过组建"公正"的评判团，举行儿童团讨会，进行以"公正"为话题的探讨、判断、推理、辩驳，深化并展延了他们的已有经验，在促进思维发展的同时，也提升了他们的语言表达、交流及决策能力，发展了民主参与的思想，促进了社会性发展。

（浙江省桐乡市实验幼儿教育集团实验幼儿园　王亚洪）

点 评

美国哲学家马修斯（Matthews）在他的著作《哲学与幼童》[①]一书中说道："儿童是天生的哲学家。"儿童提出并探索哲学问题是他们与生俱来的本能。一场龟兔赛跑，因为与孩子们的相遇，于是有了孩子们对公平、公正的独特理解。阅读这个课程故事时，我的内心不断地被孩子们的智慧折服，也不断地感受到儿童与哲学之间的天然联系。在关于公平、公正的问题上，儿童往往比成人理解得更本质，更纯粹。在确定"公正"评判团的人员时，评判团儿童要与成人一样坐在会议室里边喝茶、边嗑瓜子来讨论，要与成人平起平坐，这难道不是孩子们对个人公平权利的真实诉求吗？这难道不会有助于我们更好地理解哲学与公平吗？

哲学的本意就是爱智慧。故事中的儿童提出了一系列问题，如龟兔赛跑的场地公平吗？比赛项目公平吗？谁来当裁判更公平呢？在这些问题的讨论中，我们见识了儿童的哲学思维，感受到了儿童的哲学、他们对世界本质问题的独特思考，更让我们体会到了儿童的好奇、惊讶，而这恰恰是哲学的本源。

故事中让我感动的还有王老师，这样一位有智慧的老师。因为有了王老师，我们才能识别孩子们的哲学智慧；因为有了王老师，我们才能发现与理解孩子们的想法；因为有了王老师，我们才能延续孩子们对公平、公正的进一步诠释。王老师对孩子们表现出的哲学思维萌芽的识别，以及运用不同方法和资源支持它们生长的行动，也构筑了本课程故事的智慧。

（浙江师范大学儿童发展与教育学院　王春燕）

[①] 该书的简体中文版已由生活·读书·新知三联书店于2020年出版。

课程故事 2　再见啦，我的小情绪

幼儿园来新的小朋友了

小朋友们在还需要爸爸妈妈照顾的时候，第一次离开家的怀抱，背着小书包上幼儿园了。有的在大门口与奶奶拉拉扯扯了许久，有的边哭边紧紧抓住爸爸的衣服不放，有的整天哭喊着："妈妈，妈妈……"这可怎么办呀？我们特别希望这些小朋友每天都开开心心地来幼儿园，一起玩游戏、一起学本领，爱上这个大家庭。我们的课程故事由此开启！

"爱哭鬼"再也不哭了

9月份新学期开学，幼儿园托班新加入了20名新生。然而，有六七个新来的小伙伴刚入园时又哭又闹，不想吃饭、不想玩耍、不想睡觉，只想着要妈妈、要回家，使得班级这个大家庭变得"鸡飞狗跳"。

小男孩小衡生长在单亲家庭，是这些新生中最爱哭的一个，特别不愿意跟其他小朋友一起玩，让大家既发愁又犯难。同样是读托班，不同的孩子表现出来的情况完全不一样，小衡为什么会一直哭呢？小朋友们进行了一连串的猜想。

土豆说："他想吃糖了。"

汐汐说："他是不是想妈妈了呀？"

婧枝说："他想去广场玩！"

老师说："大家想不想帮助小衡啊？"

小朋友们异口同声地说："想啊！"

土豆说："小衡，这个小火车给你玩。"

婧枝说："快来跟我们一起玩吧。"

在日常生活中，小朋友们给予了小衡更多的关注，努力用爱的行动，让他感受到安全感。

第二天一早入园,小衡的右手就紧紧握住一个汪汪队玩具,眼里含着泪水,嘴巴嘟囔着说:"这是我最喜欢的汪汪队!这是小奇,我家里还有很多汪汪队玩具呢。"不管走到哪里,小衡都紧紧拽着汪汪队玩具不放。刚开始,我试图让他放下汪汪队玩具,但只要一放下,他就哭个不停。于是我只得让小衡继续拿着,并耐心地告诉他:"汪汪队喜欢开心的小衡,如果你笑了,那汪汪队就会一直陪着你。幼儿园里也有好多汪汪队呢,有汪汪队摩托车、汪汪队书本!"这时,其他小朋友的话匣子一下子被打开了,闹闹插话:"你别哭啦,我家也有汪汪队,我明天从家里带机器狗给你玩。"淘淘跑过来:"我家也有小奇。"在一旁的果果听到了,一边手指向三楼大厅一边说道:"三楼大厅吉美小镇就有小奇、毛毛啦,我现在就带你去看!"这时,小衡的神情有所改变,他抹干眼泪,眉头紧皱,说:"真的有毛毛吗?"好多小朋友们说:"有!"这时,我请小朋友们带小衡一同去参观三楼大厅。孩子们带路,走着走着终于找到了汪汪队的消防员、急救员——毛毛。此时小衡开心极了,露出了灿烂的笑容。就这样,我与小衡约定好:"要高高兴兴上幼儿园,每天中午老师都带你来看汪汪队。"小衡立马点了点头。

像小衡这类孩子的入园焦虑主要表现为恋物。我不会马上强制他与依恋物分离,而是先依着他,允许他拿着依恋物,等他慢慢熟悉环境、老师、同伴后,焦虑情绪有所缓解时,再找机会引导他们慢慢与依恋物分离。

不仅如此,在接下来的日子里,大家还通过混龄活动、集体活动、户外活动、英语活动等一系列丰富多彩、具有特色的活动载体,让小衡努力融入集体,快速适应,感受幼儿园大家庭的温暖。三个星期后,小衡的脸上终于有了灿烂的笑容,也爱上了幼儿园的生活。"爱哭鬼"再也不哭了!

集体活动

"日签"我的情绪牌

不同幼儿入园时的不同表现令我思考良多。那么除了哭,小朋友们还有哪些情绪呢?我又尝试组织小朋友们进行了一番讨论。

嘻嘻说:"开心的样子!"

汐汐说:"我知道,害怕和难过是情绪。"

婧枝说:"不高兴也是吧。"

沛琪说:"情绪就是有很多表情。"

"日签"我的情绪牌

小朋友们对"情绪"产生了极大的好奇,也有了一些基本概念。这些让我意识到,幼儿情绪主要有高兴、生气、害怕等,具有不稳定性、外露性、多变性,引导幼儿准确识别情绪、合理表达情绪、有效控制情绪在促进幼儿身心健康发展中十分重要。

对此,我结合微信表情包的设计,创新设计了"日签"我的情绪牌,让幼儿通过标识笑脸、哭脸、紧张皱眉脸、叹气脸这4种不同表情的牌来直观地表达自己的日常情绪,并讲述放置不同情绪牌的原因。我做了一张表格,让班上的一名幼儿负责记录大家每天的情绪牌放置情况,通过每日比对感知每名幼儿的总体情绪能力。

音诺放置了一张笑脸情绪牌

这天来园,音诺在"日签"我的情绪牌处选了一张笑脸的情绪牌,放置的时候她说:"我吃了蛋糕,甜甜的,好开心。"第二天入园，音诺选了一张哭脸牌，这一次她低着头噘着嘴不开心，我问她，她说："今天妈妈发火的样子，好可怕！""变脸小公主"说变脸就变脸，情绪就像天气一样。

音诺的情绪很丰富，像夏天午后的天气一样变得很快，一会儿哭、一会儿笑、一会儿闹，每天都能看到她情绪不一样的一面。

我蹲下身来问音诺："你和妈妈发生了什么事让你不开心了呢？"她告诉我："妈妈早上没有给我梳漂亮的小辫子和带那个蝴蝶发夹，今天起来太晚了，时间来不及了。"

"哦，原来是这样呀，那老师等你午睡起床之后给你梳好吗？"我说道。

她无奈地点了点头，到了午睡起床时间，音诺醒后就对我说："你不要忘记给我梳漂亮的小辫子哦。""那你要答应老师，不能再哭鼻子了，就像笑脸情绪牌一样，要开开心心地上幼儿园。"起床整理衣服之后，音诺终于如愿以偿有了漂亮的小辫子。到了傍晚离园那一刻，我偶然发现了一个小细节的变化，音诺已经把哭脸情绪牌换成笑脸情绪牌。

"日签"我的情绪牌起作用了！

《生气汤》让孩子不生气了

这天一大早，豪豪跑到"日签"我的情绪牌旁，右手三指握住紧张皱眉脸的情绪牌，将它插入了自己的卡槽中。这已经是豪豪连续三天放置紧张皱眉脸的情绪牌了。我看到这一幕，蹲下身来问豪豪："豪豪，你怎么了呀？"豪豪嘟着嘴不说话，只是一味地生气，却不肯告诉我原因。

这让我想起了一本可以帮助孩子认识和处理生气情绪的绘本《生气汤》[①]，它通过生动形象的故事来提升孩子的情绪管理能力。当

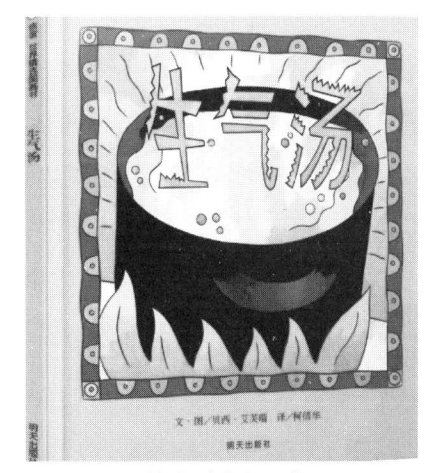

绘本《生气汤》

---

① 该书的简体中文版已由明天出版社于2007年出版。

天我就为孩子们讲解了这本《生气汤》。《生气汤》讲述了小男孩带着一肚子怨气回家,妈妈引导他对着煮开的汤龇牙咧嘴吐舌头、大声敲打锅以发泄负面情绪的故事。听完之后,我试着让小朋友们讲一讲自己的看法。

依然说:"生气的样子好可怕,脸都红了!"

豆丁说:"哦!生气了要说出来!"

俊俊说:"我不要生气啦!"

恺恺说:"这本书好看。"

教师说:"我这里还有很多好看的绘本呢,你们想不想看呀?"

小朋友们兴奋地喊道:"想!"

看完这本书后,大家知道了"生气了就应该说出来"而不是埋藏在心底。我让小朋友们尝试做一做生气的表情,有的孩子学着绘本中的小男孩咧嘴吐舌头,有的孩子牙齿紧紧咬住嘴唇,凶狠的脸扭曲得皱纹巴巴的,也有的孩子瞪着大眼睛,小嘴巴噘得老高。与此同时,我带着小朋友们创设了一个专门的阅读环境,以方便大家阅读绘本,并购买了《我的情绪小怪兽》①等绘本。小朋友们还从家里拿来了自己爱不释手的绘本以及最喜爱的玩具,一起动手搭建了一个绘本屋,营造了温暖宽松的阅读环境,希望通过经常阅读绘本来不断加强自己对情绪的积极影响。他们觉得绘本屋像新娘子一样漂亮,因此亲切地给它起名为"新娘屋"。

绘本《我的情绪小怪兽》

走进"新娘屋"

"新娘屋"搭建好后,每到区域游戏时间,小朋友们就喜欢来到这里挑选自己想看的绘本。他们从"新娘屋"出来后,都会平复生气、紧张不安等不良情绪,并渐渐变得乐观、开朗。

---

① 该书的简体中文版已由陕西人民教育出版社于2016年出版。

搭建绘本屋，孩子们为其起名为"新娘屋"

孩子们在"新娘屋"

模拟打针

这一天好奇怪，班级里 90% 的小朋友都不约而同地插入了哭的情绪牌。我感到疑惑不解，一问才发现，原来这周周五是全园大体检的日子，小朋友们都感到紧张害怕，一个个睁大了眼睛。特别是土豆，我一问他，他就"哇"地哭起来："我害怕打针，我不想上幼儿园了。"

害怕是每个人都会有的正常情绪。面对托班孩子第一次抽血检查，我比小朋友们还紧张，我想不仅要鼓励他们学会勇敢，更重要的是接纳他们的害怕，和他们一起去面对"害怕"，在"害怕"中成长。于是，我想到了模拟打针，让大家知道打针就像被衣服夹夹了一下肉一样，不会特别疼。我还邀请抽过血的孩子来谈谈感受。

果果说："我之前抽过血，一点都不疼！"

九妹说："我也抽过血，有一点点疼，但我没有哭。"

俊俊说："就像被蚊子叮了一下，不是很疼。"

抽血当天，孩子们很勇敢，没有哭

之后，我决定和小朋友们来一场打针预演。我拿出玩具针，先在自己的手上试了一下，对大家说："就是这样的感觉，一点也不疼，谁想先来试一试？"有几个孩子跃跃欲试，带头参与了打针体验。等模拟打针活动结束，有些孩子还向我发出了新挑战：打针一点都不疼，再来一次吧！

到了抽血这一天，土豆对医生阿姨说"抽一下就好了""一点都不疼"，明显多了一份勇气。小朋友们抽完血，情绪平稳地回到了班级。我惊喜于孩子们的突破，为大家送上了象征勇气的"能量宝石"，希望小朋友们带着这颗"能量宝石"勇敢地面对成长过程中的每个第一次。

"日签"我的情绪牌还能这么玩

这天早上来园，九妹热情地与我打招呼问好，之后选放了两张情绪牌。我走近一看，原来一张是笑脸牌、一张是哭脸牌。我蹲下身正好奇时，九妹脱口而出："今天我是第一名到教室的，我很开心，妈妈说晚上不来接我，是钢琴老师来接我，我不开心。"第二天正好是幼儿园来新朋友"羊驼"的日子，我依然关注着每个孩子的情绪牌，聪明可爱的土豆竟然放了6张情绪牌，而且都是笑脸牌，我吓了一跳，问他怎么回事？土豆拿起笑脸牌对我说："我太喜欢羊驼了，今天我摸了羊驼的毛，是软软的，好舒服呀！所以我很高兴。"

"你数一数今天插了几张笑脸牌呀？"我问。

"1、2、3……6张！"土豆一边数一边说。

"哦？摸羊驼让你特别高兴，你看看今天还有哪个小朋友跟你一样也有6张呀？"我问道。

土豆仔细看了一圈，自信满满地对我说："没有啦！"

放学回家时，土豆见到奶奶立马就开口报喜："我插了6张笑脸牌，我是最多的呢！"

万万没有想到，小小的一件事可以拨动孩子们幼小的心灵。通过情绪牌，孩子们慢慢发现了自己的情绪，清楚地知道具体原因，也慢慢地接纳了自己的情绪。

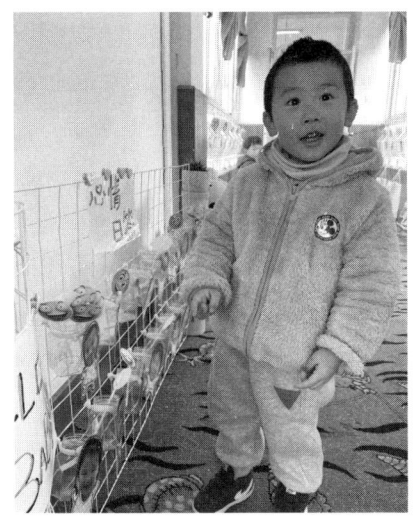

土豆插入情绪牌

有 6 张笑脸情绪牌

我的情绪与你分享

到了小班，我们的"日签"我的情绪牌活动仍然进行着，不仅有简简单单的一张牌，我还为每个孩子都准备了一本《心情日记记录册》。记录册内容分为"日期"和"记录"两栏。

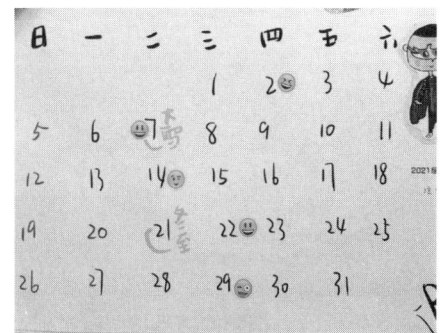

《心情日记记录册》

有了自己专属的情绪记录册，孩子们就有了任务感。每次有了新发现，他们都会主动记录下来，并记录自己的情绪。个人记录册方便携带，孩子们观察记录的热情一下子被激发出来。

一开始，孩子们记录的方式很简单，就是把自己所看到的样子画下来。之后，孩子们会选择不同情绪贴纸进行标注。收获第一个萝卜当天，我听到宸宸边记录边说着什么，于是仔细倾听，然后我请他在集体中分享了他的心情日记画。

自从分享故事后，孩子们都有了观察意识和表达情绪的意识。之后，孩子们看到什么都想画，我组织大家进行了"我的故事讲给你听，我的情

收获第一个萝卜

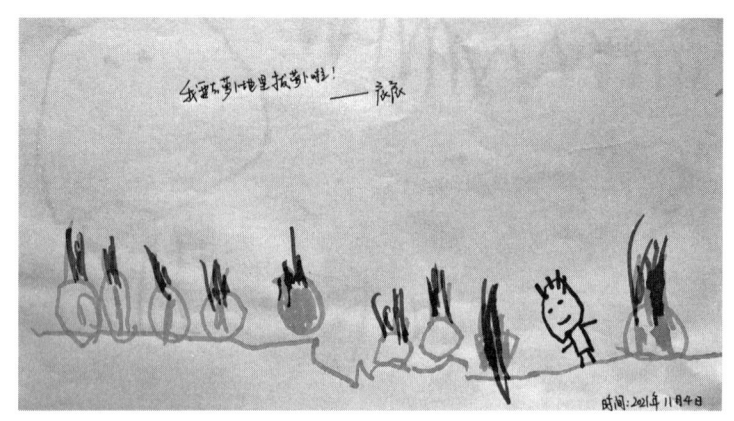

宸宸的心情日记画

消防演习当日（音诺记录）

春耕节（婧枝记录）

绪与你分享"系列活动，孩子们用绘画记录自己的所见和所感，我用语言记录帮助他们更好地讲述故事。

我的情绪与你分享

小朋友们用日记画形式记录自己的情绪，记录了每天发生的开心与不开心的事情。整个绘画过程本身是一个自我倾诉、分享的过程，小朋友们也可以通过这个过程将自己的心情、故事画给小伙伴和爸爸妈妈看、讲给他们听，在倾听和陪伴中更好地表达并调控情绪，保持良好的情绪状态。

反 思

　　幸福的童年可以治愈人的一生，健康积极的情绪情感奠定人生幸福的基础。在这个故事中，幼儿作为主角，处于情绪不稳、易哭易笑的状态，其情绪的良好发展关乎未来心理健康的发展。

　　作为幼儿园教师，我们要不断提升处理孩子情绪的能力，在具体实践中要做好以下三个环节：首先是接纳，怀着同理心去接纳他们的情绪，让他们感受到老师跟他们在一起；其次是分析，要精准地分析、辨别情绪问题的来源，找准解决情绪问题的切入点和关键点；最后是解决，要通过班级的良好氛围、丰富的教学活动、同伴的帮带作用、有效的激励体系等一系列措施，综合施策帮助幼儿疏导和化解不良情绪，养成积极健康的情绪情感。

　　良好情绪情感的培养需要我们持续地坚持和引导。本次课程故事仍在持续，孩子们的成长之旅正在进行。在今后的日子里，我们将在此基础上不断总结经验教训，进一步发挥好家庭教育的功能，形成家园共同教育的合力，关注关心幼儿情绪健康，共同促进幼儿身心健康、全面发展。

（浙江省慈溪市慈吉幼儿园　岑凯伦）

点 评

　　对于刚刚入园的幼儿，哭闹、焦虑、和家人依依不舍……是每年9月开学时幼儿园里的"常态"。为此，学会度过入园焦虑并有效应对这些"情绪小怪兽"，往往也是幼儿离开自己所熟悉的家庭和亲人进入陌生的幼儿园这一过程中，必须要迈过的一道"坎"。面对这样司空见惯的现象，故事中的教师却"高度重视"，耐心接纳幼儿不同的情绪甚至是个别幼儿的"极端情绪"，积极采取同伴互助、玩具的兴趣转移、有趣的各类活动、"日签"我的情绪牌、情绪绘本引入、角色模拟（模拟打针）等多种有效措施，积极关注和帮助幼儿认识与调节自己的情绪，最终顺利迈过了这道"坎"。读了这个故事，我感动于教师的细心、耐心与智慧，更惊讶于幼儿的善良、天真与勇敢。这样充满智慧与惊喜的课程实践，为精彩的课程故事的诞生提供了丰厚且富饶的"土壤"。

  优质的课程实践不会自然且必然形成精彩的课程故事。这需要教师细心、用心与专业地对自己的课程实践进行回顾、筛选和再组织。越是司空见惯的现象，越容易从教师的眼前溜过，越难以引起教师的关注，也就越考验教师的专业敏感性。该课程故事的撰写者就展现出了比较好的专业敏感性，非常细心和用心地捕捉到了这一司空见惯的现象，进而用专业的眼光回顾与审视这一课程实践，由此才有了这个故事。故事中，教师抓住"如何赶走情绪小怪兽"这一活动线索，在广泛关注与刻画多名幼儿的基础上，重点选取了几个角色，如小衡、音诺、豪豪、土豆等，细致刻画了几名幼儿如何一步步认识自己的情绪、逐渐学会管理和调整自己的情绪，勇敢地迈出家庭进入幼儿园，进而自然地融入幼儿园的生活之中，开启独立生活之旅。正是在这些故事情节的刻画中，一个个努力克服内心焦虑、学会认识与调整自身情绪的"小勇士"形象浮现在读者面前。

（浙江师范大学儿童发展与教育学院 秦元东）

课程故事 3　苹果吃不完怎么办

在小班幼儿的一日生活中,"进餐"是教师重点关注的生活内容之一,然而当面对"孩子不喜欢吃的食物"时,到底应该采取什么样的推进策略,教师心中到底应该建立什么样的教育目标?在以下这个案例中,教师巧妙地抓住"吃不完的苹果"这个生活事件,借助吃苹果这件小事引发一系列有意义学习,接下来,让我们一起走进这个有趣的故事吧!

苹果核瘦瘦大赛

一天下午,孩子们的点心是每人一个小苹果,可是,5分钟后……"咦,为什么垃圾桶里有这么多没吃完的苹果?"于是,教师问孩子们:"这是谁的苹果没吃完就扔了呀?"没有孩子回应,好多孩子见状就围了过来观看这些没吃完的苹果,教师继续用语言引导孩子:"还在吃苹果的小朋友要加油把苹果吃完哦!"可是最后呢,还是有大部分孩子吃不完苹果,只能扔了作罢。

隔了一个星期,又是吃苹果的日子,这一次吃苹果的情况还是和上次一样,孩子们依然吃不完,于是教师请孩子们将吃剩下的苹果放在一起,大大小小的苹果核放在一起真是壮观呀!孩子们瞬间被这个有趣的事情吸引了,纷纷围了过来观看这些苹果核。他们开始议论,喜欢吃苹果的孩子说:"我吃的苹果核最瘦,我是第一名。""我的苹果核也很小。""这是花花吃的,她的苹果核最胖了。"那些不喜欢吃苹果的孩子说:"我才不喜欢吃苹果。""苹果最难吃了,我吃不完。"那些坐在椅子上还没吃完苹果的孩子开始大口吃起来,吃完后也将自己的苹果核放入了"瘦瘦大赛"的现场。

吃不完的苹果

看看哪个苹果核最瘦

"花式吃苹果"体验

这两次吃苹果事件过后,我问那些吃不完苹果的孩子:"为什么你们不喜欢吃苹果呢?你们不喜欢吃苹果身上的什么呢?"孩子们回答道:"我不喜欢吃苹果的皮,太酸了!""苹果太大了,我吃不完!""妈妈没有给我吃过苹果。"……原来孩子们吃不完苹果是有原因的。我继续和孩子们讨论:怎样去掉苹果的皮呢?怎样能让酸酸的苹果变成甜甜好吃的苹果?有什么好方法可以让自己一下子吃掉这么大的苹果?围绕这几个问题,孩子们七嘴八舌地说了很多方法,最后选取了他们认为最方便的方法。首先,"可以用削皮刀把苹果皮削掉,这样就能大口咬苹果了",如果苹果太大了,那么"可以用刀把苹果切小,变成苹果块",还有更好的方法,就是"我们大家一起吃苹果,很快就能把苹果吃完",如果苹果太酸了,"可以在苹果上蘸一点糖"。

既然方法这么多,那么就亲身实践一下吧!我们和孩子们一起罗列了这几种方法中所需要用到的工具:安全小刀、蜂蜜、小盘子、水果叉、削皮刀,并召集爸爸妈妈的力量,从家里寻找到这些工具。一切准备就绪,孩子们开始了"花式吃苹果"的行动!谁会削苹果皮,谁就第一个来试一试,没有削过皮也没关系,静静地站在旁边观看别人削皮的方法,再上手试一试,也没有那么难哦,只要多试几次,就完全可以把苹果皮削掉!切苹果也是一个很有意思的方法,看着这么大的苹果被切成小块,孩子们心里有满满的成就感,笑容不自觉地浮现在脸上。哇,满满一盘子的苹果块,好多好朋友一起分享着吃,你一块我一块,瞬间觉得苹果实在太好吃了!能用自己喜欢的方式吃苹果,这种感觉真的特别棒!

分享吃苹果的快乐

孩子们试过了这几种吃苹果的方法，我问他们："对于这几种吃苹果的方法，你们最喜欢哪一种呢？"孩子们给这几种方法贴纸投票，最终，"分享吃苹果"这个方法获得了最高票数，孩子们说："一起吃很快就吃完了，一个人吃得很慢。""小小的苹果块能放进我的嘴巴里，所以我喜欢这个方法。"刚好，绘本《好大的苹果》①讲述的是一群小动物分享吃一个苹果的故事，孩子们认真倾听着这个故事，一起讨论"为什么小动物愿意分享一个苹果"。他们发现，原来"分享着吃苹果是一件能让人感到快乐的事情"，于是，孩子们爱上了吃苹果，在幼儿园和朋友们分享，在家里也和爸爸妈妈分享一个苹果。

分享吃苹果

绘本《好大的苹果》

我们不喜欢吃的食物还有好多

除了不喜欢吃苹果，其实，孩子们平时还有很多不喜欢吃的食物。我问："平时在幼儿园，你们还不喜欢吃哪些食物？"孩子们说："我不喜欢吃青菜，因为青菜咬不断！""我不喜欢吃牛肉，我咬不动它！""我不喜欢吃黑木耳，因为它长得太黑了。"……孩子们尽情地表达着自己不爱吃的食物，并在食物的图片

---

① 该书的简体中文版已由河北教育出版社于2021年出版。

上做了不喜欢的标记,这就是我们班的"食物黑名单",哇,原来我们平时不太喜欢的食物还挺多的呢。

不爱吃的"食物黑名单"

食物零距离行动

怎样做才能让孩子们重新爱上这些食物呢?

首先,了解一下这些不被孩子们喜爱的食物有哪些"本领"吧!我们邀请所有的爸爸妈妈加入"食物营养小调查"的活动中,在"食物黑名单"中,牛肉、芹菜、胡萝卜和黑木耳最不受小朋友

蔬菜蹲蹲蹲

欢迎。于是,爸爸妈妈就和孩子们一起说一说、画一画这几种食物的"本领",爸爸妈妈说"牛肉能让人长肌肉,胡萝卜能让人有一双亮眼睛",爷爷奶奶说"吃了芹菜能让人通便顺畅,黑木耳能让我们的头发越来越黑"。哈哈,原来这些食物都有神奇的"本领"呢,孩子们忍不住说:"这些食物都有魔法呀!"

那么,吃了它们之后,我们会变身成什么样呢?孩子们畅想说:"吃了芹菜,

吃了芹菜后变成芹菜公主

吃了胡萝卜后遨游太空

我就能变成一个芹菜公主，天天穿着芹菜一样的裙子！""吃了胡萝卜之后，我会变身成一个宇航员到太空里去玩！""吃了牛肉之后，我会变身成一个有肌肉的大力士和爸爸一起去打败怪兽！"……

蔬菜宝宝也是很可爱的哦！孩子们挑选自己喜欢的蔬菜进行扮演，一起玩蔬菜蹲蹲蹲的经典游戏、为小动物运蔬菜、给蔬菜宝宝找妈妈……我们还在班里收集食物能量球。幼儿只要每天中午把餐盘里的食物吃完，就能获得一个能量球。看着能量球顺着轨道滚进能量收集站，孩子们兴奋地拍手大笑起来，这对幼儿每天的午餐光盘增添了不少动力！

蔬菜能量收集站

之后的一天，几个孩子用雪花片在玩"买菜"的游戏，一种颜色对应一种菜，顾客说要买哪些菜，卖家就拿取同样数量的菜给顾客，接连两天这些孩子都沉醉于买菜数菜的游戏。于是，我们搜集了各种各样的仿真蔬菜，有叶菜类、菌菇类、葱蒜类、瓜果类、豆荚类，孩子们见到这么多的蔬菜连连说"哇"，那么问题来了："怎样才能把这些蔬菜像菜市场里的菜一样摆放整齐呢？"聪明的孩子们马上想到了分类这个方法，于是，他们开始行动。一开始，孩子们都按照颜色或者形状分类，可是发现了问题，如果按照颜色分，那么"绿色的蔬菜很多，都放不下了，其他颜色的蔬菜却只有几个"；如果按照形状分，那么"它们的形状都不一样，太难了吧"。这时，我们对孩子们说："要不，我们来看看菜市场里的叔叔阿姨是怎么摆放蔬菜的吧！"于是，我们先请爸爸妈妈周末时带着孩子去逛一逛菜市场，同时带着问题"菜的摆放规律是什么样的"去观察。带着答案，我们在教室里和孩子们再一次讨论、对比、发现，最终我们学到了一种新的分类方法"按照蔬菜的种类进行分类"。孩子们对这些蔬菜的种类进行了独特的标志设计，这样在玩买菜卖菜的游戏时就能做好收纳啦！在玩买菜的游戏时，孩子们根据设计好的菜单用"一一对应点数"的方法自购选菜，在游戏结束后进行收纳时认真地按照蔬菜标志进行分类，孩子们都说："太好玩了，我明天还要来买菜！"

种下美好和期待

在《好大的苹果》这个故事的结尾处，一群小蚂蚁运走了苹果核，看到这个结局，我问孩子们："这群蚂蚁把苹果核运回去做什么呢？"有孩子说："小蚂蚁想把种子挖出来种苹果树，等长出苹果了再吃。"立刻，旁边的孩子呼应道："是的，它们要去种苹果树！"于是，我们立刻行动，挑选了四颗看起来最强壮的种子，在幼儿园的草地上给它们挑了一个好地方种下，点点二班的"苹果园"诞生啦！可爱的孩子们说："肯定会有人来我们的苹果园偷偷摘苹果吃！"天真的孩子们居然已经畅想到了苹果丰收时的样子，瞬间感觉，这个苹果园给了孩子们无限的期待和向往。随后，孩子们别出心裁地给小种子做了标记，立好班牌代表这只属于我们点点二班，画下标志"谁都不能拿走树上的苹果"。嘿嘿，孩子们认真的样子真让我感动！我想，这种下的不仅是苹果种子，更是美好和期待的种子。

种下苹果种子

2号苹果种子

反 思

　　基于上述课程故事中的点点滴滴，我们对课程的由来与展开也有了一些自己的感悟和思考。

　　首先，以开放的心态接纳和理解孩子的行为，并用小班幼儿能理解的方式创造解决问题的途径。教师要有敏锐的意识去捕捉幼儿生活中有趣的事件，以"一日生活皆课程"的儿童观来接纳幼儿每一个细小的表现，带领幼儿发现事件中隐藏的乐趣，为他们的主动发现和学习做好铺垫。在这个故事中，吃不完苹果不是个例，是大部分幼儿共同面临的一个问题，他们不喜欢吃苹果的原因也各不相同，因此吃苹果这件事情是可以被用于学习的，当教师能这样思考时才能给予幼儿支持。于是，教师挖掘了幼儿不喜欢吃苹果的深层原因，鼓励他们用有趣的、自己喜欢的方式吃苹果。在这样的亲身体验、直接感知的过程中，幼儿体会到了多角度解决问题的乐趣，也能获得吃苹果带来的别样快乐。

　　其次，要善于发现生活中的随机学习，以专业的立场支持和拓展儿童的表达。在这个故事中，教师运用了多种方式来拓展幼儿的经验和学习，如当幼儿专注于和同伴一起分享苹果这件事时，教师借助同主题绘本的阅读，通过感受绘本中的意境，强化幼儿的分享行为，让幼儿对吃苹果这件事不再排斥，增加了分享吃苹果的美好体验。在这个过程中，教师支持幼儿进行自发的游戏和行动，让幼儿感受到教师的接纳和认同，给幼儿带来了更持久的乐趣和动力。在"食物零距离行动"中，教师发现了幼儿的买菜卖菜游戏，并敏锐地捕捉到了游戏中隐藏的分类、点数的学习契机，因此创造了更加丰富的游戏情境，让幼儿在有趣又真实的情境中学习分类和点数。在这个过程中，教师在幼儿原有经验的基础上，借助游戏情境、材料投放和家庭资源的多方助力来丰富幼儿的分类经验与点数经验，这样的支持能促进幼儿在随机学习中获得更多能力的提升和经验的拓展。

　　最后，要让幼儿有面对生活、热爱生活的能力和情趣。面对生活中很多不确定的插曲和事件，教师要根据幼儿的发展动态捕捉教育契机。当遇到问题和困难时，不要用划一的标准要求所有幼儿，而是要引导幼儿主动思考和解决问题。例如，在这个故事开始时，教师没有高控地要求幼儿必须把苹果吃完，而是让幼儿述说自己不喜欢吃苹果的原因并支持他们用自己喜欢的方式吃苹果；在故事的结尾处，教师结合绘本中的情节，提出一个开放性的问题"这群蚂蚁把苹果核运回去做什么呢？"，借助这个问题的渲染将整个故事带向另一个全新的学习空间，幼儿自发地种下苹果种子、建了一个小小苹果园，有趣的故事在这里暂时画上了一个句号，同时也是一个全新生活的开始！从故事的开始到结束，教师始终能引导幼儿发现有意义的问题，同时用有趣的方式体验和解决问题，这就是在培养幼儿具备面对生活的勇气和热爱生活的能力，那是美好而充满意义的！

在不久的未来，苹果种子真的会发芽吗？万一没有发芽，孩子们会怎么办？苹果园里到底会长出多少苹果？孩子们将续写哪些有趣的故事？我们共同期待着……

（浙江省杭州市西湖区名苑学前教育集团　刘玲敏）

点 评

本次故事是来源于小班幼儿日常生活中的一个事件，以"垃圾桶里没吃完的苹果"为开端，深度挖掘幼儿"不喜欢吃"背后的原因，以儿童化的趣味视角开展一系列食物探秘的体验和实践活动。开放性的故事收尾也是本次故事的高潮部分，使整个故事充满意义的同时，又从一个全新的视角延续了幼儿的学习。

要支持幼儿有意义的学习，内容选择至关重要。"有意义"可以指向当下的意义，也可以指向未来的意义。《苹果吃不完怎么办》当下的意义，是切实解决幼儿吃不完苹果的问题；指向未来的意义，来源于教师在食育中隐藏的节约意识、生命教育，这其实都是教育中永恒的话题。这些内容能为幼儿今后的生活、学习带去积极的意义与影响。

更加巧妙的是，教师在幼儿学习内容的选择上没有大费周章地从各种教材、参考资料上下功夫，只是巧妙地利用了日常生活中真实发生的（可能每位教师都会碰到过的）现象——吃不完苹果这件小事，充分凸显出内容取材小且有意义的特质。

在课程故事中，我们能看到教师在支持中是逐步推进的：第一个支持，是教师鼓励幼儿自己去发现问题。当案例中的教师发现幼儿吃剩的苹果核后，并没有忽视这个常见的现象,也没有用简单的方式给幼儿讲述不能浪费的道理,而是收集幼儿吃剩的苹果核,让幼儿通过对比发现真实存在的问题。第二个支持,是教师愿意倾听幼儿的真实表达,关注到共性现象背后幼儿的个体需求。教师没有用自己的想法武断地判断幼儿吃不完苹果的原因,而是提供充分的机会让他们表达自己"吃不完苹果"的原因,如苹果皮太酸、个儿太大、太硬。第三个支持,是教师给予幼儿自我实现的机会。教师鼓励幼儿使用工具,给苹果去皮、切块、蘸蜂蜜……种种机会的背后,是教师在信任幼儿、支持幼儿发现。第四个支持,是教师给予幼儿更多学习的可能。无论是朋友间的分享、社会调查、分类对比、文学绘本欣赏……这些都拓展了幼儿的学习范围,充分尊重幼儿的无边界学习特点,体现了整合教育的理念。

整个故事的发展中,幼儿和教师始终能用一双有趣的眼睛发现有意义的问题,同时用有趣的方式体验和解决问题,使得整个学习的过程是美好的,也是充满意义的。

(浙江省杭州市西湖区学前教育指导中心 沈颖洁)

课程故事 4　神秘的火箭发射基地

故事起源

融乐游戏课程是我园园本特色课程，我们提供宽敞的空环境，与幼儿共同创设材料超市，通过"计划、游戏、回想"三部曲鼓励幼儿按照自己的意愿进行创造性游戏。近期，长征十一号运载火箭发射成功的新闻令国人振奋。火箭也成为这段时间大班孩子口中谈论的热门话题。一天晚上，逸臣用乐高搭建了一个火箭发射基地，欣喜地发微信与我分享他的搭建成果，并提议把火箭发射基地带到幼儿园玩。于是，一场神秘火箭发射基地的探索之旅就此拉开序幕。

挤不下的火箭

在游戏计划时间，逸臣拿出了在家画的火箭发射基地草图，他挥舞着草图高喊道："谁想一起玩火箭发射基地？谁要玩火箭发射基地？"话音刚落，逸臣的号召声引来了五六个男生。"我要玩！我要玩！你这个是什么火箭呀？"火箭计划顿时点燃了孩子们讨论的热情，班级里一下子热闹起来。科润激动地说："我见过的火箭下面是会喷火的，火箭巨高，是白色的，火箭头尖尖的，上面还有中国国旗的标志。"笑笑也迫不及待地表达自己对火箭的认识。就连平时一向安静沉稳的妍希也加入了讨论小组，发表自己的观点："火箭都是在发射台发射的，我看了火箭发射的直播，是在一个很大的台子上发射火箭的。"在七嘴八舌的讨论中，我感受到孩子们对火箭浓厚的探究欲。

分享火箭设计草图

在讨论交流中，孩子们大胆表述自己知道的火箭，而我也从仔细倾听孩子们的谈论中了解了他们对于火箭的已有经验，即幼儿对火箭的认识仅停留在火箭的外形和简单的功能上。果不其然，在绘制游戏计划的过程中，孩子们将关注点放在了火箭的外形结构上，但这也是孩子们眼中所了解的火箭，我期待着这个由孩子发起的火箭游戏将会被玩出怎样的精彩。

游戏开始了。火箭组的成员们根据绘制的游戏计划在材料超市里活动起来。思祈搬来了几个大纸箱，一个一个往上堆。科润找来了许多大块硬纸板围在纸箱内部。逸臣一边拿着游戏计划，一边指着组员们的搭建成果像个工程师一样指导搭建工作。成员们各司其职，沉浸在搭建火箭的忙碌中，而我像观众一样默默地关注着孩子们的游戏进度。看着火箭的舱体初步成形，孩子们既兴奋又高兴。搭成的火箭雏形成为班级走廊的"新地标"，大大的火箭吸引了好多孩子驻足观看，大家都想走进火箭一探究竟。"火箭里面有什么？什么火箭？我来看看。"许多好奇的小朋友一股脑

第一次搭建火箭

儿地往火箭里面挤，"轰"的一声，火箭塌了。逸臣气得眼泛泪光地说："都怪你们挤来挤去！"科润埋怨地争论道："明明是你在挤啊！"逸臣反驳道："这么多人挤进来，不是我在挤！怎么可以让这么多人进来呢！"

眼看着争吵马上要"开锅"时，我上前询问："什么样的人才能登上火箭？"科润不假思索地说："当然是宇航员啊！""那宇航员走进火箭舱为什么火箭还会塌呢？"我再次追问。逸臣解释道："这么多人都想当宇航员挤进来，火箭肯定塞不下这么多人的。"我沉默着，期待成员们有更多的思考和讨论。可是，孩子们还是望着"一片狼藉"生闷气，觉得是"挤"惹的祸。于是，我尝试站在孩子们的角度思考：当我们怀着无比期待的心情用力去做一件事而受阻时，内心的确会受到打击。这时，安慰和鼓励将是孩子们重获信心的"灵丹妙药"。但鼓励应该是让他们发现问题的关键，依靠自己的力量解决问题。

随后，我将火箭小组的成员召集起来，询问他们："火箭的确吸引了很多小朋友，大家都很期待火箭发射基地的建成。我们有没有办法让火箭变得又结实，

内舱又大呢？"我的询问引发了孩子们的讨论。科润依旧坚持着说："我们需要控制进火箭里的人。"逸臣作为游戏的发起者，沉思了一会儿，然后走向坍塌现场指着材料说："你看，都是纸板，是因为都是纸板才塌了的。纸板不牢固，我家的乐高积木才牢固。"笑笑一本正经地说："幼儿园里又没有乐高积木。"逸臣补充着说："那就找找其他硬一点的材料呗！"

在逸臣的带领下，成员们一起搬来了几张木制桌子，将其平铺在舱内，增大火箭内舱面积；在走廊找来闲置的塑料架，将其架在桌子两侧，并用高密度泡沫板盖在塑料架上。妍希和晰雨合力抬来了一块大木板，用大纸板与之组合将舱体围合。在成员们齐心合力的努力下，改造后的火箭内舱再次迎来了宇航员们的检验。做好最后的检查后，火箭即将准备发射！只听控制塔里的操控员博睿大声喊："5、4、3、2、1，发射！"宇航员们便纷纷带好装备"飞上太空"，一起欢呼！

这是第一次，孩子们为了同一个目标——发射火箭而如此团结有力地面对困难，战胜困难，也是我第一次见证儿童的力量。游戏中火箭的坍塌意味着"梦想破碎"，也促使同伴矛盾激化，但在共同愿望的驱动下，孩子们不再像过去那样遇到问题就逃避，而是商量着寻找问题、解决问题。我也尝试有所改变，不再像过去那样"急于输出"，而是适时抛问，这样的尝试让我发现与其牵着孩子们点出问题所在，不如退后一步引导他们寻找问题所在，激发孩子们创造性地解决问题。在逸臣的思考中，我发现孩子们开始运用经验迁移的方式，通过寻找像乐高积木一样坚固的材料来改变纸质结构的火箭"易倒易塌"的弊端。在寻找材料的过程中，孩子们重建火箭基地的强烈愿望促使他们不再局限于班级的材料超市，而是努力拓展搜索范围，找到了走廊尽头闲置的塑料架。通过同伴协商、合作，成员们共同重建火箭基地。

在这次游戏中，我们自然而然地发展了"与同伴分工合作，遇到困难能一起克服"的大班社会领域目标。原来孩子可以不依赖教师，而是依靠自己的力量和同伴的力量直面困境。

调整后的火箭舱体　　　　　　　火箭控制台　　　　　　　技术员操控面板

无聊的火箭基地

成功搭建的经验让孩子们信心大增。在之后的游戏中，火箭发射基地的孩子们尝试着搭建控制台、火箭发射机等与火箭相关的结构。但对大班孩子来说，单一的搭建行动似乎满足不了他们的发展需求。在一次游戏结束后，逸臣无精打采地皱着眉头对我说："老师，我好无聊哦，一直搭火箭发射基地真没意思。"从他的话语中我发现了一丝厌倦之意。"在火箭基地可以做哪些有趣的事呢？宇航员一般都做些什么，你们知道吗？"我的提问引发了孩子们的思考。在游戏回想环节，我组织孩子们针对"宇航员的趣事"对下一次游戏展开畅想。

晰雨说："我们可以当宇航员登陆月球采集物质，在火箭里做研究。"

笑笑说："我们可以让火箭发射卫星。"

科润说："火箭飞上月球，宇航员会太空漫步。"

孩子们分享的新想法让我惊喜。因为航天知识和宇航员的职业性质是我们教学内容中不曾涉及的。尽管如此，孩子们对宇航员还是具有粗浅认识，令人欣喜。通过语言及绘画表征，我发现孩子们对航天知识存在认知短板。当幼儿的认知经验空缺时，想助推他们的游戏较为困难。于是，我觉得是时候从"隐身玩伴"向前走一步。依据孩子们在游戏回想环节的表征，我及时判断他们的已有经验和发展兴趣点，进而生成社会活动《火箭的工作》来丰富他们关于火箭的认知经验。我利用图片观察、视频欣赏、互动问答的方式激发幼儿表达关于宇航员工作的新认知。在丰富认知的基础上，我集结了家长的力量，邀请爸爸妈妈和孩子一起在家运用各种媒体软件开展"亲子火箭大调查"，深入探索火箭知识和火箭发射台的秘密，并发送图片视频到微信群交流讨论。组员们则用绘画的方式记录自己的调查结果，第二天将其带到幼儿园与集体分享。

亲子调查中的幼儿绘画表征

第二天的讨论时间，孩子们纷纷拿出自己的调查表开始分享起来。"我查到的火箭负责将卫星发送到太空，这样我们就能定位导航！""我查到的宇宙空间里和我们地球是不一样的，空气是真空的，火箭能带物质上去。""火箭内舱到处都是操控按钮，有工作区、生活区还有储藏区，和我们教室区域一样整齐。"在分享时，每个孩子眼里都闪着光，话语里满是自信。看来，在生成活动和亲子调查学习之后，孩子们对火箭内部功能和宇航员的认识更深了一层。

宇航员太空漫步

在认知经验丰富之后，游戏会如何发展呢？这次我依旧作为"忠实观众"关注着游戏，期待着"火箭基地2.0"的出现。只见逸臣在材料超市找来废旧的塑料袋，套在了头上，又找来了彩色吸管塞进头套里，真像一名宇航员。捯饬了一身行头之后，逸臣走进火箭内舱，稍息立正，敬了个礼说："一号宇航员准备完毕，启动发射！"说完像模像样地按动操作台按钮，推动由纸筒做成的发射杆，一屁股坐在座位上等候发射台操作。发射台的博睿收到逸臣宇航员的指令，拿起对讲机说："发射台收到，准备启动发射。"只见两位操作员按下计算机键盘说："3、2、1，发射！"火箭运行了一会儿，逸臣带上装备找来一根杆子，跳下火箭说："宇航员出舱太空漫步！"瞬间，我们被他吸引。只见逸臣缓缓抬腿，缓缓踩下，仿佛真的置身于真空的太空环境。我惊叹于孩子的肢体表达能力！

精彩远不止此。在火箭舱体的一旁，妍希和晰雨用大泡沫板和几个鞋盒拼装出一辆"移动研究车"。我好奇地上前询问:"这是做什么的?"晰雨自豪地说:"做研究的呀!宇航员在太空采集物质,送到我这里研究,我们再发给地球。""哇!原来你们是太空科学家!"我感叹道。

在不知不觉中,孩子们逐渐丰富的学习经验在游戏中显露出来。这些新经验能将游戏情节自然串联,形成情节有趣、任务有序的游戏新局面。这是以

太空移动研究车

往集体教学所不能及的。游戏后,我开始思考是什么促使"火箭基地2.0"的出现?认知经验的"及时补仓"才是创造性游戏孵化的源头活水,而教师适时介入的方式方法在自主游戏中同样起着至关重要的作用。当幼儿游戏停滞不前时,教师不能一味地"退步闭嘴",而应该及时判断,对症下药,成为幼儿游戏的助力者。教师的生成活动和家长参与的亲子调查共同助力幼儿获取火箭知识。这股家园合力成为助推幼儿成长的最强动力。

新奇的火箭基地

火箭发射基地的游戏火热持续着。随着孩子们对宇宙空间的认知不断深入和游戏进程不断推进,孩子们对火箭发射基地进行再创造、再设计。火箭发射基地游戏的小组成员也从原先固定的5人增至9人。除了火箭控制塔,孩子们在游戏中还衍生出外星人基地、宇宙飞船、空间观测站。游戏区域也从班级门口的定点拓展至走廊,火箭游戏在孩子们的创造下不断壮大。

火箭游戏如此好玩,难免会吸引许多其他游戏组的"看客"主动加入。"游戏元老"博睿看到其他游戏组的孩子想要加入时,总会大喊:"你不是我们火箭组的,你不能玩!"

眼看这是个游戏转型的契机,我上前问道:"我看今天的游戏不止一个小朋友想加入。有没有办法让人家也体验一下你们的火箭游戏呢?"科润回应我说:"体验一下也可以,我们可以搞一个体验项目。"科润召集伙伴们商量体验项目,

但是科润十分珍惜自己的游戏成果，说："体验也要通过测试才行，不过关的不能玩我们的火箭游戏。"

短暂的讨论后，逸臣跑回教室找来纸、笔和双面胶，迅速画了个火箭标志贴在鞋盒上，并在鞋盒上戳了个洞，用棒子插进鞋盒，一个广告牌就此诞生。科润举着牌高喊着："来呀！今天火箭基地推出体验项目，通过测试的人可以登上火箭飞去太空玩咯！快来试试吧！名额不多，快来报名吧！"

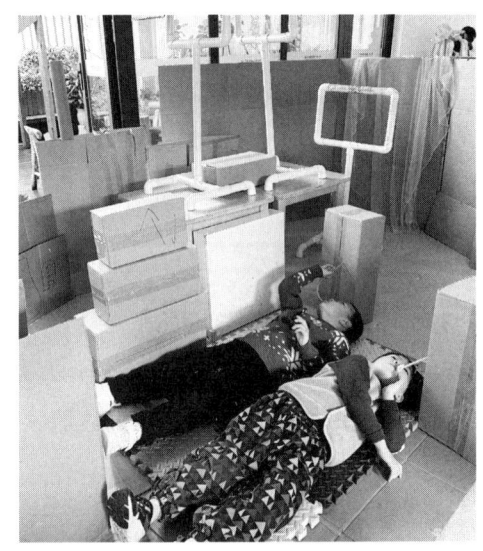

太空体验项目

宇宙飞船

宇航员抗晕眩测试

科润一边喊一边搭了一个报名台，热情地做着宣传工作。妍希循声走来，问道："我想报名，要测试什么呀？"科润详细地为报名的体验者一一介绍体验项目，并自行"开发"出抗晕眩测试。在快速自转后，谁能稳住不倒即可通过测试。幸运的妍希登记报名之后，顺利通过抗晕眩测试，欣喜地和宇航员们一同登上火箭，体验了一把太空生活。像宇航员一样太空漫步，像宇航员一样缓慢地吃东西，像宇航员一样躺在火箭上看宇宙，新奇好玩的火箭之旅让妍希大呼："火箭体验项目也太好玩了吧！"

反 思

　　当将游戏的主动权真正交到孩子们的手中时,我看到了孩子们在一次次游戏中的创造力和实践力。自由的游戏环境激发孩子们自主自发地汲取宇宙知识,他们通过经验学习一步步地拓展游戏,一次次地在探索游戏中靠近未知的宇宙世界。

　　在我们眼里,太空远在光年之外。但在孩子们的眼中,神秘的太空就在触手可及的火箭基地游戏中,孩子们在每一次的调查、探究、交流中揭开太空的神秘面纱,在每一次的困境中尝试调整,尝试创造,发现成长中的自己。作为教师,或许应该改变"急于给",尝试"仔细看""用心听",做孩子们背后的支持者,在孩子们探索"神秘"事物的路上回头看看时,默默微笑,依旧在那里给予他们前进的力量。

(浙江省温州城市绿轴幼儿园　林彬彬)

点 评

　　非常喜欢《神秘的火箭发射基地》这个课程故事。林老师给我们再现了大班幼儿经历的神秘火箭发射基地探索之旅,讲述着幼儿在不断的探究中创造和实现自己太空梦的过程。课程故事主线清晰,凸显了"追随幼儿游戏兴趣,支持幼儿主动探究"的故事核心。

　　读懂儿童是支持幼儿主动探究的基础。儿童是主动的探索者,他们有着无限的想象力与创造力,林老师能够接纳并理解幼儿的想法,考虑到大班幼儿游戏计划性强、合作水平较高,虽然能够围绕建造火箭发射基地的主题开展游戏,但单一建构的游戏已经无法满足幼儿的发展需要,因此为幼儿提供了丰富的探究与学习机会,不断激发幼儿开展富有挑战性、趣味性的多元游戏情节以满足大班幼儿进一步探究与学习的愿望。

　　有效支持幼儿的探究是活动持续的关键。林老师能关注、识别、转化和支持幼儿的问题探究,积极引导幼儿与环境、他人互动。从火箭舱体扩建、火箭游戏情节拓展以及火箭体验项目衍生的这些情节中,林老师一直是幼儿探索路上的同行者,让问题成为激发幼儿反思的动力,再由思考转向幼儿的行动。如第一阶段的游戏中,林老师主要采用倾听、观察、提问的方式参与幼儿游戏。当幼儿争执时，引导幼儿发现问题所在，通过提问激发幼儿用自己的方式解决坍塌的问题。第二阶段则继续保持观察，利用孩子们讨论的契机，通过留白式的思维导图，支持幼儿通过适宜多样的方式，激发幼儿自发探究的内驱力。

纵观这个课程故事，幼儿在游戏中对火箭空间站有了更深入的了解与探索。这一活动点燃的是儿童的研究力、专注力与协作力，涌现的是儿童的创造力与想象力。林老师把握时机，通过适宜的策略持续丰富幼儿对火箭的经验，支持幼儿带着探究欲不断探索游戏的乐趣，让游戏迸发出丰富的教育内涵，让游戏真正成为幼儿的学习方式。

（浙江师范大学儿童发展与教育学院　邹群霞）

课程故事 5　　凤栖湖亲子定向运动

地理信息小镇幼儿园是浙江省测绘特色学校，我们的地信课程从小班起就渗透着关于地图、测绘等内容。大班学习完"大中国"主题后，孩子们对指南针、地图等越发感兴趣，对幼儿园附近的凤栖湖也有了更深的了解。为了满足孩子们对凤栖湖的探究兴趣，检测三年来孩子们的地信素养，培养孩子们坚持的品质，我们充分挖掘课程资源，创生了此次凤栖湖亲子定向活动。在活动进行中发生的一系列故事，让我的儿童观和课程观开始发生转变。

看不明白的地图

按照前期计划，我们先带领孩子们认识地图，再根据"从小到大"的空间顺序学习绘制地图，直至完成凤栖湖地图的绘制。于是，我设计了第一周的周计划：周一让孩子们认识地图，了解完地图之后，第二天让孩子们开始调查三楼楼层图，周三再了解幼儿园地图，最后拓展到绘制凤栖湖地图。

绘制楼层图

孩子们在周一认识了地图之后，周二，我的美好愿景就被孩子们的"现实"打击得粉碎。一早，我给孩子们每人一张 A4 纸一半大小的白纸，对他们说："今天我们要用这张纸绘制三楼楼层图。"经过前期的调查了解，孩子们已经知道三楼楼层的大致形状是一个可以绕回来的"回"字形，我踌躇满志地带着他们走出了教室门，依次走过行政走廊、生活馆、游戏城、教室、木工坊，一路上一边走一边细心地提醒孩子们仔细观察路上都有什么，并让他们在地图上呈现出来。

结果回到教室后，我看到孩子们的作品，大家仿佛商量好了一样：方方正正的长方形，画了一圈的门。这跟我想象中孩子们绘制的楼层图根本不是一回事，但我还是想听听他们对自己所画地图的介绍。

于是，我拿着孩子们的地图问道："你们能给王老师介绍一下自己画的地图

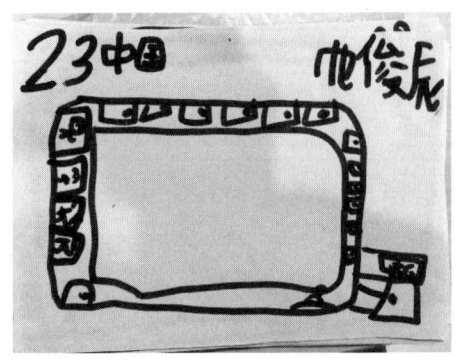

辰辰绘画的楼层图

吗?"辰辰指着右下角大一点的门说:"这是我们大六班。"然后,指着写上了"大1""大2""大3""大4"几个字的门说:"这是大一班,这是大二班,这是大三班,这是大四班。"

我等着辰辰继续介绍其他几个门是什么地方,但是辰辰指着一排整整齐齐的门说:"我也不记得了。"还有几个孩子站在一边说:"都是门,也不知道是什么意思。"

露露指着自己地图右下角的"大六"说:"这是我们班,我们是从自己班级里出发的。"接着露露和辰辰一样,看着其他的门也介绍不下去了。我发现露露的楼层图上有面对面的两排门,很有意思,问:"露露,为什么你的门会有两排呢?"露露说:"因为我们走在走廊上,我左边也有门,右边也有门。"

露露绘画的楼层图

看着孩子们的作品,我陷入了思考:为什么孩子们绘画的地图上都是门呢?怎么才能让孩子们绘画出自己认识的楼层图呢?

我尝试着站在孩子们的角度去分析:没错啊,对孩子们来说,他们最熟悉的是班级,还做了文字标注,所以能够很快地说出来,但他们对三楼其他的各个房间都不够了解,在他们眼中,每扇门都是一样的,用一扇扇门来表现他们眼中的三楼已经非常准确了。我还翻阅《3—6岁儿童学习与发展指南》,其中科学领域里大班孩子关于空间的能力目标是:"能按语言指示或根据简单示意图正确取放物品;能辨别自己的左右。"结合绘制地图中发现的问题,我的理解是:大班孩子可以看懂地图,运用地图,以自己和他人为中心辨别左右即可,而我却想让孩子们在绘制地图过程中将立体空间中的事物对应地绘制在平面上,这需要孩子们理解其他事物之间的空间关系,对他们来说真的太难了。

最后我开始反思,是不是自己制定的目标太高了,超越了孩子们的能力水平?是不是我的教学进度走得太快了,孩子们才刚认识地图,我就想让他们绘制出一幅完美的地图?如果按照原计划,在一周里让孩子们把凤栖湖的地图绘制完成是不可能了,只能先着手让他们把楼层图绘制出来,边做边看吧!

于是,我给孩子们出示了大家绘画的地图,把问题又重新抛给他们:"为什么你们知道这几个门代表的是班级,而不知道另外的门代表什么地方?你们有没有发现这些房间之间有什么关系?"孩子们说:"因为门上面有标志,所以我们做不一样的标志,就能知道这些门都代表什么房间了。"我又追问道:"那我们可以随意给这些门做标志吗?"孩子们说:"不行的,每个房间都不一样,我们要知道每个房间的名字才行。"还有的孩子说:"我们要再去找一找,看一个画一个才知道,而且画完之后还要再看一看有没有画对。"

接着,孩子们带上画纸走进一个个房间,了解每个房间的用途,感受房间的特征。

七七和哈哈走进了教师办公室,问:"王老师,这是什么地方?"我说:"这是教师办公室,教师们可以用计算机打印、办公的地方。"哈哈说:"这里有好多计算机啊!我们可以用计算机图案代表办公室。"

泽泽在参观会议室的时候大喊:"哇!会议室有两个门!这个门对面是家长接待室,还有一个门对面是厕所,我们要跟露露一样画面对面的门!"说完,泽泽在自己的地图上仔细地标记了一下。

参观教师办公室

绘画地图标志

叮叮还发现我们之前的地图上都没有楼梯,可是楼梯在哪里呢?孩子们拿着自己绘画的地图,站在楼梯前寻找并在地图上用陀螺线把楼梯画了下来,说:"哦!原来楼梯在木工坊门口,在生活馆边上也有一个,在大六班和大四班门口也有呢!站在三楼往下看,楼梯的扶手还是一圈一圈的,好像一个陀螺。"

孩子们就这样边走边绘制地图，用自己的方式绘画出了自己能够看懂的地图。在我们解读作品、发现问题、讨论问题、解决问题、一边行动一边制订计划后，我们才真正完成第一周的教学活动"安排"。

放慢脚步之后，这次，孩子们呈现出来的作品"各放异彩"，他们用一张大圆桌且边上围了一圈的凳子表示会议室，用计算机表示老师们的办公室，用蛋糕表示生活馆，等等。经历一周的时间，三楼楼层图终于绘制完成，我内心的成就感油然而生。

孩子们绘画的楼层图

从提前计划，到"边走边计划"，我意识到教师在制订教学计划前应该充分考虑幼儿的年龄水平。当孩子们表现出与教师所预期能力的差距时，教师应该及时寻找问题，敢于转弯，调整教学计划和安排。

画不下的地图

接下来就是绘制幼儿园地图了。吸取前期的经验教训，我先带着孩子们调查幼儿园的户外环境。因为幼儿园面积比楼层图大，而且幼儿园的路线比楼层图复杂，考虑到大班孩子们的能力水平，我提前给他们准备了幼儿园路线图做支架，帮助他们降低绘制地图的难度：大家只需要在对应的位置绘画对应的事物就好了。开始绘制幼儿园地图之前，我信心满满，这次大多数孩子应该都能一次就完成！

然而，看到孩子们的作品，我又一次十分意外。我们从幼儿园大门口的喷泉开始画，绕着幼儿园顺时针走一圈，当我们最后走到菜地的时候，叮叮跑来说："老师，我不知道把菜地画在哪里！"我看了看别的孩子的地图，田田和玖玥的地图也画不下了。在地图的分享中，我和孩子们聊起了"画不下"的问题，孩子们说："幼儿园太大了，我们需要大一点的纸，或者把每一样东西都画小一点。"还有的孩子说："我们边走边画的时候没有看仔细，教室是要画在房子里

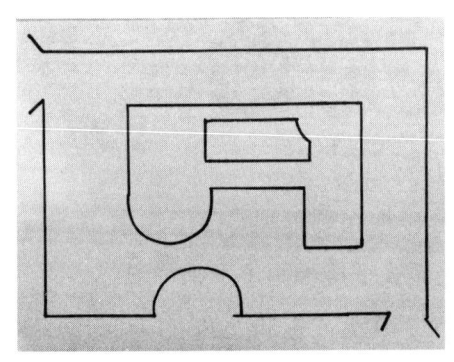

地图支架

面的,它们对面才是升旗台,不能画在同一排上。"

叮叮画不下的幼儿园地图　　　田田画不下的幼儿园地图　　　玖玥画不下的幼儿园地图

原来,孩子们绘制地图的想法是"平铺"式的,看到什么画什么,一个接一个地把东西按照顺序画下去,却忽略了每一个事物在地图上的位置是要和现实空间对应的。因此,我给孩子们换了大一点的纸,又带着他们再次一遍遍地结合"实物",带图讲解实际中事物在地图上的对应位置,最后画出幼儿园的地图。

为了防止同样的问题发生,我用"一一对应"的方法带着孩子们一起绘制凤栖湖地图,但问题还是出现了。凤栖湖的面积比幼儿园大,我带着班里的孩子们才走了一半,芯芯就对我说:"老师,这个画哪里呀?我画不下了。"怎么又出现了画不下的情况呢?

修正后的幼儿园地图

实地绘画凤栖湖地图　　　　　　　芯芯的凤栖湖地图

回到幼儿园后,我也仔细地分析了孩子们的地图。芯芯的地图非常写实地绘画了她看到的每一块石凳、每一面国旗,确实没有位置绘画其他的东西了。彻彻和田田也是,大家都用"纪实"的方式绘画了地图,却忽略了地图上图案和实际物体位置的对应。

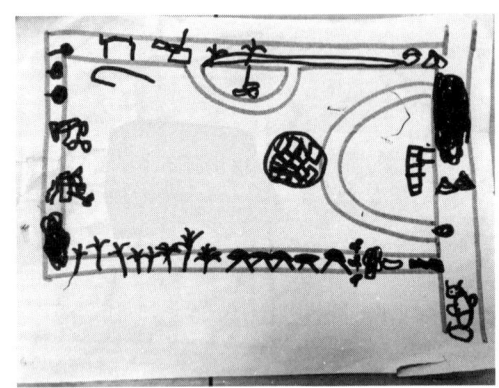
彻彻的凤栖湖地图

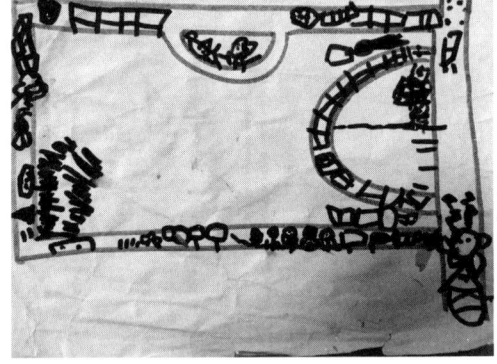
田田的凤栖湖地图

我又陷入了思考,明明这次还特意一边走一边给孩子们讲解了,怎么会又出现这样的问题呢?是不是孩子们缺少对公园地图的认知?从孩子们的作品中发现,最先经过的石凳的位置是正确的,而国旗广场、蘑菇亭、钢丝凳等出现了位置误差。分析后我发现,孩子们出错都是在转角前后,转弯之前大家地图上事物的位置都是正确的,走过转角,孩子们就开始位置"错乱"了。也许是"转角"这样的空间太容易被孩子们忽略了,也许是公园地图太大了,里面的东西也太多,孩子们过于尊重事实,而导致地图画不下了。

要怎么帮助孩子们解决这个问题呢?我找来了张俊老师的《幼儿园数学领域教育精要——关键经验与活动指导》[①]一书,其中对于大班孩子在空间方位上的关键经验分析中提道:学习用符号表示物体在二维空间中的位置和运动方向。这不就是下棋或者是关于走迷宫的经验吗?对我们班的孩子们来说,他们目前只会路线比较单一的棋,从起点到终点,没有岔路,他们缺少玩路线比较复杂的棋盘游戏的经验,而地图就像一盘路线复杂的棋底,为何不用现成的凤栖湖地图做底,

---

① 该书已由教育科学出版社于 2017 年出版。

让孩子们先感受"凤栖湖地图棋",给他们铺垫经验呢?

我把凤栖湖地图棋投放到益智区中,有的孩子用围棋棋子,两人一黑一白,谁的棋子能连续5个排成一排,谁就获胜;有的孩子用跳棋棋子和色彩骰子,只能出和骰子颜色相同的棋子,看看哪种颜色最多。

田田和姐姐在一起玩凤栖湖棋的时候争论起来,田田指着湖中间的地方说:"这

凤栖湖地图棋

个地方是可以停下来的。"然后,把自己的棋子放在了湖中央,姐姐说:"不行,这个地方没有东西,在湖中间,不可以停下来。"田田拿出了凤栖湖景点地图,说:"你看嘛!这是朱鹮桥,我们去过这里啊!这个地图上没有画下来。"

豆豆和妹妹拿着棋面转来转去,豆豆把棋面倒过来说:"这个棋是要这样看吗?"妹妹又把棋面转回来说:"可是这样就倒着了呀!"豆豆又问:"那为什么我们地图上的朱鹮桥在下面,这个棋的朱鹮桥在上面呢?"

教师把孩子们争执的内容进行了分享,孩子们发现:凤栖湖地图的方向和自己绘制的不一样,而且这张地图上少了朱鹮桥、"眼睛石凳",等等。

凤栖湖地图和我们画的地图有什么不一样?我们最后要绘画一张什么样的凤栖湖地图呢?教师再一次把问题抛给了孩子们。

田田马上说道:"凤栖湖地图没有包括所有的东西,有些很小的东西就没有被画上去,而且凤栖湖地图上少了一座朱鹮桥,那里是可以走上去的,我觉得要画在上面,不能少。"

芯芯也发现了,说:"我发现我的地图上蘑菇亭的位置不太对,它们是在湖中间的,我不能画在路上,而且凤栖湖地图上,国旗广场是在最上面的。"

豆豆说:"我们的地图方向和凤栖湖的不一样,是不是要变一下方向,让朱鹮桥在下面,国旗广场在上面呢?"教师追问道:"为什么要变呀?"泽泽说:"我爸爸说过上北下南,是不是地图也一样有方向呢?"悠悠说:"我们之前认识地图的时候就说了,要把北面画在上面。"教师又问:"可是朱鹮桥和国旗广场哪个在南,哪个在北呢?"

使用指北针

这可难住了孩子们,于是教师给他们提供了指北针,让他们再一次实地感受"北"的方位。孩子们在使用中发现自己的地图真的把朱鹮桥和国旗广场画反了,因此大家一致决定把方向调整回来。

最后,孩子们把自己的地图精简了,减少了地图上的"眼睛石凳"和国旗,并根据景物的实际位置改变了它们在地图上的位置,还调整了方向,修正了自己的凤栖湖地图,这张地图最后成为凤栖湖亲子运动的参考地图。

幼儿修正版凤栖湖地图

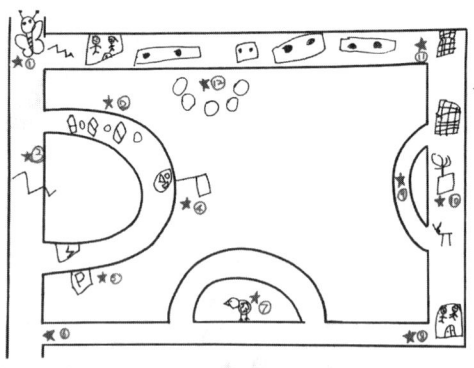
凤栖湖亲子运动参考地图

难忘的定向比赛

凤栖湖亲子定向运动终于要开始了。我想:这次活动之后,我们班又可以开展关于不同奖牌的数量统计、分析,分享获得一等奖的经验等活动。因此,在活动开展前,我对孩子们信心满满,因为大六班的孩子相对于其他班级孩子有丰富的地图认知经验,而且我们在凤栖湖还进行过实地打卡的踩点,体验了游戏,我想我们班一定能包揽所有一等奖的奖牌。

谁知道比赛结束,我们班才获得了一个一等奖,我怎么也想不通,但也不能把自己的胜负心表现得太明显,于是请孩子们回家记录自己在凤栖湖亲子定向运动中的游戏故事以及自己开心的事和不开心的事。我心里暗暗盘算着孩子们一定会说自己没有拿到一等奖,然后我们又可以开展关于怎样才能获得一等奖的总结经验等一系列活动。第二天,孩子们分享的不开心的事是:比赛途中摔跤了、和爸爸妈妈走散了、爸爸妈妈走得太慢了,等等,全然没有提到奖牌,而且好多孩子分享的开心事是自己获得了奖牌,我们班的哈哈小朋友还说自己拿到了三等奖，特别开心。此时的我还不想放弃，抓住机会问道："哈哈，你没有拿到一等奖啊，三等奖也这么高兴吗？"悠悠在一旁附和："我也觉得没有拿到一等奖没有关系，我和妈妈一起玩就特别开心。"

原来孩子们对于获得什么名次没有那么在乎，孩子们真的觉得不开心的事，是看到了自己和爸爸妈妈在活动中不够努力，但孩子们依然觉得和爸爸妈妈一起参加游戏是一件快乐的事情。

是呀，对孩子们来说，能收获第一名是一件开心事，但孩子们更享受过程。大六班的孩子们不仅在凤栖湖亲子运动中和爸爸妈妈一起享受了亲子的快乐时光，还在一次次绘制地图中收获了关于地图的经验，提升了认识地图、使用地图的技能。我想，教师在看待孩子、看待课程的时候，也应该学会珍视过程的价值。

当孩子们的表现与教师的预期有偏差时，教师要学着蹲下身倾听孩子，理解孩子，甘于"转弯"，敢于"转弯"。

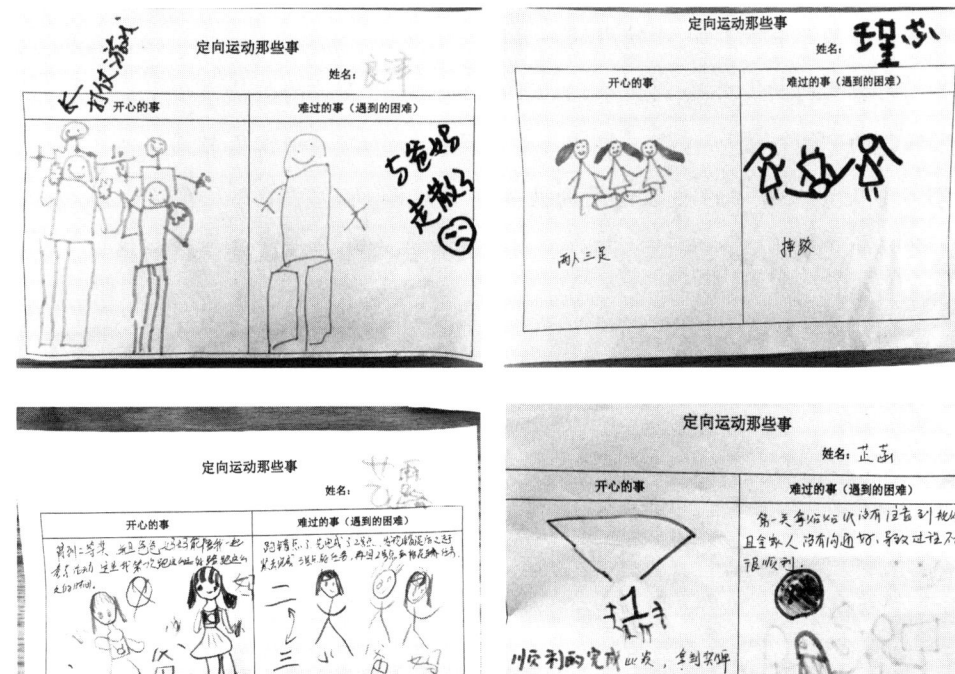

（浙江省湖州市德清县地理信息小镇幼儿园　王梦娇）

点 评

仔细阅读完这篇课程故事，我的脑海里马上呈现出了杜威在《民主主义与教育》[①]一书中所说的一句话："儿童的世界是一个具有他们个人兴趣的人的世界，而不是一个事实和规律的世界。儿童世界的主要特征，不是什么与外界事物相符合这个意义上的真理，而是感情和同情。"凤栖湖亲子定向运动中，孩子们对幼儿园三楼楼层图绘制的"看不明白的地图"，绘制幼儿园地图时"画不下的地图"以及"平铺堆不下的凤栖湖地图"，都让我深深地感受到儿童的视角与成人的不同，儿童关注的不是客观的事实和真理，而是与自我的关系及自己独特的理解。田田的那张凤栖湖地图就是一个最为形象的说明。只有理解儿童，才能真正地理解儿童的表征。只有理解了儿童的表征，才能真正理解儿童的学习，这是课程的前提。

故事尤为打动我的是教师在凤栖湖亲子定向运动中自己的思考，自己的转变。王老师基于孩子们在活动中的一系列行为表现，不断结合相关理论文献去反思自己的教育行为，体会到孩子们的学习要从教师设计的"快车道"向遵从儿童自己节奏的"慢车道"转弯，要从儿童单纯地反复练习向需要教师提供支架支持转弯，要从成人惯常的关注结果向儿童更为珍视的过程转弯。在课程实践活动中，教师的儿童观、教育观、课程观由此会发生变化，这就是课程故事所具有的意义性和生长性。

（浙江师范大学儿童发展与教育学院　王春燕）

[①] 该书的简体中文版已由中国轻工业出版社于2014年出版。

课程故事6　我们的天气记录

一次来园签到，佳泽说："我的学号是9号、你是19号、她是29号，我们都有一个数字9。"嘉航指着日历板说："今天的日期和我的学号是一样的，都是13号。"从幼儿的这些表达中，可以看到中班幼儿对数字有着浓厚的兴趣，那么如何在固定的生活环节中设置数字记录活动，既能做到每天都有新内容，又能让幼儿有体验和操作，促进幼儿的数字书写和数感发展呢？于是，班级天气记录活动就此诞生了！

入园签到

记录的工具

每天餐后，教师们都会在一体机上搜索当天的天气信息供幼儿记录，涛涛说："高老师，你怎么还没搜索好，我已经吃好饭，都等你好一会儿了。"其实我是因为其他事情耽搁了这项工作，我不好意思地说："对不起，涛涛，刚才我忙忘记了，事情太多，你能帮帮我吗？"腼腆的涛涛说："可是我不会用一体机搜索呀？"是呀，用什么方法可以让孩子们自主记录天气呢？于是我给孩子们布置了记录天气的任务，看看他们都用了什么办法来解决。

来园后，大家都迫不及待地和我分享，有的说问播放智能器，问它今天的天气它就会回答；有的说在妈妈手机里可以查到，还可以看到未来15天的天气预报；有的说电话手表里也有天气预报；有的说和爷爷奶奶看电视的时候有气象预报，他就知道了；有的说妈妈车里的电台也有播报天气的节目；还有的说家里报纸也有天气预报的信息。每个家庭的生活习惯不同，获取信息的渠道也多种多样，我意识到这些不同恰恰是我们相互学习交流的资源，我让孩子们把想到的办法都带到班级里，如何使用这些工具成为孩子们热衷的话题，工具的主人自然也成为"小老师"。

丰富的工具让我们的记录更加方便自主，每个孩子都在不断尝试用新的工具记录天气。在不断重复使用工具的过程中，他们对工具的探索也有各自不同的发现：数字式温度计有小数点，方便记录数字；指针式温度计有红、绿、蓝三种不同的温度区间，能告诉我们温度是在炎热区、舒适区还是低温区，可是指针读数太难了；手机天气预报的功能最强大，不仅能查到不同城市的天气情况，里面的气象信息还特别丰富，如紫外线、雾霾天气等，引发了孩子们更多关于天气的探索；电台和电视里的气象预报时间固定，需要凑好时间；智能播放器特别受孩子们的欢迎，因为有智能互动。

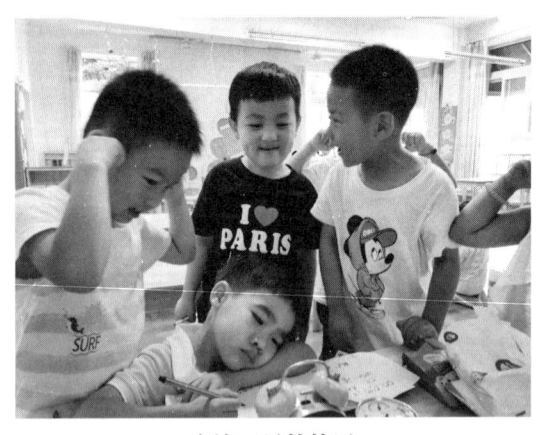

交流工具的使用

天气记录台

工具的加入让孩子们的观察和体验有了数据的支撑，在亲身感知中体验温度变化与着装的变化，如温度舒适时短袖加一件薄外套刚刚好。日复一日地观察和记录促进了幼儿对身边环境、人、自然的关注，他们逐渐理解温度、天气等元素与生活的紧密联系，开始尝试分析它们之间的关系，观察变得更有意义，孩子们的抽象逻辑思维也开始萌芽。

数字王国

"高老师，我不会记呢，因为不会写数字。"佳泽怯生生地说。我翻看他的天气记录，发现数字有的倒写，有的反写，数字6和9分不清。幼儿园里很少开展书写数字的活动，只是在蒙氏工作的语言区中提供了手指描摹砂子数字板的工作，其余接触最多的就是孩子们自己的学号。看到他气馁的眼神，我鼓励他说："不会可以学，只要多练习一定可以的。"他的小眼睛随之一亮说："是不是就像我们练习跳绳一样，每天练一练就会有进步？"我肯定地点点头："是的，只要肯学习，愿意练习，没有什么事情是学不会的，今天我先和你一起试试。"于是，我手把手地教他书写数字。第二天，我设计了数字书写笔顺和格式列表，将它张贴在记录台明显的位置，以给予幼儿环境支持。早上，佳泽看着这些数字笔顺，一边用食指尝试临摹，一边念数字，特别投入。

当他把这些数字组合成年、月、日、温度进行记录时，我看见他抓抓脑袋，似乎不知道该从何下手。我意识到他的问题不仅在于数字书写能力，更在于对这些数字组合后的读取和记录。之前的天气记录都是在教师记录的基础上，幼儿模仿记录，现在没有了教师记录的支持，孩子们需要自己读取并记录日期和温度，这对能力弱的孩子来说有比较大的挑战。幼儿是具体的、有个体差异的，在这样一个相对松散的生活时刻，我们比较容易看见每个幼儿的成长速度和需要。于是，我请他仔细观察别人是怎么读取并记录的，也可以看一看别人的记录本。

又过了一天，我发现佳泽站在记录台的一边仔细观察着别人的记录，而且他观察的是平常能力相对强的幼儿，等同伴记录好后，他还走过去问同伴今天的发现，看一看他的天气记录。观察了两个孩子后，他开始自己尝试，遇到手机温度页面找不到时，他会向同伴询问怎么操作，这一次他在同伴的帮助下完成了记录内容，还特地拿给我看，展示他的成果。在每天不断重复的记录中，佳泽记得更加得心应手，书面的数字符号书写得越来越娴熟，也学会了熟练操作和使用记录

幼儿中班的天气记录本

幼儿大班的天气记录本

工具,在实践操作和亲身体验中懂得了学习的真谛——只要不断练习就会越来越棒,他的记录本就是最好的证明。

记录天气的时候都是生活中的零散时刻,此时的孩子们无须等待,不用按部就班,在轻松的环境和快乐的心理氛围中自己记录,同时教师可以了解孩子内心的想法,关注每一个孩子,给予不同的支持。

经过一段时间的记录,孩子们发现了越来越多的数字秘密,他们说我们的世界就像一个数字王国。彤彤说:"不同的数字在不同的地方有不同的意义,空调上的数字代表室内温度,直饮机的数字代表水有没有开,不到100℃水,就流不出来。"涵涵说:"时钟里的数字代表时间,告诉我们什么时间做什么事情。"玥玥说:"星期一和数字1是一样的,一个中文写法,一个简便写法。"土豆说:"星期一和星期天是一直在重复的,就像白天和黑夜重复一样。"天气记录活动提供了让幼儿不断重复练习书写数字、理解数字的机会,在每天看似重复的固定程序中,孩子们在不知不觉中不仅积累了书写经验,还对年、月、周、温度有了深入的理解。

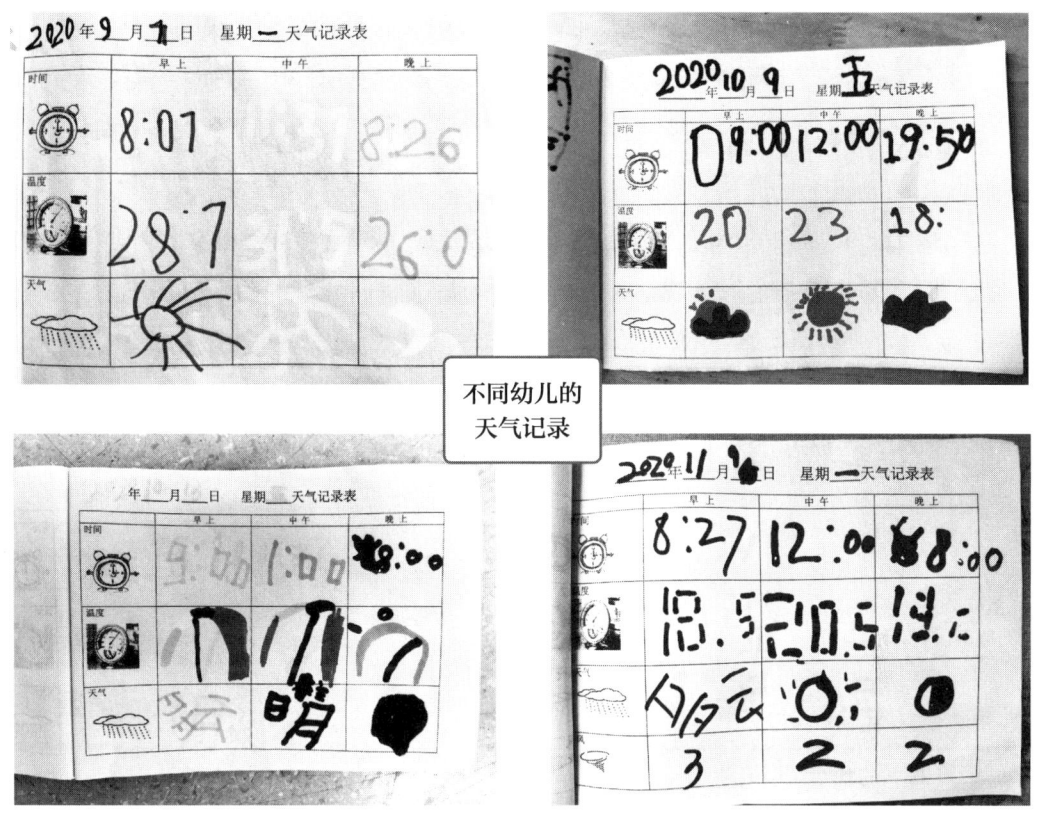

不同幼儿的天气记录

记录本的秘密

天气记录活动在班级里开展了一段时间,餐后孩子们一边看着一体机里的实时气象信息,一边记着温度和天气。豆宝拿着记录本悄悄对我说:"高老师,我发现每天的温度是不一样的,今天的温度要比昨天高。""是吗?你怎么知道的?"他指着记录本说:"你看,昨天我们记录的温度是34℃,今天是36℃,36比34大,所以今天的温度比昨天高。""你观察得真仔细!"孩子们的发现引发我的思考,原来在持续不断的记录中,孩子们对天气记录的内容有自己的发现和思考,那么用怎样的契机让孩子们说说自己的发现呢?于是,我每周一都会请孩子们回顾自己的记录本,请他们画一画并说一说这周天气记录的发现,每个月统计一次各种天气的天数。

一次,我们的讨论内容是:你发现了哪些关于温度的秘密?

彤彤说:"每天早上、中午、晚上的温度是不一样的,中午的温度最高。"

珍宝说:"室内和户外的温度也是不一样的,户外的温度会更高一点。"

小宝说:"下雨的时候温度会低一点,有太阳的时候温度高一点。"

涛涛说:"夏天的温度特别高,户外温度会更高,温度太高,人会中暑。"

孩子们对温度的感受大大超出了我的想象,我不禁为他们的细致观察点赞。孩子们需要这样一个抒发观察感受的机会。每次我们分享的话题以随机为主,紧

每周的观察发现记录

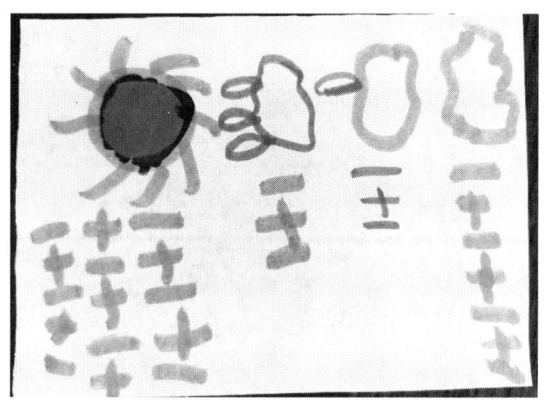

幼儿每月天气统计

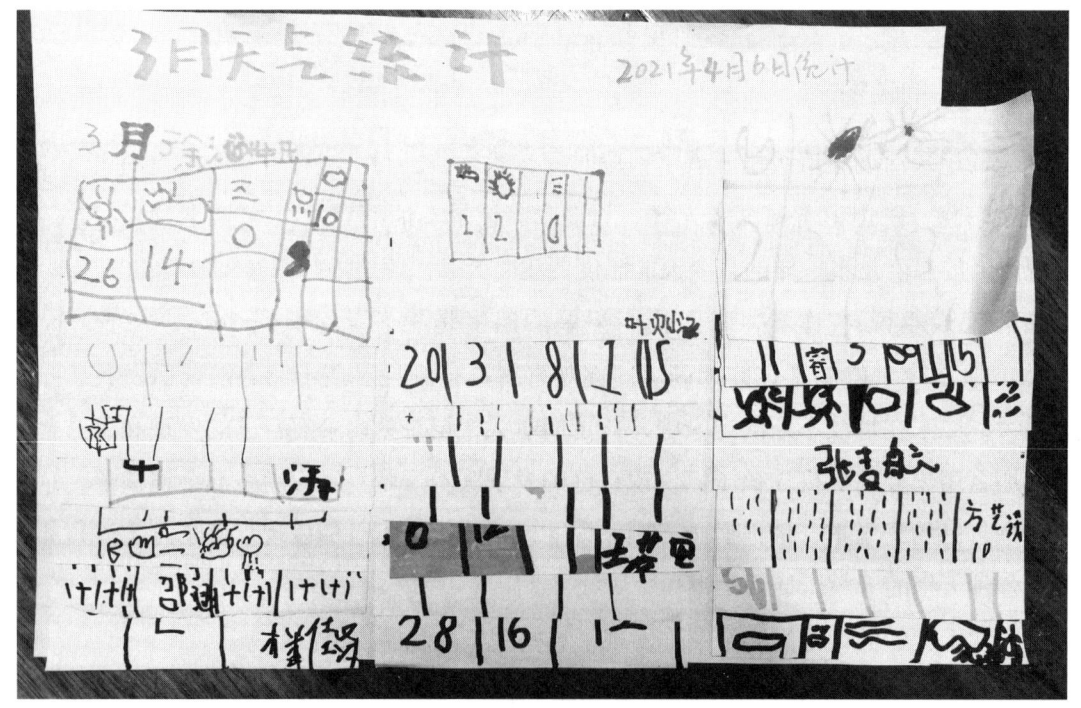

3月份天气统计结果汇总

紧围绕孩子们的发现和问题开展，这种画和说的方式让他们学会了分析自己的记录本，尝试提炼自己的观察发现、精练地表达自己的想法，甚至还会提出自己的思考和问题。在不断表征和表达的过程中，他们的学习悄然发生。

在统计6月末的天气时，涛涛说："我发现最近雨下得有点多，第四周有5天下雨，第五周只有1天是晴天，第六周的4天都是下雨天。为什么一直下雨呀？"涛涛的问题引起了大家的热烈响应，妞妞说："是不是天漏了呀，不然怎么一直下雨。"生活经验丰富的豆宝说："不对，我妈妈说是梅雨季节到了，所以一直下雨。"

"讨厌的梅雨季节，我们变成'倒霉蛋'，因为一直下雨，只能室内运动，好久没有户外活动了。"爱运动的炅炅说。"不对，梅雨是吃杨梅的季节！"吃货小宝说……关于梅雨的话题，在孩子们的记录观察和分享中自然而然地出现并不断深化。我们在预设主题网络中，更多关注夏天的热、夏天的人们、夏天的动植物，但从未想到梅雨季节这个长江流域特有的天气现象，因为记录活动，梅雨成为我们班级夏天主题生成的一个内容。

就是在这样的重复记录中，在我们常态的讨论中，孩子们对梅雨这个现象形成共同的认知经验。同伴间的相互交流、教师适时地追问以及记录数据的显现，也让学习随时发生。

我是气象小主播

经过长时间地记录天气，不同的孩子对不同的天气现象感兴趣，在教师的鼓励和家长的支持下，他们开展了个性化的气象小主播活动。

一次，气象小主播王茂安带来了风力等级的播报，只见他手持话筒，眼睛紧盯着手稿，遇到播报风速等级的数字时，生怕自己念错数值，一边手指点着稿件一边快速播报内容，中间几乎没有停顿和卡顿，

王茂安播报现场

王茂安播报片段

米诺天气播报

雨的形成主播播报

足见他对播报内容的熟悉程度，堪比优秀的气象主播在普及气象小知识。也许是受到茂安的影响，面对这样一种相对枯燥的内容，其他孩子居然也都全神贯注、伸长脖子一边看着PPT①，一边听着他讲述，完全没有我想象中的游离状态。尤其是风力等级和物体表现那段内容，小听众们不断和茂安互动交流，他也越讲越兴奋，不断用肢体语言补充演讲内容，现场氛围热烈又有序，作为教师的我深受感动，茂安竟然吸引了全班幼儿的关注，一个人的兴趣点燃了全班孩子的热情。播报结束，佳泽不禁竖起大拇指，连声赞叹："牛，牛，茂安你真牛！"

因为对风力知识的匮乏，我马上虚心请教，茂安当场答疑解惑，让我这个成人也受益匪浅，于是大家称他为"风力大王"。我看到茂安脸上笑容满面，无比自豪与满足。恰巧，园长妈妈餐后路过我们班，激动的我和她分享了"风力大王"的故事，感兴趣的园长妈妈再一次聆听了茂安的讲述，园长妈妈的驻足聆听给了他更多的鼓励和支持。从此，我经常看见他在阅读区看关于风力等级的书籍，并和其他小朋友一起交流探讨，也和我分享他的研究成果——国外风力等级的标准和国内不同、每次到户外总会根据红旗的状态分析当天的风速和风向。持续研究的他还一直想要进行一次巡回演讲。

渐渐地，他不再满足于根据书面知识判断风速和风向，开始和我讨论怎样才能测量风速，有什么工具可以用来测量。一开始，我们讨论着做一个风向仪，但是考虑到在户外不太方便，而且不会做，因此放弃。于是他说能不能买一个，我们不确定能不能买到，于是一起上网搜索，发现真的有测量风速的仪器，他一看到就马上说："高老师，你赶紧买！""为什么要我买，又不是我要用？"我故意给他出了个难题，他抓抓脑袋思考了一下，说："你说得有道理。"

过了三天，他兴奋地带着妈妈网购的风速测量仪（我没有和他妈妈沟通购买该仪器）和我分享如何测量。在那段时间，每次户外活动，他都会带着工具测量风速。他还发现，每个小朋友对着测量仪吹，显示的风速大小是不一样的。后来，我给茂安设计了专属的天气记录本，让他记录风的变化；班级阅读区中投放了风的科普绘本，提供书籍支持；同时也开展了他关于风力等级的巡回演讲。

---

① 英文全称为PowerPoint，即演示文稿。

户外测量风速

天气阅读专栏

反思

因为有这样一个策展的机会,孩子们不同的兴趣点在这个平台得以点燃和展示,他们收获的不仅是自信,还有综合素养的提升。这个案例很好地诠释了个体在生活零散时刻中的深度学习。在每天不断重复的观察、记录、操作中,教师发现幼儿不同的兴趣点。教师的作用在于追随幼儿的兴趣,保护他们的好奇心,不断让他们的好奇心发酵,支持他们的创造活动。教师在这个过程中发挥着推动者、积极的旁观者、高质量的陪伴者、催化剂的角色。

我们的天气记录活动对孩子们来说是一项长期的研究工作,利用生活零散时刻进行。每天看似重复的观察和记录在真实的情境体验中发生,一个个问题开始不断涌现。我们用"观察记录—分析讨论—组织策展"的学习逻辑,适时借助分析讨论、记录回顾、实验操作、阅读书籍等方法解决问题,由此获得有关周、月、季节的发现。这些零散的天气记录数据通过我们的分析开始发生关联,逐渐连接成线。孩子们在亲身体验中了解每个季节特有的天气现象,其线状的知识又变成面状的知识,从节气到季节,最后慢慢变成关于四季的网络状,形成系统的生活经验和科学的认知经验,在不断重复的过程中让我们看见了生活活动中深度学习的可能。

(浙江省慈溪市早期教育中心 高彩虹、陈青青)

点 评

  生活活动本身的日常性和惯常性容易让人"熟视无睹",同时生活活动的零散性和长期性也给有趣且有价值的资料的系统收集带来了挑战,进而容易让生活活动中发生的许多"小事件"难以串联成一个更加丰富的"大事件"。这些也许是导致我们平时不太能听到比较丰富的有关生活活动的课程故事的一个原因。《我们的天气记录》如同一缕清风带来了不一样的感觉,拓展了幼儿园课程故事发生的时空和场域。可以说,生活活动中孕育和发生的课程故事从"后台"走向"前台",背后实则反映了生活活动的价值被认可、重视与彰显。在《我们的天气记录》故事中,教师跟随幼儿的脚步,耐心、细心且用心地追踪幼儿关于天气记录的探索历程,并及时给予专业支持,才会为读者呈现这样一个有关生活活动的、既有长度又有厚度的课程故事。诚如故事撰写者在反思中所写的那样:"由此获得有关周、月、季节的发现。这些零散的天气记录数据通过我们的分析开始发生关联,逐渐连接成线……线状的知识又变成面状的知识,从节气到季节,最后慢慢变成关于四季的网络状。"

  当然,课程故事并非一定要长篇大论,而是可大可小,关键是要让读者读完之后能若有所思和若有所悟。这是因为,"教育需要智慧,需要大智慧,但智慧难以被界定。不过,智慧绝不是虚无缥缈的,它就在我们的实践中,就在我们的教育教学过程中……如冯友兰对《论语》的评价一样,故事中存有无限的暗示,充满提示的箴言。"[①]总之,让我们用专业的眼光敏锐地捕捉幼儿园里包括生活活动在内的各类活动中有趣的点点滴滴,用批判性思维重新审视与洞察蕴含其中的教育智慧,并用朴素的实践语言叙述一个个平常而不平凡的课程故事吧。

(浙江师范大学儿童发展与教育学院 秦元东)

---

① 成尚荣. 儿童立场 [M]. 上海:华东师范大学出版社,2018.

课程故事 7　新手妈妈"上岗记"

在过家家游戏中,中班孩子对于"妈妈"这一角色充满了期待与神圣感,可是究竟谁来当妈妈?谁又能当好妈妈?如果大家都想当妈妈怎么办?游戏又该如何继续呢?在经历磕碰、试探、妥协之后,中一班的宝贝想出了自己的小妙招,让我们一起来看看这场新手妈妈"上岗记"吧!

"三次夺棒"失败引发争论

在幼儿园的西南角有一个秘密空间,那里有沙、有水、有大树,汤圆说:"这棵大树就是我们的家,我们一起在家里做饭吧!"甜甜在一旁举双手赞成:"好呀,好呀,我们一起做好吃的。"说完,两人开始行动起来,她们找来了锅子、铲子,还有各种瓶子当作调料,有趣的过家家游戏就这样开始啦!

三次夺棒

第一次夺棒:妈妈是负责做饭的

此时的甜甜已然是一副"妈妈"的模样,满怀期待地等着宝宝(汤圆)端来一锅水。当汤圆走到她身边时,她有点激动地重复道:"放在这里,放在这里。"好像此刻的她就是为孩子们做饭的妈妈。而此时的汤圆放下一锅水后便眼馋地看着锅里,似乎也很想做饭。于是她向"妈妈"请求道:"妈

第一次夺棒

妈，我可以煮吗？"此时的甜甜正沉浸在做饭的乐趣中，并没有理会汤圆。

见甜甜没有反应，汤圆再次说道："让我煮可以吗，可以吗？"汤圆反复询问着，但此时的甜甜只是接过锅，并向隔壁的伙伴借了"勺子"（棒子），没有回答汤圆的请求。汤圆见状用手将锅的手柄转到自己这边，并继续说道："没有勺子啊。"甜甜听后表示自己可以去借一个勺子，很快甜甜就向隔壁借来了一根长长的棒子当作勺子，两人开心地笑了笑。接着，汤圆拿过棒子说："假如说我是妈妈。"看到汤圆的行动，甜甜有些急了："我是妈妈。"她一边说，一边试着夺回汤圆手中的棒子，可是汤圆紧紧拽住不肯放。就这样，甜甜的第一次夺棒失败了。

第二次夺棒：饭菜不可以洒出来

看着一旁开心搅着汤的汤圆，甜甜有点失落，但很快甜甜开始与汤圆谈条件："你只能试一点点好吗？"汤圆依旧不理会，只顾着自己做饭，甜甜有点着急，她试着离汤圆更近一些，但汤圆开始躲避甜甜，一来一回导致汤圆锅里的菜汤被洒了一地。甜甜见状，立刻说道："你看，汤都洒出来了，宝宝还不会做饭，让妈妈来做吧！"

此时的汤圆灵机一动，开始用"假如"试探甜甜的反应："假如说我是妈妈。"甜甜听到这句话后，立刻尝试夺回汤圆手里的棒子，但第二次的夺棒还是失败了。汤圆紧接着说道："如果妈妈请假在家里，这里是我的家，然后我来做饭，你快去你自己的家。"同时，汤圆指着前面很远的地方，说："妈妈，你的家就在那儿，你快去吧！"两人就这样僵持于"谁来当妈妈"的周旋中。

第二次夺棒

第三次夺棒：说好了我才是妈妈

几个来回中，汤圆一直试图用"假如"试探，或支开甜甜去玩别的，而甜甜在各种礼貌地回应之后仍然无果，她便试着以强硬的态度抢夺棒子："我说过，我才是妈妈。"此时的甜甜明显有点生气了，可汤圆始终不让，两人就这样发生了激烈的争吵。

甜甜说："我是妈妈，好不好？"

汤圆说："下次你再当吧！"

甜甜举高双手生气地说，"但是我不是宝宝，我说了，我是妈妈"，并再次尝试抢夺棒子，但依然失败了。

很快，游戏时间结束了，甜甜有点委屈，跑过来向老师"告状"。"陈老师，说好了我当妈妈，可是汤圆抢着勺子不肯放。""是呀，大家都想当妈妈，

第三次夺棒

那我们应该如何确定谁才是妈妈呢？"我把这个问题抛给了孩子们，并趁着游戏回顾的时候，和大家一起进行讨论。

"二轮"回顾找到解决方法

每一次游戏结束，我们都会和孩子们一起回顾、分享自己的游戏经历，引导孩子们发现游戏中的问题，并试着鼓励孩子们通过自己的方式解决这些问题。

第一轮回顾：回看游戏视频

午餐后，我把汤圆和甜甜的游戏视频播放给孩子们观看。在观看过程中，有的孩子开始轻声讨论起来："汤圆和甜甜可以轮流当妈妈。""我也想当妈妈，给宝宝做饭吃。""摘点树叶当作菜，看起来好好玩。"……在孩子们观看视频的过

回看游戏视频

程中,我特意观察了甜甜和汤圆的反应,两个人时不时地相互看看,又不好意思地笑一笑,仿佛有点害羞。

视频观看结束后,我邀请汤圆和甜甜分别说说她们今天的游戏感受。甜甜说:"今天说好我是妈妈,汤圆是宝宝,可是她也想当妈妈,我跟她说只能当一点点,她又不肯。"汤圆听了,马上不好意思地吐了吐舌头、做了个鬼脸,然后说道:"其实,我们可以一起当妈妈,然后今天我先当,下次就你当了好不好?"

还没等汤圆说完,就有其他小朋友举起手来:"我也想当妈妈。""可是,大家都当妈妈,就没有宝宝了。"甜甜有点着急地说道。看来,大家都很喜欢当妈妈,而且她们希望既可以有"妈妈",也要有"宝宝"。在这轮视频回顾中,孩子们更加明确了自己的游戏目标,而"谁来当妈妈"这个问题也成为几个孩子讨论的焦点。

第二轮回顾:小组圆桌会议

在视频观看结束后,我组织孩子们分小组开展了圆桌小会议,由孩子们自由组合进行讨论,同时我也给孩子们准备了一些绘本,以便他们在讨论的过程中使用。而那些想当妈妈的孩子也很快围坐在了一起,小可说:"要不就让宝宝自己来选妈妈吧!"甜甜表示不同意:"宝宝会耍赖的,她不想当宝宝,她也想当妈妈。""我觉得妈妈要选会做饭的。""妈妈要选高一点的。"……就这样,孩子们七嘴八舌地说着,每个人都表达了自己对妈妈这个角色的看法,也都想了各种选妈妈的方法,但大家似乎对这些方法不是很满意。

直到汤圆举起了手喊道:"这样好了,我看我妈妈做饭都会穿着围裙,我们也给妈妈做一个小围裙,这样谁穿上小围裙谁就是妈妈。""对,我妈妈也是穿着围裙做饭的。"甜甜立刻接过话说道,其他孩子听了,也纷纷点头表示同意。于是,在这场圆桌会议中,"妈妈的小围裙"就这样诞生了。

小组圆桌会议

三个妙招破解"上岗"困惑

小围裙是否真的能解决孩子们的问题呢?在接下来的故事中,孩子们又遇到了哪些新问题,他们又是如何解决这些问题的,故事的发展又会是怎样的,让我们跟着新手"妈妈"们一起打开"小妙招"吧!

一个小约定:给妈妈选个小围裙

第二天,游戏开始了,按照之前约定好的,孩子们要先选好一件妈妈的小围裙。茜茜几人来到雨衣架前,很快选出了一件不一样的雨衣:"瞧,这就是妈妈的小围裙,只有穿着小围裙的才是妈妈。"可是深绿色的围裙只有一件,很快,几个孩子就开始争抢围裙。"是我先看到的。""是我先拿下来的。""是我说把它当作妈妈的小围裙的。"几个孩子叽叽喳喳,各说各有理,也各自都不肯放开手。

这时的场景似乎与我预见的情况差不多,我走上前去问孩子们:"现在我们只有一件小围裙,你们自己约定穿上小围裙才是妈妈,那现在只有一件怎么办?"几个孩子虽然一下子想不到解决办法,但很明显,大家对于只有一件小围裙有点失望。"老师,我们下次能不能多准备几件小围裙?"汤圆灵机一动,很快就有了主意。其他孩子连忙点头说道:"是呀,是呀,老师,下次我们要好多小围裙。"看到孩子们恳切的眼神,我立刻点点头答应她们:"当然可以,不过现在我们只有一件小围裙,来不及准备了,怎么办呢?"我想这也许是孩子们学习谦让的好机会,于是我继续问道,但几个孩子还是因为只有一件围裙陷入了僵局。

一场友谊赛:石头剪刀布决胜负

就这样,有几个孩子等不及就自己跑去玩别的了,只有汤圆、甜甜、小可、小雨和茜茜留在原地继续商量,很快茜茜有了新的想法,她大喊一声:"石头剪刀布吧,谁赢了谁穿!"其他几个孩子听到后,纷纷表示同意。"不过,我们现在有5个人,怎么石头剪刀布呀!""那就先黑白配。"汤圆最快想到。就这样,几轮黑白配之后剩下汤圆和茜茜两人获胜,两个孩子又加时了一场友谊赛,在一声"石头剪刀布"中,茜茜以剪刀完胜汤圆出的布。这样一来,即使汤圆有点不乐意,也心甘情愿地将小围裙递给了茜茜,游戏时她也成为"茜茜妈妈"的好帮手。

石头剪刀布决定谁当妈妈

茜茜穿着小围裙做饭

虽然,小围裙的约定还是引发了争抢,但孩子们在这次争抢中意识到了一件围裙无法解决的问题,也想到了用石头剪刀布的方式定胜负。可是,在这次游戏中,只有茜茜当上了"妈妈",另外几个孩子多少有点遗憾。在游戏结束后,几个孩子再一次找到老师:"陈老师,我们回去能不能多准备几件围裙,这样我们就都可以当妈妈了。""是呀,是呀,我们都想当妈妈。"看到孩子们对这件事这么上心,我立刻答应了她们。

一份角色单:梳理妈妈上岗职责

第三次游戏开始了,这一次,我提前给孩子们准备了五件小围裙,想着这样孩子们总不会再发生争吵了吧!果然,游戏一开始,几个想当妈妈的孩子就穿上了小围裙开开心心地游戏了。可是不一会儿,矛盾又发生了,原来五位妈妈都挤在一起做饭,不仅很拥挤,而且锅子、勺子也不够用;厨房被弄得乱七八糟,就算妈妈们做好了饭,也没有宝宝来吃饭,这也让几位妈妈有点难过。

游戏结束后,我没有立刻带孩子们回教室,而是和他们一起围坐在草地上开始商量。你们觉得刚才的游戏发生了什么问题?"妈妈太多,而且都挤在一起做饭。""也没有妈妈带宝宝出去玩了。""是呀是呀,妈妈还可以出去工作。"孩子们七嘴八舌地说着,他们很快意识到,原来妈妈不仅可以做饭,还可以做点别的事。

坐在草地上讨论角色

在听到孩子们的回答后,我引导他们一起制作一份"妈妈角色单",思考妈妈可以做点什么?小雨说:"妈妈可以出去工作赚钱给宝宝买奶粉。"茜茜说:

"妈妈可以照顾宝宝,带宝宝出去玩,还可以带宝宝出去做客。"汤圆说:"妈妈除了做饭,还要打扫卫生,还可以跟爸爸一起去工作。"……孩子们很快说出了妈妈可以做的各种事,于是我鼓励孩子们把妈妈可以做的事都画出来,这样以后我们玩过家家游戏的时候就可以知道,原来妈妈还可以做那么多的事,妈妈们也就不会都挤在厨房里了。

孩子们的三个小妙招在不断地尝试与失败中层层推进,让几位新手妈妈的"上岗"之路不再有那么多的争执。孩子们在游戏中能够有意识地完成对角色的分配,即使遇到意见不合的情况,也会尝试用各种方法来解决,这对中班的幼儿来说无疑是一次质的飞跃。

开启妈妈们的趣味生活

很快迎来孩子们的第四次游戏,他们拿着各种游戏材料来到秘密空间,几个孩子也穿上了代表妈妈的小围裙开开心心地游戏。

"妈妈们"的趣味生活

我是爱做饭的妈妈

今天,甜甜终于如愿当上了"妈妈",只见她和小可来到小桥边的桂花树下,她们先摘了一些桂花,然后在草地上拽了一些草作为葱花,回到厨房就往锅里加了水,然后放入桂花和青草,准备煮一锅青菜汤。一旁的小可帮妈妈递盐、油,然后准备好筷子和碗等。终于等到开饭了,"小心烫哦!"甜甜像一位温柔的妈妈提醒着宝宝。"嗯,妈妈,我知道,我摸它就是烫的。"甜甜接着说道:"宝宝,不要真的吃,假的吃啊!"就这样,一家人开心地吃着饭。当我走过去的时候,甜甜开心地朝我看了看,小眼睛一眯:"陈老师,我最爱做饭了,我今天给宝宝做了很多好吃的。"此时的我也为甜甜竖起了大拇指:"今天你

妈妈和宝宝正在一起吃饭

是一位优秀的好妈妈。"

我是会修理的妈妈

当我走过沙坑边上时，小雨和一然正在搭建一张桌子，原来这两位妈妈今天出来上班了，他们是家具维修师。只见两人配合默契，一人扶着板，一人装支架："你再往那边一点，还是有点歪。"小雨一边望着一然，一边像个指挥师一样指挥着。而一然也十分配合："你看我这样行不行，你拿住了哦，我要开始装进去了。"然后一然拿起一把小榔头开始敲敲敲，不一会儿，桌子的一条腿就安装完毕了。接着，第二条腿、第三条腿也陆续被安装成功，两个人都开心地竖起了大拇指。随后，两位妈妈把今天的劳动成果带回家和自己的宝宝分享。

两位妈妈正在修理

我是爱打扫的妈妈

每次游戏快要结束时，地上就会出现各种脏乱差的现象，不过不要紧，因为我们有一位爱打扫的妈妈。"老师，你看，那边沙子太多了，宝宝们跑的时候会滑倒。"小鱼儿急匆匆地跑过来跟我说。"嗯，让我过去看看。"的确，在沙坑的边缘一圈都是沙子，人如果走得太急，就会容易摔倒。"那我们一起帮它清理干净吧！"当我还在想着要怎么清理这些沙子时，小鱼儿早就有了自己的主意："老师，我去教室把扫把拿来。"很快，她便拿来了扫把，然后一点点地沿着沙坑边缘的小路打扫，不一会儿，这条小路就变得干干净净。

妈妈正在清扫沙子

历经四次游戏，孩子们从一开始的争抢到想出各种办法解决"谁来当妈妈"的问题，又从一开始认为妈妈只能做饭，到后来发现妈妈还可以做各种各样的事，孩子们的角色意识在不断深入，游戏也变得越来越有趣。

反思

1. 以一种分享的方式回顾游戏问题

游戏中的问题应当始终围绕着游戏本身，并回归到孩子们的兴趣和需要中去解决，这是值得我们思考的。教师要引导幼儿回顾、描述和反思游戏中的问题，以一种主动分享的方式帮助幼儿不断建构对已有经验的新认知，为下一次游戏的顺利开展找到思路。当幼儿因为三次夺棒引发争执时，教师没有直接告诉他们应该怎么做，而是通过回看游戏视频，引发幼儿之间的思维碰撞，帮助他们找到解决的可行性方法。

2. 以一种疑惑的态度破解角色密码

在整个游戏过程中，孩子们的争执点始终围绕着那根棒子，"谁才是妈妈"成为这场矛盾的开始，但也成为孩子们不断破译"妈妈"这一角色的关键密码。教师要通过观察了解幼儿在游戏中的核心矛盾，支持幼儿保持疑惑的态度，让他们在不断解决问题的过程中建立角色意识。"谁来当妈妈""谁穿小围裙""妈妈太多了怎么办"，在这样的游戏递进关系中，幼儿的角色意识在不断解决问题的过程中迅速发展。

3. 以一种行动的体验推动游戏发展

尽管游戏有其复杂性，但可以确定的是，游戏是幼儿自主自愿的主体性活动，具有内在动机引发、愉悦、重过程等特点。从一开始的娃娃家游戏出现，孩子们就热衷于"妈妈"这一角色。经过一件小围裙、石头剪刀布、妈妈角色单的"调剂"，孩子们在一次次尝试中找到解决问题的正确方法，从而不断深入角色，变成爱做饭的妈妈、会修理的妈妈和爱打扫的妈妈，游戏的水平不断提升，游戏的场景也不断发生切换与升级。

（浙江省杭州市萧山区浙江师范大学附属江南幼儿园　陈迪萍）

点评

角色游戏是幼儿期极为典型的游戏，也是孩子们非常喜欢的游戏。它往往是对幼儿现实生活的反映，幼儿的生活中有什么，幼儿的游戏中就会有什么。故事中的汤圆和甜甜玩起了过家家的做饭游戏，却因争夺做饭的棒子而出现纷争，到底谁该做"妈妈"呢？教师组织孩子们在游戏后进行回顾、分享并通过小组圆桌会议来不断引导孩子们破解"妈妈上岗"的小妙招，不断基于孩子们的兴趣和需要增添材料，最后通过一个小约定（给妈妈选个小围裙）、一场友谊赛（石头剪刀布决胜负）、一份角色单（梳理妈妈上岗职责）来化解孩子们游戏中经验的缺乏，从而助推孩子们游戏水平的提升。

游戏中，孩子们那童真稚嫩的游戏语言甚是打动人心，让我们深深地感受到了他们美好的游戏生活以及游戏带给孩子们生活的美妙，也深深地体悟到了年轻的陈老师以疑惑的态度破解游戏的角色密码，在不断提供材料支持中帮助孩子们解决问题、建立角色意识，从而丰富他们的角色经验。

故事启发我们的是，在游戏中教师要能够认真倾听孩子，仔细观察孩子，在全心接纳、理解孩子的基础上,与孩子共境共情,并给予适宜的支持与帮助,从而推进游戏的深入,满足孩子游戏的愿望。

让游戏保持纯真,让游戏点燃生命。

(浙江师范大学儿童发展与教育学院　王春燕)

课程故事 8 哇，向日葵开花了

偶遇之缘起

餐后，孩子们手拉着手、有说有笑地在早教中心的花园里散步，摸摸路边的小树叶，蹲下来看看地上的小蚂蚁，抬头观察树枝间悬挂的蜘蛛网……走过花园农场，来到了西边的消防通道。突然，走在前面的几个小男孩大喊："哇！快来看！向日葵开花了！"喊声吸引了所有的孩子，他们一起快步跑向目标，几个小女孩一看，高兴地蹦跳起来！此时，向日葵就像一个会施展"魔力"的仙子，把所有孩子的注意力都集中在它的身上，话题也围绕着向日葵展开了。

教室边上一长排向日葵开花了

采蜜的小蜜蜂

桐桐说："向日葵好漂亮，像一个小太阳。"

缘宝说："我家里也种了一棵向日葵，已经长得很高了，但还没有开花。"

威威说："瑞瑞，你快看！花上面有好多小蜜蜂。"

瑞瑞、乐乐、丫丫一齐凑上去观察，瑞瑞还疑惑道："它们是在采花蜜吗？"

丫丫连忙说:"肯定是的,你看它们的小嘴在动呢。"
皓皓说:"向日葵会跟着太阳转,妈妈跟我说过。"
小一说:"我在书上也看过,向日葵会跟着太阳转。"
嘟嘟说:"哇!好多好多向日葵!这朵开了,这朵还没开。"
小一说:"1、2、3、4、5,一共有5朵向日葵开花了。"

午睡时间已经过去了5分钟,孩子们依依不舍,在回教室的路上还在热烈地讨论着向日葵的各种话题。

数向日葵之花

一次偶遇,足以开启孩子们的一场探索之旅,第二天、第三天……只要一有空就会有孩子问:"我们什么时候再去看向日葵?"便利的地理位置,当然能够满足孩子们这小小的需求。随着几次的欣赏,孩子们发现:向日葵越开越多,从第一次的5朵、第二次的20朵、第三次的一大片……问题随之产生:开花的向日葵越来越多,到底多少朵呢?

小一说:"我们用手指头点着数,一个一个慢慢数就可以了。"
昊昊、皓皓、乐乐说:"我们也可以。"
"我们只要数开了花的向日葵就可以呀。"
桐桐说:"丫丫,我想跟你一起数。"

这一次的谈话非常简短,大概只有5分钟,然而孩子们解决问题的积极性却很高。那么,解决问题的方法只停留于静态的"纸上谈兵"吗?只局限于"手指点数"?答案肯定是"否"。我们认为,更重要的是要让孩子进行"实战演习",让孩子浸润在自由的、开放的自然环境中,鼓励其自主探索,找到新的突破口,解决"数"的难题。

一数:手指点数

那天,天气炎热,却无法阻挡孩子们"数"的热情。为了避开日晒,我们选择在晨间活动时行动,孩子们有单枪匹马数的,有双双结对数的,有和教师一起数的。行动结束后，孩子们便开始分享"数"的经验。

小一说："我是一个人从最里边（右边）一棵一棵数的，一共有76棵向日葵开花了。"

乐乐说："我是从那一边（左边）开始数的，一共有71棵向日葵开花了。"

丫丫说："我第一次从中间数起，数完右边后，回来找不到刚刚从哪里开始数的，所以我还没有数好。"

威威说："我数了很多次，一直数不清楚，后来我找了老师跟我一起数，我们发现一共有79朵向日葵开花。"

孩子们正在用手指点数开花的向日葵

孩子们分享经验后，发现了三个问题：

- 数后的向日葵花数量不同，这是为什么呢？
- 数的方向有从左、从右、从中间往两边三种，哪一种更合理呢？
- 数不清的小伙伴，该怎么办呢？

对于这三个问题，孩子们又开始了一番激烈的讨论，也有了新的想法：

- 只数全开的向日葵；
- 从左边或右边开始慢慢数会更好，还可以边数边做记录；
- 不会数的跟着会数的一起数。

二数：边数边记

第二天一早，所有孩子都到齐了，他们自信满满地拿着昨天准备好的纸和笔，迫不及待地开始了第二次尝试。不一会儿，丫丫说："啊呀！我的白纸写满了。"瑞瑞说："我数不清了。"城堡说："我不会写164"……

 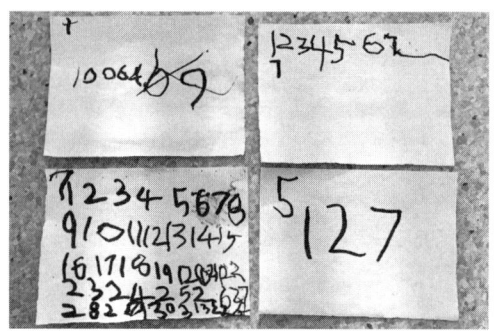

孩子们在小白纸上做记录　　　　　　　孩子们的记录结果

一连串的问题给孩子们的第二次尝试来了一个"下马威",孩子们纷纷围拢,有想要放弃的,有互相讨论的……突然,嘉嘉说:"这个纸太软了,一直写不好,我想用绘画本。"丫丫说:"纸太小了,写不下了,我也想拿教室里的绘画本。"汤汤慢吞吞地说:"你是不是数字写得太大了?用点点肯定够了,数一朵点一个点。"于是,在征求教师同意后,部分孩子跑回教室把白纸换成较硬、较大的绘画本,还有几个孩子改用了"点子"记录方法。可是,孩子们并没有得到自己预想的结果,反而发现了新的问题:本子太重了,拿不住;点呀点,点忘了"几";点了满满一页,却数不清了……

两次尝试后,孩子们虽然都没能得到心中预想的结果——数清向日葵花,但是他们并没有放弃,反而印证"越战越勇"这句话。紧接着,孩子们你一言我一语,又开始讨论新的方法。

乐乐说:"我有一个办法,我们可以剪很多小纸片,写上数字,贴到每一棵向日葵上。"

瑞瑞、丫丫说:"我们会写很多数字。"

孩子们纷纷响应,在离园前就和教师一起裁剪小纸片,为第二天贴数字数向日葵花做好准备。

三数:贴数字数

第二天一早,6个小朋友一来园便直奔主题,开始分组行动。乐乐、丫丫、小一写数字,因为她们已经认识很多数字;桐桐、安妮、城堡贴双面胶,因为他们的手很巧。慢慢地,小朋友们都来了,有的帮忙贴双面胶,有的把写好的数字送到贴双面胶组里……自然而然地形成两个小组:写数字组和贴双面胶组。一会儿,300多个数字写完了,满满的一大堆,可是没想到数字卡片全乱了,孩子们从桌面上整理到了地面上,1小时过去了,地上还是白花花的一片。

孩子们一早来园写数字

哎呀!数字卡片全乱了

部分孩子慢慢放弃了这个方法,但是乐乐、小一、丫丫不甘心,他们觉得这个方法是可以的,就是材料不对,于是又开始寻找新材料。

昊昊说:"用聪明豆吧?"

桐桐说:"聪明豆后面就是黏黏的。"

乐乐说:"太小了吧?我写的数都很大。"

丫丫说:"你们看这个。"(丫丫从美工区找来了一张便贴纸)

桐桐说:"这个大,还是一整张的,数字就不会乱了。"

乐乐说:"那我们就用这个吧!"

此时,孩子们跃跃欲试,他们通过自己的努力去仓库领来了便贴纸,为明天的第二次尝试做足了准备!

第二天一早,乐乐、小一、皓皓很早就来园写数字,等小伙伴到齐,数字也都写完了。一张一张的数字贴纸,很整齐!

  教师说:"谁去贴?怎么贴?"

  小一说:"一个小朋友数,一个小朋友贴。"

  安妮说:"丫丫和我一组。"

  教师说:"那么,多出来的小朋友怎么办?"

  乐乐说:"昊昊、桐桐,你们快到我们组里来。"

  丫丫说:"城堡、承承、汤汤,你们到我们这里来吧!"

一阵招呼,孩子们很自然地分了组。

准备完毕,在教师的协助和与同伴的合作下,孩子们一组一组地完成贴数的尝试。当总数 205 出现时,孩子们身上的每一处都散发着"成功的光芒"。

一张张整齐的数字贴纸出炉了

孩子们准备开始贴数字喽

如此美好的结果并非轻而易举就能获得,这可是孩子们一路"过关斩将"、脑洞大开得来的。

第一关:怎么分贴纸?

小一、乐乐等几个计算能力非常强的孩子组织分配:一共 15 个小朋友,5 个小组,6 张贴纸,可以每组拿 1 张,最后一张给教师。

第二关：怎么贴数字？

从数字 1 开始贴，然后是 33 至 64，接着是 65 至 96、97 到 128、129 至 160、161 至 192。

第三关：怎么贴不容易掉？

当第一组开始贴数字的时候，孩子们发现"贴在向日葵茎秆上的数字总掉下来"，通过观察和尝试，孩子们发现贴在叶子上会更牢固一点。

第四关：数字贴纸不够了，怎么办？

贴完最后一张，发现数字不够用，怎么办？孩子们马上就想到回教室拿空白的贴纸。可是，大家都想去拿贴纸、写数字，又怎么办呢？玺宝想出用"石头剪刀布"来决定谁拿、谁写、谁贴的方法，大家一致同意。最后，桐桐赢得了拿的机会，安妮获得了写的机会，嘟嘟获得了贴的机会。

回到教室，已近 10:30，虽然方法可行，但是孩子们个个汗流浃背，数的时间实在太长了。还有数快一点的方法吗？孩子们又开始探索"快数"的方法。

四数：金色串珠来帮忙

这一次，孩子们虽然讨论出很多方法，但怎么也跨不出前几次的范围。此时，我们看到孩子们犯难了，而活动又有推进的价值，所以我们介入了。

教师说："想一想，蒙氏工作区里有什么可以帮助我们的吗？"

孩子们开始搜索……

丫丫说："我们可以用金色串珠！"

教师说："用金色串珠，我们可以怎么数呢？"

嘟嘟说："数 10 棵向日葵，就放一个金色串珠！"

丫丫说："对对，10 个 10 就是 100 了！"

教师说："可是有一部分小朋友不理解，怎么办？"

城堡说："就是这样，1、2、3……10，然后放一个金色串珠呀。"

桐桐说："我们可以用雪花片和金色串珠摆一次。"

缘宝、乐乐、桐桐拿来操作材料，开始演示起来："放上长长一排雪花片代表一排向日葵花，然后数 10 个雪花片，就放一串金色串珠。"

孩子在教室里练习用金色串珠数的方法

经过几次练习,孩子们已经基本理解,于是第二天开始实战。

每个孩子拿一串金色串珠,数10棵向日葵就放一串金色串珠,待将所有的向日葵数完后,孩子们开始收串珠。最后,大家一起合计串珠,一共24串,又多2棵向日葵,合计一共有242棵向日葵开花。

孩子们能够通过调动已有经验找到更好的方法,足以证明他们的探索是有效的。积极探索不仅能让孩子们升华经验,还能激发他们从实际操作的过程中发现实际问题,比如,串珠太小会需要花比较长的时间找回吗?有什么东西可以代替?只有一组串珠用于大家一起操作,可是人太多,用时还是有点长。

五数:分工合作快又准

孩子们发现梦想工坊的积木可以用来代替金色串珠。

说干就干,5个男孩子推车,5个男孩子搬砖,其他孩子一起数向日葵。对于操作结果,大家并不满意,觉得时间还是太长。如何解决"时间太长"这个问题呢?听听孩子们的讨论吧。

嘟嘟说:"我们把向日葵分成一段一段的,我们数这一段,他们数那一段。"

教师说:"嘟嘟很爱动脑筋,那么怎么分呢?我们有15个人,可以分成几组,每个人的任务是什么?"

小一说:"我们有5辆推车,就分5组,刚好3人一组。"

教师说:"你们可以怎么分工合作呢?"

汤汤说:"一个推车,一个放积木,一个数向日葵花。"

教师说:"我们还需要做其他准备吗?"

丫丫说:"应该有一个分开的记号,不然会分不清谁数了哪一块。"

安妮说:"我们可以把红绳绑到分界的那棵向日葵上。"

乐乐说:"我刚才看到梦想工坊里有那种交通标志,蓝色的,这个也可以。"

讨论后，孩子们选用了便利、醒目的交通标志做分隔标记，并在上面贴记录表：内容包括第几组、组员学号、向日葵最后的数量。3人一组，选出1人为组长，由组长分配任务。最后，大家一起集中用10个10个数的方法，合计总量。

数向日葵花是我们跟着孩子们的脚步层层深入、慢慢推进的。在这个探索过程中，孩子们充分表达、交流，亲身体验、实践，探索、梳理出多种"数"的方法，学会通过观察、讨论、记录等多种途径解决问题。同时，在这个过程中，教师始终扮演着合作者、引导者、观察者的角色，给孩子们发现的机会、探索的条件、适时的引导……使孩子们坚持不懈地完成一件事，并充分体验成功所带来的喜悦和自信。

孩子们从梦想工坊推来积木

3人1组开始分组数

记录数后的数量

探向日葵之谜

向日葵是一种有魔法的花,它向阳而开,不断生长,枝干和叶子上有白色的扎扎的毛、爱心形状的叶子交错排列……它让孩子们驻足停留欣赏它的美、感受它的美、创造它的美,还用手、用眼去发现它身上的多种秘密!

一探:向日葵长相的秘密

基于孩子们的兴趣,我们开展了《高高的向日葵》这个科学活动。

首先,展开对"向日葵长什么样"的讨论,孩子们说:"向日葵长得很高,比老师还要高,比我们站在椅子上还要高。""向日葵的叶子和秆子上有刺,摸上去扎扎的。""向日葵的叶子特别大"……

通过讨论,我们发现几个需要进一步验证的问题:

- 向日葵很高,那么有多高呢?
- 叶子和秆子上扎扎的是什么?长什么样?
- 叶子有多大,是什么形状的?

针对这些问题,孩子们开始讨论解决策略,并在教师的引导下分成三个小组,每一小组解决一个问题。

第一组:高高组

孩子们在已有测量经验的基础上,尝试用数棒测量和绳子测量两种方法。

在用数棒测量时,孩子们考虑到一根数棒不够用,于是他们去隔壁班又借来一根数棒,用两根数棒叠起来测量。第一棵向日葵的测量结果有 18 格。随后,他们用同样的方法测量了 3 棵,分别为 16 格、19 格和 20 格。

在用绳子测量时,孩子们在美工区找到一根比老师长的绳子。可问题来了,无论是从下往上量,还是从上往下量都够不到,怎么办?皓皓灵机一动,说:"鲁老师你抱我一下吧!"皓皓抓住绳子的一端,提到向日葵的最顶端,垂下绳子与根部对齐,桐桐用笔做记号。用同样的方法,孩子们又测了 5 棵。最后,用数棒测量绳子,测量结果也在 18、19、17、16 格之间。通过测量,孩子们了解到向日葵的高度在 16 至 20 格数棒之间。

第二组：扎扎组

扎扎组的小朋友们采用用手摸一摸、用放大镜看一看的方法，发现：向日葵主干部的绒毛比叶子上的绒毛要长一些、粗一些；绒毛是白色的、密密麻麻的；绒毛长得像刺一样，尖尖的。

第三组：叶子组

叶子组的小朋友们通过用足球、手掌、餐盘等实物与叶子进行比较，发现越是下面的叶子越大，比足球大得多；上面的叶子比较小，跟老师的手掌差不多；叶子的两面都有绒毛；叶子正面的颜色深一些，背面的颜色淡一些；叶子的形状像爱心。

本次活动，我们发现有多个问题需要解决，如果由集体逐个解决，就会出现用时过长、产生消极等待的问题，所以我们引导孩子们采用小组解决的形式展开，让孩子们自己分组，自由讨论，自己准备材料，自己动手操作……把主动权交给孩子们，尊重他们的探索需求，使每一个孩子都能得到发展。

二探：向日葵花盘的秘密

经过一段时间的观察，孩子们发现向日葵花盘发生了哪些变化？花瓣变色了，有些已经凋落，中间许多密密麻麻的东西也在往下掉，这是什么？是瓜子吗？……孩子们开始对这些现象产生兴趣。为了验证自己的猜想，孩子们又自由组队，开始探索花盘，有的孩子带着科学区的放大镜认真观察，有的孩子摘下一小簇花盘里的东西放在手心里仔细研究……

缘宝说："这个是小花，你们看，还是五角星形的。"

乐乐说："我看到瓜子了，上面的花掉了，下面就是瓜子。"

嘟嘟说："瓜子好像是黑色的。"

说来很巧，正当孩子们观察的时候，他们发现了一棵被折断的向日葵。孩子们知道它不能再成活，心里很伤心，最后商议决定把它带回教室养在科学区的花瓶里，并创设了"向日葵观察角"。为了便于孩子们记录、观察比较，我们设计了一本A4纸大小的手风琴式的记录本，每一张A4纸上有6个格子，孩子们可以把观察到的现象记录在格子里，还可以请教师用文字记录下来。每天离园时，

户外探索花盘的孩子们　　　　　　　科学区里探索花盘的孩子们

我们会请观察的孩子们说一说自己的发现,再与前一天的观察记录进行比较,看看有哪些相同和不同之处。

通过一周的观察,孩子们有如下发现。

第一天:向日葵在花瓶周围掉下1片枯萎的花瓣和6个黑色的花蕊,其他没有变化。

第二天:向日葵在花瓶周围掉下的花瓣和小花朵更多了,向日葵露出了有点白色的瓜子,而且枝干上的绒毛不再那么扎手了。

第三天:花瓶周围掉下的花瓣和小花朵相对第二天又多了,向日葵中间露出的瓜子也更多,而且向日葵的叶子开始发黄。

……

第六天:花瓣已经掉光,中间还剩下零零星星的几个小花朵,枝干也发黄了。

第七天:孩子们发现向日葵快要干枯了,他们决定把向日葵剖开来观察,探索其内部的秘密:没有成熟的瓜子是白色的,外壳软软的,用手一掐很容易断,还会有少许汁水;花盘内部有一个"洞",里面有白色的像棉花一样的东西。

三探:向日葵低下了头

连续的降雨让孩子们没法近距离观看向日葵,他们心里特别担心……天气一转晴，孩子们就迫不及待地来到它们身边。

城堡说："呀！向日葵怎么都低下头？会不会被雨水冲坏了？"

承承说："是不是生病了？叶子也有点黄黄的。"

丫丫说："不是的，一定是一直下雨，被雨水冲下来的。"

汤汤说："水喝得太多了吧？"

缘宝说："不对，因为里面有很多瓜子，太重了就压弯了。"

乐乐说："对对对！"

……

向日葵低下了头

"向日葵低头"的现象引起了孩子们的好奇心和探究欲望，他们通过分享已有经验、家长帮助、查阅资料等方法终于明白：原来向日葵进入成熟期后，花盘变得越来越大，瓜子越长越饱满，分量随之变重，慢慢地就"低下了头"。

反思

1. 充分利用自然环境，抓住让教育"活"起来的契机

《幼儿园教育指导纲要（试行）》中指出，教育活动内容要贴近幼儿的生活，充分利用自然环境和社区的教育环境，扩展幼儿生活和学习的空间。它还指出："善于发现幼儿感兴趣的事物、游戏和偶发事件中所隐含的教育价值，把握时机，积极引导。"本主题源于幼儿园得天独厚的自然环境——长排生长于距离教室50米处的向日葵，向日葵的美与不断变化引发了幼儿对美好事物的好奇心和探究欲望。此时，我们跟随孩子的脚步，看见孩子、倾听孩子、发现孩子的兴趣，当孩子自发地提出问题时，将孩子的疑问放在心上，抓住教育契机，和他们一起探究问题、解决问题。让孩子在自然的课堂中通过亲身体验、感知、操作获取多种计算方法和向日葵的多种相关常识，让幼儿教育真正地"活"起来。

2. 教师灵活"站位"，推进探究活动步步深入

在探究式学习活动过程中，教师从对知识的传递者变为幼儿学习的支持者、合作者以及引导者，幼儿从对知识的被动接受转为主动探究、获取。本次主题活动中，我们始终站在孩子的身后，灵活变动"站位"，快速从幼儿的表达或行为表现中分析判断，适时采用策略应对，例如，当孩子们在"怎么数更快"的问题上"堵塞"时，用开放式提问介入，引发孩子想起使用金色串珠（10个10个数）的已有经验，使数向日葵的活动继续推进并更加深入。同时，我们尊重孩子的兴趣和需求，支持孩子发现问题、分析问题、解决问题，比如在数向日葵的活动中，以"向日葵越来越多，怎么数"这一问题为起点，并在多次"发现问题—分析问题—解决问题"的过程中形成良好的思维习惯，提升数的经验，同时在问题的驱动下推进活动的深入展开。

（浙江省慈溪市早期教育中心　鲁红苏、章清清）

点 评

这个故事从幼儿餐后散步与一长排开花的向日葵偶遇开始，从孩子们数向日葵中遇到的数不清的问题及探向日葵之谜中的一系列想要探究的秘密入手，让我们看到了孩子如何在好奇心、探究欲的驱使下主动发现问题、解决问题的过程。尤其是数向日葵令我感慨。大家用"手指点数"数的结果不同，因为涉及从右、从左，还是从中间开始数的问题。于是，他们尝试"边数边记"，结果白纸写满了，或纸太小写不下了，或不会写"164"了……可孩子们没有放弃，而是越战越勇，经过商讨尝试"贴数字数"，可是贴的纸片容易掉，而且做贴纸、写数字又特别费时间，于是孩子们借用蒙氏数学的材料——金色串珠来帮忙，数10棵向日葵就放一串金色串珠，大家合作终于数清了一共有242棵向日葵。后期，向日葵越长越高，到底多高呢，孩子们通过自然测量，最终克服困难，运用数棒得知向日葵的高度在16~20格数棒之间。在这一过程中，我们看到了幼儿在学习中遇到的一个又一个问题，面临的一个又一个冲突。在孩子们积极的探索中，在教师的一步一步支持下，孩子们通过直接感知、实际操作、亲身体验的方式不断尝试、不断解决问题，呈现了真实的数学学习过程。这是这个课程故事的意义

所在。

此外，这个故事给人印象深刻的是如何利用幼儿园的自然资源，让课程活起来。自然资源是重要的课程载体，也是引发幼儿互动与建构经验的基础。教师要有这样的敏感性，能主动识别幼儿的兴趣需要，利用资源优势助推幼儿的探究。正如2022年《幼儿园保育教育质量评估指南》所言："善于发现各种偶发的教育契机，能抓住活动中幼儿感兴趣或有意义的问题和情境，能识别幼儿以新的方式主动学习，及时给予有效支持。"故事中的教师就是在借助大片的向日葵开花之际，通过支架，不断抛出问题以引导孩子思考，一方面引领他们亲近自然，另一方面孩子也在不断地探究中发现自然和热爱自然。

（浙江师范大学儿童发展与教育学院　王春燕）

课程故事 9　我们的机关书

打造极具特色的班级图书馆向来是我们第二实验幼儿园书香园的美好传统。在打造大五班班级图书馆之初,毛豆带来了一本非常特别的立体书,孩子们对此产生了强烈的兴趣,并称这种可操作的、有趣有意的书本为"机关书"。在一次次翻阅、探索中,孩子们萌发了做一本属于自己的、独一无二的机关小书的念头。在这个过程中,我惊讶于孩子们的探究及思考能力,他们在一次次地发现、探究及解决问题中所展现出来的蓬勃向上的生长力量让我无比惊喜。同时,他们回馈给"YI花园"(孩子们给幼儿园起的名字)的爱意,用自己的方式记录的暖暖回忆,也一定会让你动容。

原来,做一本机关书的关键要素是……

"机关书到底该怎么做?"

开始制作前,孩子们决定先对现有的机关书进行更为仔细的阅读研究。"重点研究什么呢?"炫成提出:"要把机关书里所有的机关种类画下来。"清漪认为:"或许我们可以发现机关的做法。"每本机关书中机关的种类及制作方法成为孩子们首次研究的重点目标。通过记录,大家发现,每本书中的机关类型是差不多的,但是根据书本的厚薄、故事情节的不同,机关的数量有着较大的差异。

"除了这些机关,机关书里还有什么?"有的孩子发现,机关书里没有机关的地方,都是图画;有的孩子

孩子们第一次对机关书进行研究记录

则认为，那些都是一个完整的故事。"只要有这些机关就可以称作'机关书'了吗？"我问孩子们。孩子们显然不同意这个说法。"那肯定要有一本书。""机关要被藏在书里等我们去发现。""书本都有一个故事。""我们也要创造一个故事。"在这一次的研究记录中，孩子们已经发现，制作一本机关书的基本要素是：一本书、一个故事、很多的机关。

孩子们第一次研究记录结果图

三制三探，小有所成

掌握了机关书的制作"秘诀"，孩子们兴冲冲地开始了他们的第一次尝试。但制作之旅似乎并没有想象中那么顺利，孩子们遇到了许多意料之外的问题……

第一次制作：让机关变得更合理

第一次的制作过程可谓热热闹闹，有的孩子先绘制故事，有的孩子直接动手剪剪贴贴，有的孩子则是边贴边画……40分钟后，每个孩子都做了一个展示分享，他们说得头头是道，但也遇到许多问题：翻页式机关怎么翻不动？抽拉式机关怎么拉不动？这些机关看起来怎么更像贴画？

哪里有困难，哪里就有小帮手！

丢丢赶紧来支着："翻页翻不动是因为双面胶贴的面积太大了，把要翻动的地方都给贴住了"。

祉延说:"可以把双面胶剪成细细的、一条条的,这样就可以避免贴住的面积太大。"

毛豆也经验丰富:"用固体胶能更好地控制贴住的面积。"

艺华分享着自己的发现:"可以用两页纸来做,一张做底衬,一张用来翻。"

孩子们第一次制作的小小机关书

从第一次的制作中可以发现,前期积累的粗浅经验帮助幼儿初步摸索出了一些制作方法,但他们尚不能在这么短的时间内完全迁移研究中获得的经验,而且一部分小朋友将注意力都放在了机关的操作上,没有关注机关的制作方法。于是,我以十分惊奇的口吻询问孩子们:"你们觉得,到底什么才是机关呀?"

可可说:"机关是让我们操作的。"

毛豆说:"机关是会变化的。"

奥莉说:"机关书藏着很多东西需要我们去发现。"

于是,我告诉孩子们:"除了成功制作出机关,还要让机关变得更加合理、有意义。"

第二次制作:让机关书更精彩

第一次的制作虽然没有成功,但教师根据孩子们的兴趣展开的讨论再次点燃了孩子们的热情,他们表示要再尝试制作,并且决定:这一次要做一本更好的机关书。

怎样才能让机关书变得更精彩呢?

可可说:"仔细一点。"

萌萌说:"要多画一些图画。"

俊锡说:"要让机关能够动起来,种类也要多一点。"

多多说:"肯定要让它变得很有意思。"

再次制作前,他们又展开了第二次研究,这一次,他们的观察与对比更有针对性。

多多说:"翻页的形式也有很多种,如上下、左右、单页、多页、重叠式。"

皓皓说:"立体的需要让机关粘在两页上。"

陈陈说:"立体的部分还需要在两页中间那个缝上。"

……

孩子们第二次研究记录结果图

在第二次的研究记录中,孩子们有了更多的发现:原来机关的种类有这么多,光是翻页式机关就有这么多种表现形式。带着新的发现,孩子们重新进行了机关书的设计与制作。在孩子们完成后的分享中可以发现,对机关书更为深入的研究和更多的关键经验让他们制作出的机关的形式逐渐丰富,机关的构造也逐渐合理。但孩子们对机关的设计制作投入了过多的注意力,所以越到机关书的后面,故事的内容就越简单,甚至没有画面只有机关。孩子们的热情和注意力都集中在一个个机关的制作上,他们忽视了机关打开前和打开后画面的动态变化以及机关与画面间的关联性。

为了助推孩子们的经验发展，我们再次展开了集体讨论：机关里面到底有什么？

铭铭说："机关里面有很多的字，它介绍了这种动物叫什么名字。"

宇华说："机关没打开的时候是一棵树，打开之后树上多了很多的苹果。"

其他孩子说"这个机关可以让小鸡跳来跳去。"

我让他们将自己的想法画下来并进行分类，发现机关里面的东西可以大致分为以下几类：图画、文字、物体的变化、物体的动态。

"那么到底什么样的地方需要机关呢？"

根据上面孩子们得出的经验，大家一致认为：文字是作者希望读者去发现与了解的内容，也就是说，可以将藏着知识与科普的地方做成机关，让探究与学习变得更有趣；图画常常与物体的变化相关联，也就是随着时间变化的东西都可以成为机关；还可以是有趣的游戏，比如捉迷藏，也就是等待着读者去发现、从中体会到阅读乐趣的地方也可以成为机关；还有可以由静到动、具有操作性的地方可以成为机关。

机关里面有什么

凝心聚力，专项研究

在两次制作中，教师发现孩子们的兴趣始终都聚焦在机关上，加上部分孩子的动手能力和创造能力较弱,于是我们根据孩子的表现和需要,分组进行、逐一击破,由他们自主选择分成立体组、抽拉组、翻页组和其他组。

立体组——"自动"是个大难题

立体组尝试制作了两种不同形式的立体机关。

祉延和陈陈共同研究如何能让机关自动立在两张书页中间。在研究过程中,他们遇到了如下问题。

立体式机关的制作过程

剪裁好的机关贴上后,书页合不上。陈陈再次观察,发现需要把机关中间折一下。合作的两人需要及时探究,互通有无。

机关粘好后,无法随着书页自动打开。教师适时引导孩子们观察机关与书页黏合的形式和角度,他们发现机关与书页间需要折成一个角。

可可发现了另一种立体方法,他认为,是手臂翻动书页的力量通过机关与书页黏合的部位带动机关立起来的,于是他和煜皓开始尝试一种不一样的立体机关。教师发现,可可是边研究书本边进行制作的,思路更清晰,还能进行对比测量来调整纸条的长度。煜皓能够根据自己的机关大小,调整支撑物的数量,让自己的机关更立体、更牢固。

抽拉组——隐蔽藏匿,硬一点更牢固

制作前,孩子们进行了集体讨论,发现抽拉式的机关必须要有几张纸粘在一起才能藏住机关。

抽拉式机关的制作过程

小宝和清漪在制作时遇到了机关破掉的问题。小宝认为是纸太软了,卡住的时候稍一用力就破了,于是向我要了更硬一点的纸完成制作;彧晗和垚晨商量制作了消防车,两个人分工合作,配合默契,灵活应变;锗一、金泽、瑞瑞发现如果将缝隙剪得太大,火箭就容易跑出去,同时纸太软了,抽拉的过程就不能很流畅,还容易破,因此他们找了更硬的纸,再次尝试制作火箭和飞机。

翻页组——把握方向,宽窄有度

翻页组对于自己的制作过程胸有成竹。艺华和萌萌发现美工刀划的时候会偏离方向。炫成提出,可以用硬一点的东西固定,不让美工刀发生偏移,并且在教室里找到了可用的工具。他们互相协助,完成机关的制作。

翻页式机关的制作过程

艺华在制作单独的翻页时,一次次地比画大小,一次次地修剪,而萌萌在旁边数次说:"你这个还是大了点啊!""你这个大小还是不对。"她认为,可以用尺子精准确定纸张的大小。于是他们进行了尝试,因为对尺子这个功能的使用没那么熟练,所以一开始艺华经常将尺子摆放错误,这个过程花费了一些时间,所幸最后出来的作品较为成功。

其他组——自由探究,创新创想

其他组通过自主探究制作了口袋式机关和弹跳式机关。

两次的研究、讨论、尝试后,孩子们的兴趣和能力不断提升,大家的目的性更强,方向也更明确。他们一次次地试错、研究、制作,能够分享经验,向同伴学习,根据制作的情况主动对材料进行调整。每个组完成后,就会向大家展示,示范制作过程,详解注意要点,便于每个孩子都能掌握各种机关的制作方法,同时孩子们的主动性和细致程度也在不断提升。垚晨还提到了教师都没注意到的一点:"制作抽拉式机关的时候,一定要弄一个小小的卡扣,不然机关很容易掉出来。"

孩子们介绍做法

孩子们介绍做法

第三次制作：机关书成功啦

经历了研究记录、个人尝试、分组攻克、交流经验后，孩子们对制作机关书的热情越发高涨，进而展开了第三次研究记录，并且有了更深入的发现："机关书都很硬，纸张很厚。""抽拉还可以跟翻页结合。"

第三次成果展示

教师根据孩子们的发现和需要，及时调整、提供不同种类的材料。这一次制作中，孩子们表现出了极大的进步：制作机关的速度变快了，制作出来的机关种类丰富多样，机关的构造和使用也趋向合理。并且，孩子们能够迁移自己的生活经验去创作机关书的内容：煜皓的故事内容迁移了自己看过的绘本《你看起来好像很好吃》[①]；正值端午节，俊锡创作了《粽子礼物》的故事；想像解放军爸爸一样成为一名英雄的诣博创作了《消防员灭火》的故事……

最后，一向内向的泽泽一直说："这种机关书太好玩了，我回家还要做一本，真有意思！"对于孩子们的兴趣，教师应当给予支持与帮助，可以在美工区和阅读区投放小书供孩子们进行制作。

第三次制作小小机关书的成果展示

---

① 该书的简体中文版已由二十一世纪出版社于2009年出版。

爱的篇章

毕业的钟声缓缓敲响,孩子们即将离开陪伴了自己三年的 YI 花园,他们都想为 YI 花园留下一份特殊的礼物——一本独属于大五班和 YI 花园的机关书。

将暖暖的回忆装进书里

孩子们将自己想要做进机关书的东西画了下来,有人想记录 YI 花园里的人,最亲爱的好朋友,还有陪伴了自己三年的老师;有人认为 YI 花园的一草一木,那飘着果香的大树,还有咩咩叫着的小羊,每个生命都值得留念;还有人认为,最值得纪念的是在 YI 花园里发生的好玩的事。

祉延说:"那就把我们在 YI 花园里的某个角落做过的事情画下来呗。这样就又有人,又有景色,又有快乐的事情啦!"

萌萌说:"人加上小火车,那就是我们在开童年的绿芽号。"

诗媛说:"我加上小山坡,就是我在山坡上玩小风车,真好!"

孩子们突然有了一堆奇思妙想,回忆好像也突然变得生动起来。

小溪、攀爬架、桂花树……YI 花园的角落就像画卷一样随着孩子们的讲述铺开。我们一起到 YI 花园的每个角落走一走,回忆那些游戏的场景,孩子们的脸上洋溢着快乐的笑容。

"我在这里学会了走油桶。那时候我不敢,是老师鼓励了我,牵着我的手不让我摔下去,我觉得特别有安全感。"

"我在这个地方打过水枪。衣服全湿透啦,但是我特别开心。"

"我在这个泥塘里捉过泥鳅,泥鳅太滑了,我废了很多功夫才捉到几条。"

共同经历过的美好,特别能够带动孩子们的共情能力。

回到教室后,我组织孩子们进行讨论:"以怎样的形式制作这份特别的礼物?是每人做一小本最后整合起来,还是大家一起制作一本?"

小宝说:"YI 花园太大了,我一个人制作不过来,还是大家一起做吧。"

嘉琪说:"YI 花园的景色这么多,万一大家都做同几个,有些地方没做进去怎么办?"

祉延说:"机关书越大越好看吧!"
诣博说:"送给 YI 花园的毕业礼物要做得好看一点。"
俊锡说:"这是大家共同的 YI 花园,一起做一本比较好!"

快乐的回忆有你有我,因此共同做一本大的机关书是更合适的选择,也更有意义。

孩子们对于 YI 花园的美好回忆

用一段青春回忆你

买到了合适的空白书本,接下来就是规划机关书的内容了。孩子们再次翻看立体书,发现机关书一般都是两页一个场景,这样够大,立体机关才能设置。而且最后要有署名,告诉读者这本书是谁做的。毕业留念,当然不能少了和园长妈妈的合影。

书本内容介绍以及幼儿的制作过程

最后,我们发现:剩下的书页只够画 5 个场景。大家投票选出了最想要的 5 个场景:花园、大五班阳台、教室、小蜜蜂农场、香香小池塘。剩下的场景,孩子们可以在区域时间进行制作。他们还集体商讨制定了 YI 花园纪念册制作计划表,对每一页的内容和各个场景的呈现顺序做了一个规划。

一切工作准备就绪,接下来就要开始进行书本的制作了。孩子们自己采景、绘制图画、制作机关,分工合作,每个孩子都能发挥自己的长处,为 YI 花园贡献自己的力量。整个过程热闹而有序,他们将 YI 花园里那些让人印象深刻而又美好的画面,通过一个个不同花样的神奇机关小卡片鲜活地呈现在我们眼前。

机关书内容的规划

机关小卡片的制作

将制作好的书本送给谁？孩子们一致觉得要送给亲爱的园长妈妈，因为YI花园是她打造的，是她带给我们这么多的美好。于是，会写诗的芽宝还写了一首送给园长妈妈的诗，以感谢她三年来的付出与陪伴。最后，孩子们录制了一个操作视频，制作成二维码贴在上面。

孩子们选择在毕业典礼这天将这本机关书送给园长妈妈，因为这是一份毕业礼物，理应在毕业的时候送，而且珍贵的礼物更要在重要、正式的场合送给重要的人。在毕业典礼上，园长妈妈为每个人都颁发了毕业证书，然后我们便将这份礼物送了出去。

反思

1. 用真实问题驱动，点燃儿童的持续探索热情

在"机关书怎么做和如何改良机关书"中，以活动过程中发现、提出和待解决的真实问题进行驱动，例如，在"机关书怎么做"中发现"机关书里有什么""机关书为什么没有制作成功"；在"如何做出更好的机关书"中针对存在的问题再次探索，提出"如何让机关更丰富，如何让机关书更精彩""如何把机关做得更好"等。真实问题的提出，在认知上促使孩子们深入思考制作一本机关书的要素；在情感上激发他们持续探索机关书的意愿；在能力上推动孩子们多次实践，尝试制作出抽拉式、翻页式、立体式、口袋式、弹跳式等不同形式的小机关，并学会将不同的机关形式两两进行组合，增强机关和画面之间的关联性。

2. 搭建多样平台，给予交流学习机会

在"如何改良机关书"部分，孩子们自主选择分成立体组、抽拉组、翻页组和其他组，教师给孩子们提供了有关制作过程的视频，供孩子们观看和学习。在分享回顾中，孩子们讲解得更加仔细和细致，发现了自己制作的机关存在的优缺点。其他小组的孩子们也学习了各种机关的制作方法。小小机关书展示活动呈现了孩子们设计的各种各样神奇的小机关，孩子们的各种奇思妙想也得以体现。

在"做一本特别的机关书"部分，教师给孩子们提供了大大的白纸和一些制书的材料，供孩子们进行制书活动。在孩子们合作完成的这本机关书中汇集了各种各样神奇的小机关，而且机关和画面之间的关联性很强，展现了孩子们三年来在YI花园中美好、温暖的回忆。

在制书过程中带孩子们参观制书工厂，让他们了解、学习和拓展制书方面的知识，这也是助推孩子们进行学习交流的一种手段，可以促进他们进一步深化项目学习和探究。

3. 满足情感需求，以儿童回忆为导向

在"机关书怎么做和如何改良机关书"部分，孩子们已经积累了制作机关书的经验，掌握了制作机关书的关键要素和许多机关的制作要点，但孩子们的热情还在持续着。正值毕业季，为了给YI花园留下一份特殊的礼物，孩子们想到了做一本特别的机关书来纪念他们在YI花园的时光。他们把自己在YI花园里的那些美好、温暖、有趣、好玩的点滴经历都汇集在这一本特别的机关书里，为自己在YI花园三年的诗意生活画上一个圆满的句号。孩子们的回忆就像这本机关书一样，鲜活生动，他们在这个园子里用与众不同的方式留下了属于自己的痕迹。

（浙江省东阳市第二实验幼儿园　斯胜男、孙妙苗）

点 评

杜威在《我们怎样思维：经验与教育》①中提出，"经验不是一种呆板的、封闭的东西，它是充满活动的、不断发展的。"《我们的机关书》这个生动的课程故事让我惊叹于孩子们在一次次的发现、探究和挑战中不断生长，主动建构自己的经验，也感叹教师能够看见幼儿的兴趣、看见幼儿的真实问题，不是为做机关而做机关。正是这一位位基于儿童立场又富有智慧的教师让我们的教育充满温度与惊喜。

来自幼儿的问题和兴趣都可能成为课程发生的起点。制作机关书源于幼儿对图书中"机关"的兴趣，教师能够找到幼儿兴趣的真正生长点，遴选有价值的活

---

① 该书的简体中文版已由人民教育出版社于2005年出版。

动让幼儿亲身体验、实际操作，最终让机关书这个项目越来越有教育价值，从而开展了这样一个整合性的学习活动。我认为，这样的学习过程是激发幼儿探究的过程，也是幼儿积累有益经验的过程，更是引发幼儿情感共鸣、形成有意义学习的过程。

这个故事还让我特别印象深刻的是教师以真实的问题驱动为导向，培养幼儿善于发现问题和解决问题的能力。比如，根据书本的厚薄、故事情节的不同，机关的数量有着较大的差异；制作一本机关书的基本要素是一本书、一个故事、很多的机关；又如在"三制三探"的过程中，除了成功制作出机关，让机关变得更加合理有意义，尤其难能可贵的是引导幼儿关注机关打开前和打开后画面的动态变化以及机关与画面之间的关联性。正是在这样一步步充满智慧的引导下，幼儿制作出来的机关丰富多样，机关的构造和使用也趋向合理。

特别期待这些幼儿基于自己的已有经验与体悟，今后创作出更多天马行空、充满想象与创造的机关书，不断丰富关于自己与这个美好世界的联系的认知和经验。快乐地生长吧！

（浙江师范大学儿童发展与教育学院　邹群霞）

课程故事 10　家乡的雷峰塔

在进行《我们的城市》主题教育活动时，为培养大班孩子热爱家乡的情感，我们将杭州的当地资源融入教学，由此了不起的古塔建筑——雷峰塔走进了我们的活动。建构区里，教师在墙上张贴了与雷峰塔相关的图片，喜爱搭建活动的孩子们突然提出了搭建雷峰塔的想法，于是有了下面的故事。

搭建雷峰塔

第一次搭建：印象雷峰塔

建构区里，孩子们对照雷峰塔的照片，尝试用长短不一的长条形清水积木和纸杯垒高搭建。

第一次搭建的作品

首先，葫芦用短条形木块竖立围合成近圆形底座，再将长条形木块平铺在底座上，乐乐在平面上倒扣起了纸杯，形成建筑中柱子的造型。"这是柱子。"乐乐向葫芦解说，两位小朋友就这样重复用一层长条形积木、一层纸杯搭建出雷峰塔建筑的层次效果。

"芮老师，快来看！这是我们搭的雷峰塔！"孩子们招呼老师前去欣赏。

"这是你们搭的雷峰塔吗？看起来是有点像，可是又好像不太一样。"教师指着墙上的雷峰塔图片说。孩子们朝墙上的图片观察起来，转身又看了看搭建的作品。

"我知道了!我们搭的是方方的,图片上的雷峰塔在这里有很多面。"乐乐说。

了解到孩子们已经发现多边形差异后,教师顺势引导问:"有很多个面可以叫多边形,那怎样建构呢?"

小宝说:"我知道了,从底下开始不能是方的,要多个边。"

教师说:"那需要几条边呢?"

孩子们又仔细对照着图片,并将看到的每个面画在纸上。一张带有八个面的基座图纸逐渐成形。

第二次搭建:八边形塔身和门洞

搭建前,孩子们认真观察雷峰塔图片,发现雷峰塔不仅有多面,每一面还都有"门洞"。他们用长条形积木做出了八面底座,再用两根圆柱体立起"门洞",在此基础上混合使用长条形积木一层层围合并垒高建构。

多边形围合垒高

小宝拿起一块长条形积木说:"我们把长条木片连接在一起吧。"

乐乐说:"你这块积木不够长,我够不着,你要找长一点的。"

小宇蹲在材料区旁问:"要多长的?"乐乐举起手中的长条积木说:"就这么长的,你找找看。"

小宇接过乐乐手中的积木,在材料区忙碌地寻找起来。小宝边搭边提醒说:"这里柱子太细了,会晃,你们拿粗的柱子来搭。"

孩子们一边观察一边选材,与同伴配合用长条形积木一层层围合,立起圆柱体并垒高建构。孩子们在协调每个面上长条形木块的搭配时,还要细心对比圆柱体的粗细与高矮。

"快来看呀,这儿还有门呢!"小宝指着图片向同伴分享自己的发现。"这边也有。"孩子们发现雷峰塔不仅有八个面,每一面还都有"门洞"。"那我给它搭个门上去。"小宇拿起两根圆柱体立起"门洞",乐乐找来了半圆形积木摆在边上说:"这也可以做门。"小宇放上了长方形做"门洞"。于是,每人各干各的,这些门洞都长在了不同的位置。

教师瞧见这一场景,招呼孩子们一起对比图片和作品:"你们搭建的雷峰塔好像有了新的变化,谁来介绍一下摆在这边上的是什么?"

乐乐说:"这是雷峰塔的门洞。每个边都有一个门洞。"

教师说:"原来塔还有门洞,门洞到底是什么样子的?"

孩子们仔细观察了图片,对照搭的门洞说:"这里不对,门洞不用这个形状。"小宝说:"每个门洞都是一样的,我们改一下吧。"

孩子们再次统一积木的长短、厚薄、粗细,调整了门洞位置,合作完成每个面的建构。几次协调下来,孩子们的默契有了提升,塔面和门洞呈现出统一的风格。

第三次搭建:一次实地勘察后的调整

孩子们利用双休时间,带上建构作品照片去往西湖边雷峰塔景区进行实地勘察,发现建构作品与实物间还有着明显的差别。

乐乐把探访时买的雷峰塔模型带来幼儿园分享,说:"我发现雷峰塔下面一层很大,上面一层小一些。雷峰塔有八个面、五层和一个塔顶。"

其他小伙伴听了后再次看向自己的作品。"那还是有些不一样,要再改一下。"

小宝分析着。根据这些重要信息,孩子们决定重新调整作品,把搭建下大上小的雷峰塔作为新目标。

搭建小组的小伙伴们站在塔前,讨论如何呈现八个塔面、怎样才能下大上小。

商讨并调整下大上小的塔身

乐乐说:"我们的雷峰塔每一层都一样大,但是真正的雷峰塔是下面大,上面小。"

冉冉说:"那把柱子往里面推推不就可以了。"他边说边移动柱子,塔开始晃动,上两层的塔身因重心不稳倒塌了。

小宝埋怨说:"哎呀,不能这么移,你看倒了吧!"

"哎,简直太崩溃了。"冉冉不好意思地说。

孩子们最后决定先一起讨论出调整方法再进行搭建。

第四次搭建:"同心围合法"的诞生

带着问题,孩子们在进入建构区前将团讨中提出的问题解决办法设计成大家都看得懂的设计图,协同合作建构思路。

乐乐说:"现在搭的塔每一层都是一样大的,这样就和真正的雷峰塔不太一样。"

冉冉说:"是的,最下面一层是最不像的。"

乐乐说:"可以用大一点的柱子把第一层变大。"

葫芦说:"那里面就能围起来。"葫芦边记录边说。

教师说:"围起来?怎么围呢?"

葫芦画下层围合的图样,说:"就这样围呀!"

教师说:"为什么想到要这么围呢?"

浩浩说:"我知道,就像双层蛋糕一样,第二层要垫在第一层上面。"

葫芦说:"对,我也见过双层蛋糕是这样,和我们要搭的雷峰塔很像。"

教师说:"那我们要围几层呢?"

乐乐说:"雷峰塔加上屋顶共六层,我们可以围六层。"

葫芦在画纸上又尝试画了起来。

建筑小组的孩子们找来了奶粉盒做底座的柱子,用最长的长板木条围合,再在中间层层围绕,用长木条和圆柱体环绕围成多个多边形,再借助之前垒高的方法层层垒高。由此,"同心围合"的搭建方式解决了"下大上小"问题。

团讨"同心围合法"

"同心围合"后的塔基

第五次搭建：塔顶和屋檐的精雕细琢

这天，孩子们又拿来雷峰塔模型和他们搭建的作品进行对比。一次精益求精的细节建构开始了。

小宝说："我还是觉得我们的雷峰塔屋顶有点太小了。"

乐乐说："我也觉得上面太小了，都不能上去几个人。"

小宝说："要不我们把上面几层再拆了搭一下吧。"

葫芦说："上面的屋顶小，是因为三角形太小了。"

小宇说："那我们换个大一点的三角形，然后把木片往外放一点就大了呗。"

孩子们在工具区寻找、收集了一番，发现有好几种不同形状、大小的三角形。乐乐和葫芦分别摆上了不同的三角形给同伴看。

"这里用那个长的三角形，这里可以用短一点的三角形，不然容易掉。"小宝站在一旁观察、对比，还一边指挥。

"这边三角形都歪了。"小宇指着塔檐说。

小宝拿来一片长条木板对齐斜边三角形的角，让塔檐呈直线状，从而解决了塔檐歪歪扭扭的问题。其他同伴也模仿这个巧妙的方法操作起来。

孩子们摆正歪歪扭扭的塔檐

创造性地解决塔檐问题

"这样看着好多了。"小宝说着。

雷峰塔的塔檐和屋顶被孩子们一点一点地替换了材料,建构物整体又有了更接近真实塔形的模样。孩子们在雷峰塔的周围搭建了一些弯弯绕绕的小路。

乐乐说:"雷峰塔边上的马路都弯来弯去的。"

孩子们边嬉笑交谈,边继续开发着雷峰塔的周围景点。一座家乡的雷峰塔就在这样的欢声笑语中搭建完成。

孩子们精彩的搭建过程

雷峰塔最终的搭建效果

建塔向拆塔的转折

因借出积木的班级要求建构小组如数归还所借积木,孩子们又将面临拆除雷峰塔的任务。可是怎样拆塔才能更有学习意义和价值呢?抓住了拆塔的契机,教师尝试让孩子们试着运用数学的方法和思维在拆除游戏中探索积木的计数方法,从而促进他们数学思维的形成和发展。于是,建构区有了从建塔向拆塔转折的游戏行动。

第一次拆塔：大家都不清楚（合作问题的显现）

建构区里，孩子们七嘴八舌地讨论着拆塔的方法。

小宝说："我们就随便拆，推倒就好了，然后数一数一共有多少块积木。"

乐乐说："雷峰塔是从里面搭起来的，一层层很牢固，随便推倒会很乱，乱成一堆数不清。"

葫芦说："随便拆的话，高的地方积木掉下来会砸到脚，不安全。"

冉冉说："那就一层层拆，拆了分种类放进积木箱就好了。"

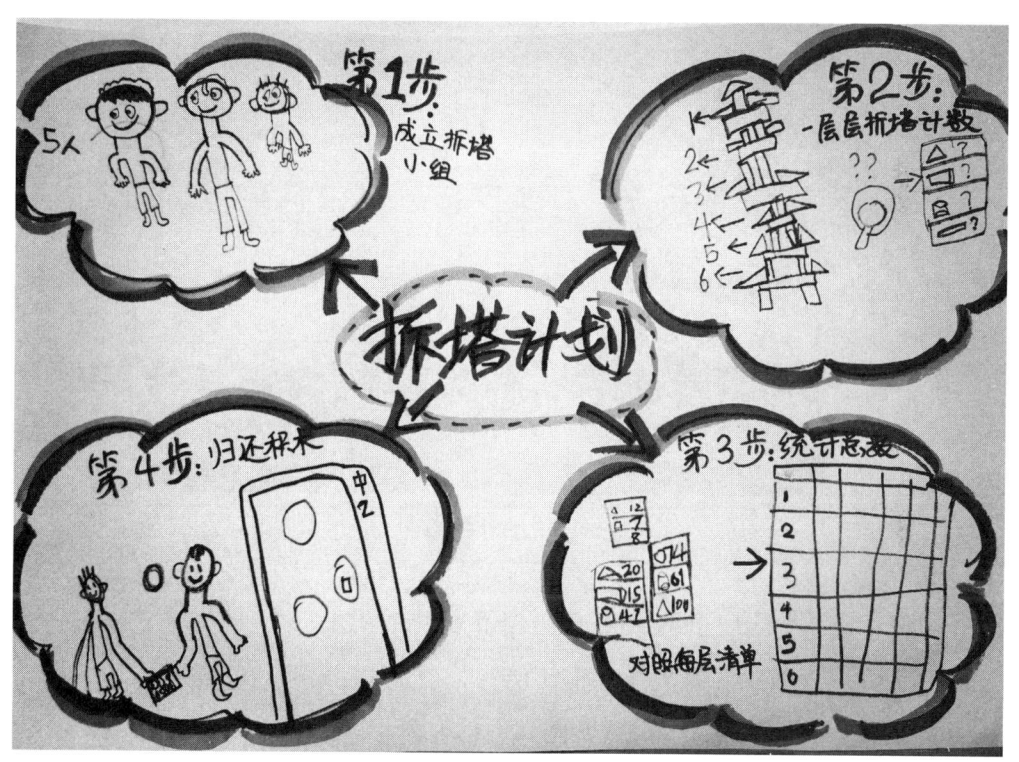

拆塔计划导图

大家一致同意冉冉的提议，并快速进行分工，还找教师要了笔和纸用于记录数量。

小宝和冉冉一边拆塔一边计数"1、2、3、4……28"，乐乐负责接过积木，分类放进不同的筐子，并整齐摆放。一旁的葫芦负责在白纸上画表格，观察拆除积木的形状。等到最上面一层全部被拆除完毕,葫芦问乐乐数量,乐乐问小宝,小宝看着冉冉,冉冉瞪大眼睛说:"27?"小宝又说:"不对,28?"四人都不清楚到底是多少?

孩子们合作拆塔

这时芮老师发现了问题,建议四人停下来团讨问题。

小宝说:"我边拆边数,数完又忘了。"

冉冉说:"我忘记数了,怕塔(被我们拆)倒了。"

乐乐说:"我以为不用我数的。"

葫芦说:"我在画表格,没有看到。"

芮老师说:"嗯,你们都只记得自己的工作,没关注我们共同要解决的任务,那怎么办呢?"

孩子们复述一遍从拆塔至记录的工作流程,这一次他们各自知道自己要做的事和别人要做的事,明确了最终需要合作得出"这一层有多少积木"的学习任务。

第二次拆塔:几块斜边三角形(进位点数的学习行为)

拆搭前,芮老师组织四位行动组成员回顾了前一次拆塔中的问题,制订了今天的拆塔计划后开始工作,鼓励孩子们交换"岗位"。

孩子们解决三角形计数问题

孩子们迅速进入工作状态,这一次负责拆塔的乐乐在观察后先拿出了4个圆柱体,每一次递给整理与计数的葫芦时都会大声提醒计数,葫芦有条理地整理好,小宝更靠近整理筐,边观察边记录,每次记录前还会反复确认:"几个?我记了哦?"拆塔工作进行得很顺利。

快接近自主游戏尾声时,建构区里出现了争执。

小宝说:"124块,我看到的。"

乐乐说:"不对,我数的时候是128块。"

葫芦说:"我好像记得小宝是对的。"

拆塔组成员为三角形的数量争执不休,乐乐说他有办法,让整理和计数的同伴先一层一层地整理积木,只要数出每一层的积木数量,最后加起来就会得出总数。其他三人都觉得这个办法好,于是按照乐乐的办法做起来,并得出:14+14+14+14+14+14+14+12=?

乐乐说:"先把所有的'10'加起来"。四人一起数了起来,得出"80",可对余下的"4"和"2",四人又陷入了困扰,乐乐掰着手指头,小宝眼巴巴地看着乐乐,还有的孩子等了一会儿后就自顾自地玩其他的去了。

看到孩子们出现学习困难,芮老师试图引导,问道:"4可

孩子们进位点数学习

以拆成几和几?"孩子们一下子反应过来,"我知道了!"于是继续在80的基础上数起来:"82、84、86、88……124。""老师,三角形有124块。我们算出来了!"孩子们欢呼着。

第三次拆塔:有争议的圆柱体(对个体幼儿的学习关注)

次日的拆塔过程中,搭建小组为6个还是5个圆柱体又争吵起来。他们回归到搭建时的设计图,试图从图纸上找到答案,最终发现手绘的图纸并没有清晰地标明所用的圆柱体数量;再观察照片时,也没有完整拍摄到圆柱体角度。

最后,孩子们决定复原本次拆除的办法,寻找争议的原因。原来是冉冉在拆除前进行了计数,而圆柱体呈围合状,冉冉在围合数数时产生了重复计数的情况,导致简单的数量出现了失误。

针对冉冉的情况,教师采取了个别化学习的方法,请冉冉拿来雪花片代替圆柱体进行围合数数。首先是用相同颜色的雪花片围合点数,冉冉数着数着又糊涂了,教师提醒道:"围合点数时,记住起始的位置很重要。"冉冉用手指点住第一片雪花片然后再数:"1、2、3、4、5……10。"这次冉冉数对了。教师请冉冉有规律地摆上三种颜色的雪花片,进行第二次围合点数。冉冉运用刚才的方法,排除了颜色的干扰,准确数出了数量。他很快理解了围合点数的重点和方法。

冉冉进行围合点数练习

走进尾声

尾声活动一:讨论积木总数的办法

这是最后一次拆塔行动,任务艰巨。鉴于这一层塔基和第一层所用到的积木种类多、数量多，于是大家首先进行团讨。

乐乐说："这层有很多种长板，长、中、短要分开画。"

冉冉说："长板还有不同的厚度。"

乐乐说："葫芦要画长的厚的、长的薄的，其他的也要分开画。"

葫芦说："你们说，我来画。"

进行最后一层拆除任务

四个小伙伴围着塔基画了起来。

在拆除过程中，孩子们有序地进行了数数、报数、记录和分类摆放，大家开始查看这一次的记录表。芮老师问道："这么多的积木怎么加呢？"

小宝说："还是先把每一种积木的数量统计出来。"

葫芦说："乐乐会计算，最后加起来吧。"

乐乐说："我会算，但这么多不一定会了。"

芮老师说："除了乐乐会计算，我们还可以怎么办？"

小宝说:"用计算器?"

葫芦说:"手机就有计算器。"

孩子们向教师借来了计算器,把这一次的积木统计了出来。

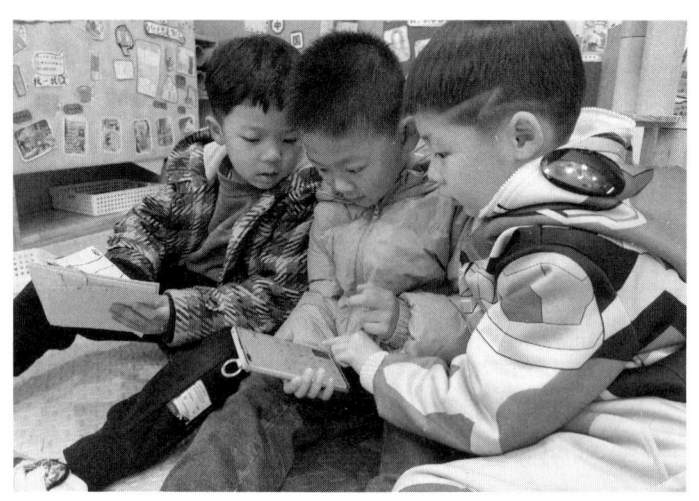

孩子们借来计算器统计

尾声活动二:计数统计图的运用

拆塔行动结束,单层的积木统计结果也完成,究竟用了多少块积木呢?孩子们讨论起最终的统计方法。

小宝说:"我们把所有统计单都加起来吧。"

乐乐说:"我觉得可以,画在一张大的纸上,就可以看到所有积木的数量了。"

葫芦说:"要用计算器,要么用手机来算一算吧,这样又方便。"

芮老师说:"手机是一种计数的好办法,我们还有其他好办法吗?"

小宝说:"要不把积木再数一遍。"

葫芦说:"不行不行,那样太多了,要很多天,数都数不完。"

乐乐说:"我有办法,用雪花片代替一下。"

孩子们从建构区找来雪花片,用雪花片代替统计图上每种积木的数量,从最多的积木开始计数,先完成每种积木的积累点数,然后得出每一层的总数,最后计算出总数。

为了便于在统计中进行累计计数,乐乐建议同伴用 10 个雪花片插成一朵"花",以这样的方法形成 10 个 10 个的累计计数。冉冉用学会的围合数数协助乐乐进行剩下的点数。葫芦负责将每一种积木的得数用计算器再次确认一遍。在紧张又专注的分工合作下,孩子们顺利得出了最终的数量——227 块!

"以物代物"合作统计

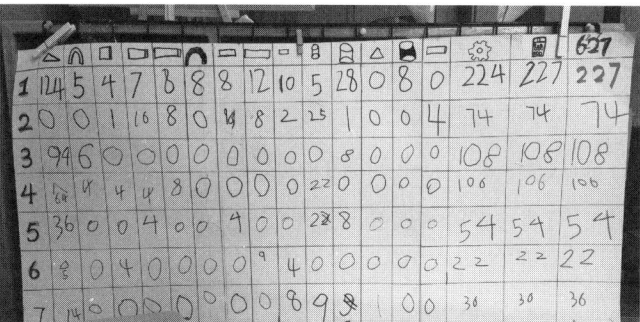

拆塔积木数量统计图

拆塔小组根据借用清单再次分类数出了要归还其他班级的积木种类和数量,按时将积木还到了各班,顺利完成本次拆塔任务!

反 思

本次故事源于大班上学期《我们的城市》主题活动,我们结合家乡杭州的地域资源开展了一次建构区域游戏。从幼儿自发提出搭建雷峰塔至拆除雷峰塔的计数行动,教师看见了游戏中幼儿的学习过程及发展水平,抓住学习契机及时引导与支持,使幼儿在建构游戏区中获得多元发展的机会。

1. 看见游戏中的儿童发展

案例中,幼儿的五次搭建行动均从不同方面展现出大班幼儿"高超"的建构能力。然而,多面建构、斜面建构对幼儿提出了更难的挑战,他们不仅要有一定水平的建构技能,还需要同伴间默契的合作。因此,游戏观察中的教师应当具有鹰眼的视角俯视全局,看见游戏中的每一名幼儿,追踪游戏发展的全历程,采用全域视频拍摄、追踪视频拍摄、照片等形式，全域观察并记录他们的动作发展、语言表达、交往冲突，精准地分析幼儿在游戏中的经验水平，适时引导并巧妙支持。同时，也应尊重游戏中的个体发展水平的不同，进行个别化的学习指导，帮助每名幼儿获得基于自身的成长机会。

2. 支持游戏中的儿童学习

在从建塔至拆塔的转折中，教师预见到拆塔游戏中的数学学习机会。分析游戏成长点可知：大班幼儿已从生活中获得有关数、量、形、空间、方位等方面的最初经验；结合幼儿已有的生活经验，才能产生有意义的数学学习。拆除雷峰塔是以已有建构雷峰塔的经验为基础的，这样的学习是对前经验的延展。以真实拆塔行动为背景，鼓励幼儿学习用数学的方法和思维对计数进行认知、改造、分析、整理及组织，体验从真实操作到数学抽象的转换过程，促进幼儿数学思维的形成和发展。因此，拆塔行动从发起就赋予了幼儿数学学习的发展目标。带着"建构一座雷峰塔需要多少块积木"的问题，大班幼儿运用自己的生活经验有了"三次拆塔计数""两次统计"的游戏行动。例如，大部分幼儿在按物点数、分类统计、数字书写等方面的能力已基本达成《3—6岁儿童学习与发展指南》的发展指标，且合作能力强。但在实际运用中，他们因缺乏对生活学习场景的预判，导致三次计数冲突事件。可见，幼儿学习数学不是一个自然发生的过程，他们需要得到适时的引导与支持，因此教师要及时介入，帮助幼儿梳理成因、寻找解决问题的办法，保持幼儿对游戏活动的热忱与坚持，最终完成学习目标。

本次建构区里的游戏观察与记录，让教师最为心动的是每遇到一个困难时幼儿总能认真投入地尝试解决，虽然过程中有分歧，但他们依然努力进行创造性学习。作为教师，我们应当尊重幼儿游戏中的发展规律和学习特点，支持幼儿个体在学习中的想法，多观察、善分析、巧支持，帮助每一名幼儿在游戏活动中迸发自有的能量，按照自己的节奏快乐成长。

（浙江省杭州市西湖区西庐幼儿园　芮雪）

点 评

　　这是一个发生在幼儿建构游戏中的故事，但这里的建构不同于一般的创意搭建，是在《我们的城市》主题背景下，基于特定的搭建对象而产生的主题性搭建——孩子们用建构的方式呈现他们心目中家乡的雷峰塔。那么，孩子们完成得如何呢？当我们快速地对比文中的图片"第一次搭建的作品"和"雷峰塔最终的搭建效果"时，就会惊叹：孩子们从最初的尝试到最终完成建构作品这一过程中究竟经历了什么？究竟是什么驱使着孩子们精益求精、反复尝试，完成如此复杂且精妙的作品？从故事中，我发现教师做了以下两件事。

　　一是适度地质疑。在以往的师幼互动中，教师往往担当鼓励者和赞赏者，最大限度地接纳幼儿的表达，并给出自己的评价"你们搭得真棒！"。然而，故事中的教师会适度地提出自己的疑问，指出："这是你们搭的雷峰塔吗？看起来是有点像，可是又好像不太一样。"这样的质疑并非是教师直接做出评判，而是将孩子引入与搭建对象的进一步互动中，帮助他们再度观察与思考。

　　二是适时地追问。从整体的互动来看，教师并没有给出具体的指导和建议，但她总会在孩子们产生行动的想法后，适时地进行追问，例如："那需要几条边呢？""围起来？怎么围呢？""为什么想到要这么围呢？"这样的追问，看似是教师在向孩子们请教，实则是推动孩子们进一步思考如何将自己的想法付诸行动，并对行动中的相关细节进行更深入地思考。

　　除此之外，这个案例带给我们的启发还在于，让我们意识到——学习无处不在。我们不仅仅关心孩子们搭建作品的过程，拆除作品的过程同样可以带给他们非常有价值的学习与发展。故事中，教师敏锐地捕捉游戏和生活事件中的教育契机，带着孩子们一起复盘搭建的细节、清点积木的数量，适时地引入统计、计数的方法，在真实的问题情景中引导孩子们主动且深入地学习。同时，还帮助孩子们体验到与同伴分工合作、诚信归还物品、共享游戏成果等诸多积极的社会性情感体验。透过文本以及教师为孩子们忠实收集的图片和视频，我真切地感受到儿童是有能力的学习者，而教师也是有能力的儿童研究者！

（浙江省杭州市西湖区学前教育指导中心　沈颖洁）

课程故事11　纸浆调制师"养成记"

"'纸'孜不倦",是本学期新开的以纸为特色的工坊。我们基于幼儿的已有经验和兴趣点,将纸坊划分为纸浆制作区和纸浆作画区。自己动手做的纸浆作为纸坊游戏和幼儿创作的主要材料,急需纸浆调制师们研发出合格的纸浆产品。在这一过程中,聪慧的纸浆调制师们会遇到哪些问题?又是如何解决的?让我们一起走进他们的打造之旅吧!

发现"三无"产品

一盆普通的废旧报纸在纸浆制作区孩子们的多双巧手的捯饬下,历经碎纸、调制、上色,从"灰姑娘"摇身变为"盛装打扮的公主"。负责运送纸浆的幼儿得意扬扬地把首批罐装纸浆送至纸浆作画区,进行艺术创作。

纸浆作画区的数名幼儿早已画好设计稿,迫不及待地挑选各色纸浆。一声"哎呀"划破了宁静的氛围。教师循声望去,原来是一杨紧皱八字眉,指着粘有纸浆的白板,不满地嘟囔:"韩老师,这些纸浆粘不上去,纸块很大,一用力拿它们就会流出很多水,把画都染坏了。真不知道纸浆制作区的小朋友是怎么做的!"教师俯身:"一杨,你很聪明,发现了纸浆没有适宜的黏性、大小、湿度,那你觉得这些问题该怎么解决呢?"一杨有条理地说:"我把这些纸浆问题传达给纸浆制作区的小朋友,让他们去解决。一定要越快越好,这样我们才能做出好看的作品。"

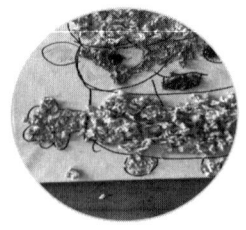
无充分的黏度

无理想的湿度

无适宜的碎度

"三无"纸浆产品图

啊,原来是材料配比

工坊游戏结束后,一杨手捧失败的罐装纸浆找到纸浆制作区的主要负责人肉肉,开了一场只有两个人的外部员工会议。他们对着问题记录表,认真地核实并记录纸浆现有的三大问题:太湿、不够黏、纸块太大。

饭后,敬业的肉肉动员纸浆调制部门的小伙伴开展内部会议。他们盯着问题记录表进行讨论,试图找到纸浆失败的原因。轩轩挠着脑袋:"该放的材料我们都放了,为什么纸浆会出现这些问题?"纸浆调制师们陷入沉思,教师默默地把失败的纸浆放在幼儿眼前,示意幼儿边触摸纸浆边回顾自己的操作。

师幼共同寻找纸浆失败的原因

不一会儿,戳着纸浆的肉肉灵机一动:"会不会是因为某种材料放多或者放少了,才出现这些问题?比如说,纸浆不够黏,是因为白乳胶放得太少了?"教师竖起大拇指:"肉肉说得没错,一瓶好用的纸浆需要调制师恰到好处地调制各种材料。相信你们多试几次,就可以研制出合适的材料配比。"

发挥"浆"人精神,终得"浆"心之作

纸浆调制师们找到原因后,赶紧"浆"勤补拙,解决难题。他们借助外界资源,历经多次调试,终于在第三次研发中有了突破性进展,并通过第四次研发,

精确材料配比、创生"五大碎纸法",成功研发罐装纸浆。

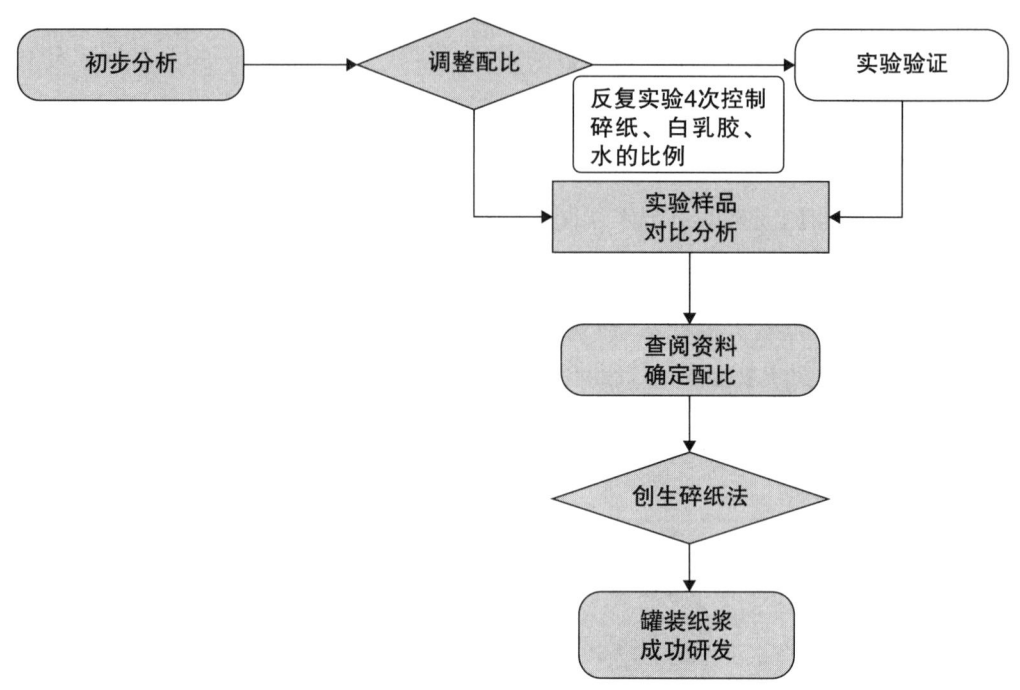

罐装纸浆研发流程图

第一次研发:单手用力压出好多水(纸浆湿度)

工坊日,纸浆调制师们开始热火朝天地研发纸浆,他们决定先解决纸浆的湿度问题。

肉肉举着失败的罐装纸浆,望向其他两位伙伴:"你们记得这罐纸浆是用多少材料做的吗?"

橦橦闭上眼睛回忆:"我记得是用了……3盆碎纸块、1勺白乳胶……3盆水。"

轩轩惊呼:"用了3盆水,才加1勺白乳胶,这两种材料用量的差距也太大了吧。"

肉肉恍然大悟:"怪不得纸浆会这么湿、不够黏。那我们多加些白乳胶,少放水。"

轩轩兴奋地搓搓手:"感觉还挺简单!应该很快就能成功。"教师笑而不语。

于是，三位纸浆调制师大胆地把材料配比调整为：3 盆碎纸块、2 勺白乳胶、2 盆水，并依此进行调制。

第一次研发的纸浆相较于首批样品有细微的进步，但纸浆的湿度问题仍未彻底解决。橦橦把第一次调整后的纸浆和首批纸浆一起放在桌子上，进行对比："你们看，最开始的纸浆罐里有很多水，但是我们这次调整后的纸浆不淌水了。""我也来检查一下。"肉肉用手触摸来检验纸浆湿度，他发现当攥紧拳头用力下压时，纸浆仍会溢出不少水。

第一次调整后的纸浆现状图

第一次调整后的纸浆湿度不理想

纸浆调制师们垂头丧气，调皮的轩轩临阵脱逃到别的岗位。教师抱回轩轩，安抚他们："我发现你们这一次的纸浆需要用力才能捏出很多水，这已经是不小的进步了，你们认同吗？"孩子们点点头。教师顺势引导孩子们表征第一次的研发过程和结果，并鼓励他们回家后和父母谈谈今天遇到的困惑。在家长的助力下，他们会有哪些新收获呢？

第二次研发：双手合力捏出几滴水（纸浆湿度）

次日，三个孩子聚在一起叽叽喳喳地讨论起来。

肉肉自豪地从书包里掏出一小瓶纸浆："昨天我把一部分纸浆装在塑料瓶里带回家给爸爸看，爸爸让我先挤掉纸浆多余的水，然后我们加了半瓶胶水。你们来摸摸，我和爸爸一起做的纸浆不会淌水，还很有黏性。"

橦橦指着自己画的材料配比表说："昨天我和妈妈看了制作纸浆的视频，发

三人热烈讨论

现视频里面的叔叔加了 4 勺白乳胶、半碗水,我们按照这个比例试试吧。"

轩轩边反驳边比画道:"我觉得半碗水是不够的。我和爸爸在家做了卫生纸糨糊,我们倒入半盆水,把纸放进去泡软撕碎,再加白乳胶,在搅拌纸浆的时候发现纸浆太干了,于是我们又加了点水,纸浆才变得软软黏黏的。"

正当三人各执己见时,冷静的肉肉找来昨日研发的纸浆样品和研发记录表,向同伴提议:"橦橦、轩轩,你们看,这是昨天咱们做的纸浆,这是今天我带来的纸浆,你们比较一下,感觉哪个更好?"橦橦和轩轩仔细比较两种纸浆后,都认为肉肉带来的纸浆质量更胜一筹。于是,纸浆调制师们看着第一次的研发记录表,一致决定再次降低水的比例,同时增加白乳胶的比例,由此产生了新的配比设想:3 盆碎纸块、4 勺白乳胶、1 盆水。

第二次研发开始啦!肉肉从撕纸部门取来 3 盆碎纸块倒入缸中;橦橦打来 1 盆水,双臂肌肉紧绷、两腿慢步挪动,生怕溅出一丝水花;当每一滴水都乖乖地躺入缸里时,轩轩便坐在缸前,用手揉搓碎纸块,使每一张纸块都能充分吸收水分;接着,肉肉一次性把 4 勺白乳胶舀入缸中,橦橦和轩轩赶紧徒手搅拌纸浆。

经过二次调整后的纸浆样品有了可喜的进步,纸浆湿度恰当。肉肉和轩轩双手合十,用力捏纸浆,只能捏出五六滴水。小调制师们认为,这样的湿度和自己在家做的纸浆湿度差不多,肉肉高兴地划去问题记录表上的第一个问题。

第三次研发:让纸浆来个倒立表演(纸浆黏度)

肉肉把一坨纸浆粘在纸板上,发现这坨纸浆能稳稳地"站立"在上面。正当他跑着拿去给橦橦看时,纸浆随着纸板的倾斜"摔倒"了。

考虑到纸浆作品的千姿百态,因此要对纸浆黏性有更进一步的要求。经过二次调整后的纸浆显然不够黏,于是教师和纸浆调制师们开展了一次有关纸浆黏度的餐后谈话。

教师首先肯定了二次研发产品的进步之处——纸浆湿度良好，接着将平面纸浆、借物立体纸浆、纯纸浆立体等作品图作为奖励送给孩子们。在欣赏的同时，孩子们意识到纸浆作品对纸浆黏性的高要求，并意识到只能"站"在平板上的纸浆黏度是远远不够的。

古灵精怪的轩轩突发奇想："要不我们把纸浆粘在纸板的反面，要是纸浆没掉下来，黏度肯定'杠杠的'。"

轩轩的想法既有趣又充满挑战，纸浆调制师们饶有兴致地开始第三次尝试。轩轩根据实验研发记录表，说："第二次尝试时我们加了 4 勺白乳胶，纸浆粘了一会儿就掉了，这次我们加 5 勺，应该就能粘在纸板的反面。"

肉肉提出自己的观点："等等，我觉得保险起见，还是加 6 勺白乳胶，这样纸浆能更牢固地粘在纸板的反面。"

橦橦点头示意："我赞同肉肉的想法。"

于是孩子们得到更优化的配比方案：保持原来的纸水比例，将白乳胶调整为 6 勺。

经过紧密而又快乐地相互配合，第三次调整的纸浆样品有了令人激动的飞跃，纸浆黏度理想。当橦橦将纸浆倒粘在纸板上时，骄傲地说："你们快看，现在用更大的纸块也能牢牢地粘住，不会掉下来，我们成功啦！"其他两名幼儿满怀期待，各取一把纸浆粘在纸板的反面，一丝不苟地检查这批纸浆的黏度。

"天哪，纸浆终于研发成功了，可以送到调色部门上色喽！"轩轩松了一口气，高兴得手舞足蹈。

细心的肉肉对照问题表，一本正经地"泼冷水"："嗨，轩轩，你淡定点儿，纸块太大这个问题还没解决呢！"

教师顺势将"如何解决纸片碎度？""现在研制的材料配比是最合适的吗？"这两个问题抛给孩子们，推动他们进行更深层的思考。

橦橦皱眉嘟囔着："纸浆怎样才会变得很小？还有更合适的材料配比吗？我们试了这么多次也接近成功了呀……"

肉肉突然想到："我爸爸是美术老师，他应该知道怎么做。"

橦橦："那快把你爸爸叫来和我们一起做纸浆吧！"

坚持不懈攻克"黏度"难题　　　　　　　三次调整后的纸浆黏度"杠杠的"

第四次研发：和肉肉爸爸一起做纸浆（纸片碎度）

孩子们邀请肉肉爸爸来到纸艺坊。肉肉爸爸说："孩子们，今天我们解决纸浆的碎度问题，先说说你们知道的碎纸方法吧！"

橦橦不假思索地说："可以用手撕。"

肉肉爸爸肯定地回应："没错，手的力气很大，可以把纸撕碎。"

轩轩指着剪刀说："还可以用剪刀。"

肉肉补充道："把两张纸合起来，再用剪刀咔嚓咔嚓剪，会快很多。"

肉肉爸爸："你们的方法都不错，现在我给你们展示一个快速好玩的碎纸法。"

只见肉肉爸爸打来一盆水，接着放入报纸待其软化，快速用手撕纸，再用打蛋器迅速碾压、搅拌，几分钟后纸浆变得松软细碎。

"哇，纸浆变得很小、很碎了！"孩子们惊呼。

肉肉爸爸的操作使得调制师们才思泉涌，独具"浆"心的孩子们自创"五大碎纸法"，其中一些方法还能同时解决纸浆的碎纸和湿度问题。

碎纸机碎纸法：橦橦认真地摆弄碎纸机，一边翘着兰花指将碎纸递入碎纸缝里，一边蹲下身子透过透明板查看机器里面的碎纸情况。"碎纸机的速度好快，而且它把纸啃得很小很小。"橦橦兴奋地扭动起来。好景不长，碎纸机卡住不动了，橦橦赶紧叫来老师帮忙。在老师的提醒下，橦橦发现要把纸撕成适宜大小，再将纸面拉平塞进机器缝里，碎纸机才能好好工作，不然，碎纸机会"罢工"的。

水中撕纸法：大大咧咧的轩轩也不甘示弱，将大纸块放入水中后，不等纸软化，立马撕纸。没过一会儿，他就兴奋地嚷道："嗨，同志们，我发现直接在水里撕纸更节约时间，哈哈哈，就叫它'水中撕纸法'吧！"

打蛋器、擀面杖碾压法：轩轩从水中捞起碎纸，开始进行二次加工——用打蛋器、擀面杖来回碾压纸浆。看到纸浆变得更细碎时，轩轩愈发卖力地碾压，多余的水分也随之流出，保证了纸浆的理想湿度。

手掌揉搓法：肉肉坐在缸前，用手抓取一把打湿后的碎纸浆，双手像搓面条一样，反复揉搓，碎小的纸浆从指缝中钻出来。肉肉赶紧和同伴分享："你们可以试试我的方法，像这样搓纸浆，纸浆会变小，还能去掉一些水。""直接在缸里搓不是更快吗？"轩轩随口一提。

洗衣服揉搓法：肉肉一听觉得很有道理，便将缸中的纸浆当作衣服，使出全身的劲儿像洗衣服那样按压、揉搓纸浆，洗完把缸转半圈，继续揉洗另一边的纸浆，碎度和湿度的问题都得以解决。

洗衣服揉搓法

看着满满当当的碎纸块，肉肉爸爸赞叹："小朋友们真厉害！现在我们用勺子来加材料。一勺一勺地加，直到加到合适的程度。"

纸浆调制师们开始第四次尝试，橦橦负责加纸块和揉纸浆，轩轩负责用勺子往纸浆里加水和白乳胶，肉肉负责记录材料的用量。

这次调制师们以一勺为单位逐次加入碎纸、水和白乳胶，每加一次都会充分搅拌，再根据搅拌后的纸浆状态继续加水、白乳胶或碎纸块。待纸浆变成理想状态后，肉肉的用料记录为20勺碎纸块、5勺白乳胶、6勺水。考虑到加20勺碎纸块不便于计数和操作，肉肉将20勺碎纸块装在盆内，发现正好能装满一盆。最终得出严谨的材料配比：1盆碎纸块、5勺白乳胶、6勺水。

经过四次锤炼的纸浆样品，其纸块碎度适宜，质量赢得了纸浆作画区小朋友的无数好评。三位调制师看到自己精心调制的纸浆变成一件件多姿多彩、形态各异的纸浆作品时，内心十分激动，相互击掌、拥抱以表达内心的喜悦。

优质纸浆成功研发

纸浆调制师们欢呼雀跃

反 思

本次故事以一杨发现的纸浆问题为开端，以三位纸浆调制师在四次研发中的点滴进步为发展，以他们精心研制的"三有"纸浆产品为高潮，最终以孩子们的相拥庆祝为结局。环环相扣的故事情节，为我们刻画了"小孩子也有大智慧"的光辉形象，毫无保留地展示了孩子们的奇思妙想，让我们共同见证他们的成功。

1. 儿童的多元表征得以彰显和发展

纸浆调制师们利用问题记录表进行表征，试图从中寻找原因，结果他们停留在"不黏、太湿、纸块太大"的浅层次问题认知水平。由此，教师呈现不合格的纸浆实物，引导他们边动用多种感官检查纸浆质量，边回顾自己的操作步骤，以推动幼儿找到纸浆失败的原因——材料配比。

在教师的鼓励下，幼儿有意识地记录每一次的研发过程和结果。初期，幼儿用点、勺子作为计量单位进行记录；中期，幼儿借助图画表征自己的研发过程，记录内容逐步丰富；后期，他们借助调浆记实验表格进行记录，记录内容从丰富性上升至严谨性，这一点尤其体现在幼儿对水和白乳胶的把控上，从盆、勺的不对等精确到6∶5的平衡关系。研发记录的完善象征着幼儿表征和认知的发展轨迹，与此同时，幼儿的回顾、计划能力也得到锻炼。

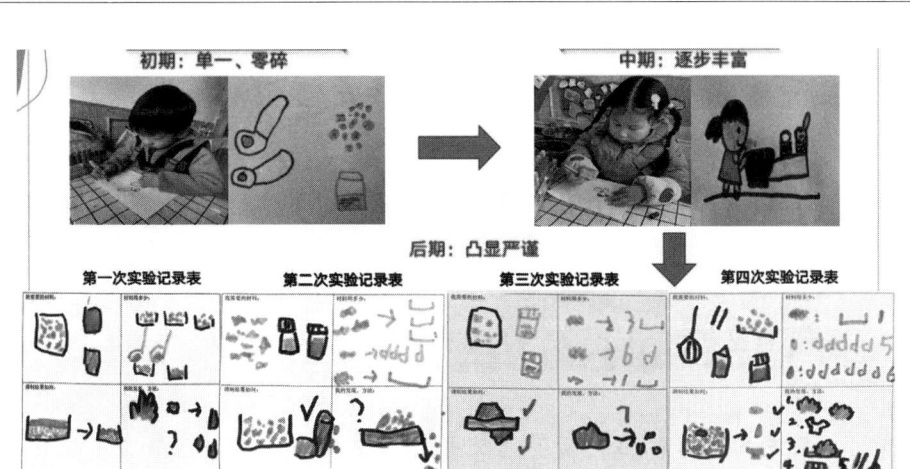

幼儿的纸浆研发表征图

2. 儿童的多维发展得以实现

在循环往复的纸浆研发中,幼儿依次凭借已有经验、亲子助力铺垫、互联网信息查询、教师谈话引导、发挥家长职业优势等多样化途径,扩充自身对材料配比的了解。在深化过程中,他们既能"各执己见",又能"互相倾听""合作统一";在多次验证猜想中,他们学会坚持与严谨,在屡次失败中慢慢靠近真相、迸发创作灵感,获得成功!

3. 平衡成人与儿童的不同

如何平衡"成人视角下的科学严谨性"与"儿童眼中的初探稚嫩性"的关系?

在本次故事中,教师选择站在儿童的角度去思考问题。当我们把目光移至故事的开头时会发现,孩子们认为合格的纸浆只需拥有理想的碎度、湿度和黏度,显然孩子们的这一观点并非十分严谨,但教师没有立即否定他们的观点,而是默许其带着"稚嫩而非绝对错误"的猜想去尝试,在实验中逐步验证或纠正自己的猜想。教师视情况而育,无须太强调高深抽象的科学知识,致力于帮助幼儿在其能力范围内获得成功,实现"喜欢探究、在玩中开展深度学习、得到多元发展"这一教育愿景。

但是否存在更为科学的调浆方法?是否存在更适宜的策略支架?如果教师补充一些相关的纸浆知识(例如纸变成纸浆的原理、纸浆的特殊气味),幼儿或许也能理解，从而对纸浆有更全面的认识呢？恰巧，最近纸浆作画区的幼儿遇到了打造立体作品的技术难题，这一次教师决定换种站位陪幼儿探索，这是否能实现意想不到的教学相长呢？我和孩子们共同期待着！

（浙江省杭州市萧山区浙江师范大学附属汇宇幼儿园　韩纯枝）

点　评

　　真问题引发的学习往往更富有意义并具有更强的内驱力。来自纸浆作画区一杨的"问题纸浆"的退货，让纸浆制作区小匠人们陷入了沉思，并由此展开了问题寻找与确认、配比调整与优化等一系列充满曲折和喜悦的探究之旅。在此过程中，"问题记录表"让问题纸浆的三大问题"太湿、不够黏、纸块太大"充分暴露在小匠人们面前。在因找不到问题所在而陷入沉思之际，戳着问题纸浆的肉肉突然有了灵感"会不会是因为某种材料放多或者放少了"。在教师适时的反馈下，小匠人们最终找到了问题纸浆的根本原因——材料配比。经过多次的猜测、验证、调试与形成新的猜测、再次验证……并在家长的助力下，小匠人们终于找到了适宜的配比，解决了纸浆湿度问题。接着，又解决了纸浆黏度和纸片碎度问题，最终生产出让"顾客"满意的纸浆。由此，小匠人们从稚嫩和"初生牛犊不怕虎"，到遇到失败时的气馁甚至打退堂鼓，再到坚持后的拨开云雾见彩虹，最终成长为技术娴熟且品质坚毅的纸浆调制师。娓娓道来的故事情节，生动地揭示了纸浆调制师的"养成记"。

　　在诸多细腻笔触的细节刻画下，纸浆制作区中负责、敬业、爱问、善探、坚持的"肉肉"形象跃然纸上。他在用手戳纸浆时灵感乍现："会不会是因为某种材料放多或者放少了，才出现这些问题？比如说，纸浆不够黏，是因为白乳胶放得太少了？"在同伴提到各种材料配比后恍然大悟："怪不得纸浆会这么湿、不够黏。那我们多加些白乳胶，少放水。"在同伴调整材料配比后满怀期待时"泼冷水"："我也来检查一下。"肉肉用手触摸来检验纸浆湿度，发现当攥紧拳头用力下压时，纸浆仍会溢出不少水。当三位小匠人对材料配比争论不休时，冷静的肉肉找来昨日研发的纸浆样品和研发记录表，向同伴提议："橦橦、轩轩，你们看,这是昨天咱们做的纸浆,这是今天我带来的纸浆,你们比较一下,感觉哪个更好?"进而成功化解争执……这些细节从不同侧面呈现了肉肉的不同特质,进而在我们的眼前呈现出一个立体、丰富的幼儿形象。

(浙江师范大学儿童发展与教育学院　秦元东)

课程故事 12　气球火箭

火箭发射倒计时

小章找到了气球

"5、4、3、2、1，发射！"搭载神舟十四号载人飞船的长征二号F遥十四运载火箭发射倒计时响彻整间教室，小章目不转睛地盯着电视机，仿佛身临其境。当飞船成功驶向太空的瞬间，他高举表示胜利的手势，从椅子上跳起来高喊："成功了！成功了！"周围的几个孩子一同呼应。对于火箭，孩子们总是充满好奇和向往。面对孩子们如此高涨的情绪，刘老师顺势问道："你们想不想尝试发射一次火箭？"

"想想想，太想了。"整间教室瞬间沸腾起来。

"那可以用什么材料呢？"刘老师追问道。

"纸芯筒、瓶子、纸杯……"各种答案应声而出。小章冲进科学区，在一阵倒腾之后，他带着"火箭"来到了教室最前面，一脸得意地说道："有了！有了！你们看，我找到了什么？"

"是气球。"

"这个可以，可以。"

"我知道了，我们可以把气球吹胖，然后放掉，它肯定会飞起来。"脉脉摸着自己的脑袋，好似已经洞察了一切。

"好，接下来的游戏时间你们可以试一试。"刘老师饶有兴趣地听着孩子们的讨论，期待着他们的火箭成功发射。

初次尝试

"小章，今天你怎么来得这么早？"刘老师一脸吃惊地望着小章，素日里这可是个睡到太阳晒屁股的孩子。小章一边快速地从生活口袋里摸着什么，一边说着："今天我是来抢科学区的，我要玩气球火箭。"原来，他摸的是区域预约牌。刘老师心想：平常好话也说了，惩罚也惩罚了，可就是改不了他"贪睡"的小毛病，但昨天的临时游戏让这个"小懒虫"难得早到了一回。

难得早到的小章

小章、叶一、脉脉、灵灵……陆续到达，科学区一下子就"满额"了，他们开始"工作"起来。小章搬出一整筐气球，拿起一个就放在嘴里吹，眉头紧皱的他头顶好似写着几个大字"这气球不好吹啊"，叶一看着小章的模样哈哈大笑起来。随即，他淡定地拿出一个气球，两手抓住气球口，鼓起腮帮子，用力"呼"的一下，白白的脸蛋儿一下子变得红彤彤的，好不容易把气球吹胖一点，一不注意气球又扁了下去。这次，轮到两个小伙子一起哈哈大笑。灵灵也从筐里拿起一个气球，吹了几下无果之后，开始展现出撒娇本事，冲向卫生间求助保育员老师。很快，她就乐呵呵地捧着一个大气球回到了游戏区。脉脉像个侦察兵，看看叶一、小章涨

吹不大的气球

红了小脸，又看看灵灵的求助方式，她把目光转移到了游戏区的材料库，从左往右、从上到下一顿"扫视"，最终将目光聚焦在一堆打气筒上。

"你们看，我发现了什么。"脉脉一边拿着打气筒，一边骄傲地展示着自己的

"小智慧"。一旁的叶一和小章见状,火速各拿走一个。小章先把打气筒倒立在桌子上,再把气球插入打气口,然后一手捏住连接处,一手扶住打气筒上下抽拉,气球开始越来越大,旁边的叶一捂着耳朵不停地说着"够了,够了"的时候,小章似乎还没有放弃两个人的"竞争",继续打气。只听到"嗖"的一声,气球逃离了连接口,脉脉乐呵呵地指着小章说:"你的火箭发射成功啦。"这引起大家再次哈哈大笑起来。

脉脉找到了打气筒

小章借助工具

往后的十几分钟里,刘老师观察到几个孩子重复着打气、放气、打气、放气的实验,渐渐从一开始的激动、兴奋变得枯燥、无聊,甚至玩起了打气球的游戏。刘老师见状走了过去,问道:"你们成功了吗?"小章、叶一等几个小朋友兴奋地一边演示一边呼喊:"成功了,成功了,你看。"刘老师笑而不语,期待着下一场游戏。

再次尝试

第二天,科学区里播放的一段有关"气球火箭"的视频再度引起了小章的兴趣,他还非常"客气"地邀请了昨日的好友,两个小伙伴趴在桌子上饶有兴趣地看着。很快,视频播放结束。叶一说:"我还想再看一遍。"小章疯狂点头回应,两个小家伙将目光转至刘老师,一旁的刘老师打出一个"好"的手势。

翻转的火箭

这一次,两个小伙伴一边看,小嘴巴一边似乎在嘀咕着什么。看完之后,叶一取来了打气筒和气球，小章向美工区的孩子借来了吸管、剪刀、工字夹还有胶带。两个人从一开始的针锋相对，变得默契十足，各自开始新一轮的"工作"。让气球变大已经难不倒两位经验丰富的"高手"，接下来叶一拿起工字夹，一边从打气筒中拔出气球，一边快速用夹子夹住，但是手速还是慢了一点，工字夹还没碰到气球，气球就飞远了。一旁的小章看在眼里，眼珠子转了几圈，

视频学习

倒是不急着拿工字夹，而是拔出气球后用两手抓住并拔长气球口，然后做出了拧毛巾的动作，拧到差不多时，用腋下夹住气球，再腾出一只手拿夹子夹住拧过的位置，然后轻轻地把气球从腋下转移到胸前，看着气球没有扁掉，便得意地在叶一面前来回晃动，嘴巴里还哼起了小曲，一旁的叶一被气得忍不住说："小心你的气球飞走。"男孩子的"战争"似乎随时都可能开始，又似乎随时都可以结束。不甘示弱的叶一小心翼翼地重复着小章的动作，也成功夹住了气球。接下来，小章剪下一小节吸管，用胶带将其贴在气球上。

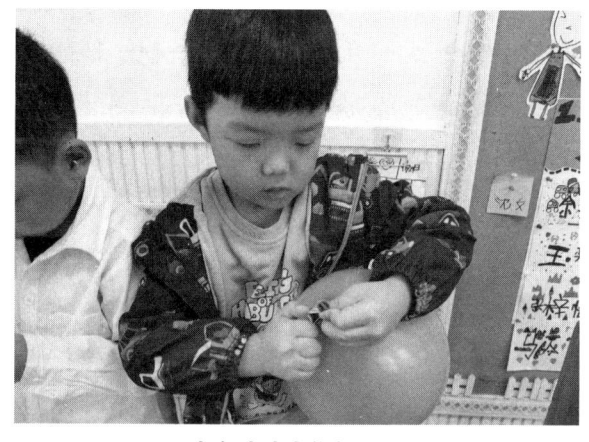

小章成功夹住气球口

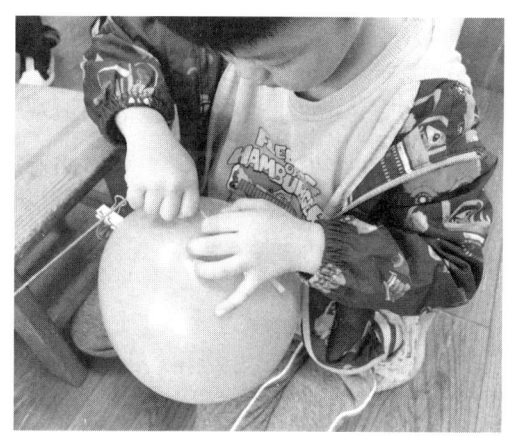

小章将气球穿过线

两个小朋友几乎同时来到了"火箭发射区"，这里有教师提前准备好的两把椅子和绳子。小章拉开两把椅子留出一段距离，把绳子的一头交给叶一，提示他

绑住，自己则把粘有吸管的气球固定在另一把椅子上。随后，小章来到椅子前，紧张地搓搓小手，一旁的叶一也瞪大了双眼，攥紧了自己的气球火箭，伴随着小章缓缓抬起的小手，美工区、语言区的孩子们纷纷转头围观，大家一时间都屏住了呼吸，空气安静得可以听到纸片掉落的声音。"你倒计时嘛，快倒计时。"在叶一的提醒下，小章喊道："3、2、1，发射！"在"射"字喊出口的一刹那，他拔掉了夹子，气球火箭飞速冲了出去，一阵阵掌声和此起彼伏的"哇"声同时响起。小章激动得连蹦带跳，最后比了一个表示胜利的手势，别提有多激动和自豪了。接下来，轮到叶一，只见他慢慢地将绳子穿过吸管，在大家的注目下，他的小手开始有轻微的抖动，身体因为紧张变得拘谨，跟跟跄跄，一旁的小章鼓励道："加油，叶一。叶一，你肯定能成功。"在叶一抽出夹子的瞬间，气球火箭并没有按指定方向冲去，而是原地转起了圆圈。

聪明的小章

叶一的脸"唰"的一下通红，难为情地收起了自己的气球火箭。两个小朋友重新回到了实验台，开始研究叶一的气球火箭。

"为什么你的是飞出去，我的是转圆圈呢？"叶一好奇地问小章。

"我们再做一次吧，这样就能发现不同了。"小章也认真地思考着。

火箭发射成功

两个小伙伴一起从"吹气球—贴吸管—穿绳"开始，几乎是一模一样的步骤，一旁的刘老师已经悄悄地观察到了问题所在，但没有急着告知，而是让两个小朋友再发射一次。小章再次发射成功，周围的小朋友再次响起掌声，甚至还有小朋友叫道："你真棒，你就是科学家。"旁边的叶一用同样的方法，但火箭还是原地自转，叶一再次羞愧得低下了头，不好意思地发出"哎呀"的声音，懊恼自己的气球火箭为什么老是发射失败。这一次他没有来得及收起自己的气球火箭，就逃离了现场，留下小章和几个围观的小朋友。

小章手托腮帮子，蹲在地上研究起叶一的火箭。时间嘀嗒嘀嗒而过，小章的声音突然响起："我发现了！我发现了！你看，你的吸管方向跟我的不一样，贴反了，我的是跟气球口同一个方向的，你的歪了。"听着小章的解释，叶一似乎也发现了这个问题，他挠挠头，收起气球再次回到实验台尝试发射。这一次终于成功了！两个小朋友来来回回又玩了三次。

叶一的吸管与气球口方向不同

小章的吸管与气球口方向相同

这时，一旁的刘老师提出："待会儿，你们可以派一个人来介绍一下你们的游戏成果吗？把你们的经验分享给更多的人吧。"

"啊？"两个小家伙挠挠头，都有点不好意思。

表征梳理

叶一、小章带着疑问回到了实验台，两个人对上台介绍都有一点害羞，非常客气地互相"谦让"。叶一说："小章，你讲，你每次都成功。"小章说："我们一起讲。"对于一起讲这个答案，叶一充满了好奇，追问道："一起讲，怎么讲？"小章连忙解释："我们把讲的内容画下来，你讲材料，我讲步骤。"于是，小章和叶一拿出了一旁的记录单，在实验者一栏画上了自己的图像；在材料一栏，叶一用数字和图案记录着"1. 气球；2. 打气筒；3. 吸管；4. 胶带；5. 剪刀"，记录完，还拿着记录单念了一遍，小章拿过记录单提醒道："还有工字夹。""对哦对哦，我来画我来画。"叶一一把抢过记录单，画完又把记录单交给了小章。小章拿起笔在"步骤"这一栏先画上一个打气筒，在旁边又画了一个被吹胖的气球；然后画了一个箭头，另起一行画上夹子；继续用箭头指向气球，并在气球上画了一条短线代表吸管；最后用箭头另起一行后画上两把椅子，中间画着一根绳子和气球。画完后，叶一对小章竖起了大拇指，小章也满意地看着自己的"总结"。两个人又继续看着第四栏，有一个"问号"的标志，两个人拿着记录单来到刘老师身边询问是什么意思？刘老师不慌不忙地反问道："你们觉得这个标志代表什么？"叶一说："是不是让我们动脑筋思考火箭发射的原理？"刘老师显然对这个答案非常满意，点头示意他们去完成。

到了区域分享环节，叶一开始介绍，"今天我们玩的是科学区，要用的材料第一个是……第二个是……"说完把记录单转交给小章，小章开始介绍："实验的步骤先……然后……再然后……最后……我们猜想气球能发射成功的原因是气球里面有空气，空气出来了，气球就飞出去了。"

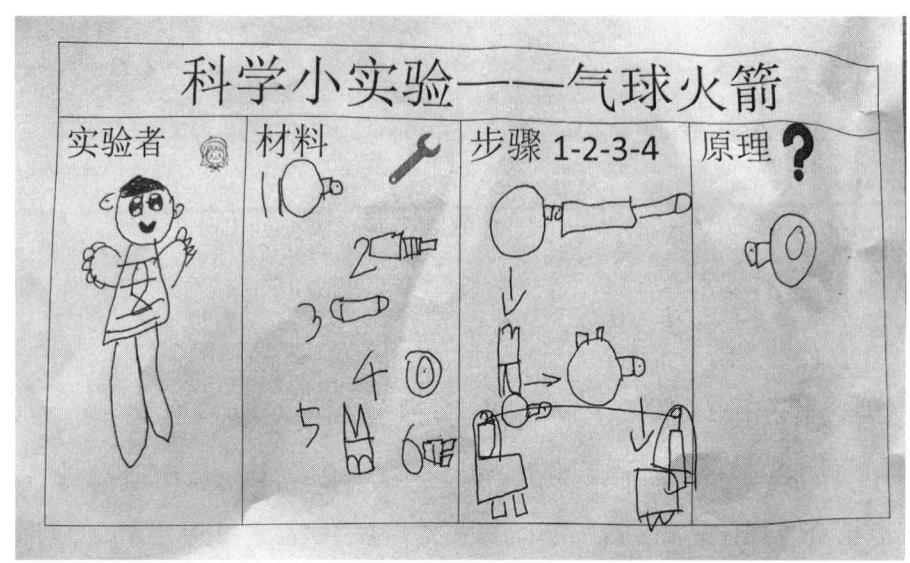

游戏记录单

反思

"气球火箭"科学小实验来源于孩子们对火箭的探究兴趣，教师旨在引导幼儿通过自己尝试对气球火箭的实验，探索火箭发射的反作用力，但是教师也发现最后孩子们并没有梳理出反作用力的原理。因此，如何让幼儿理解真实存在的科学原理成为教师的困惑，是否需要教师讲解，还是停留在幼儿了解现象、体验过程当中？接下来，教师还将继续探究科学知识和幼儿前科学经验之间的关系。通过事件描述，我们也发现了幼儿在自发、自主、自研、自述的过程中表现出的前科学能力。

1. 幼儿动手操作在自主中得提升

在教师充分尊重幼儿自发、自主的情况下,这次由幼儿对火箭的兴趣而引发的"火箭"探究活动,促使幼儿的动手操作能力得到有效提升。例如,在吹气球这个实验步骤,幼儿经历失败后没有气馁和放弃,反而借助兴趣和自主的支撑,多次尝试;在贴吸管这个环节中,幼儿发展了撕、剪、贴等技能;在火箭发射区,幼儿也发展了穿、绑等技能。经过多次的实验和操作,幼儿的动手能力得到提高。正如爱因斯坦常说的"兴趣是最好的老师",而兴趣也最能激发幼儿的内驱力。

2. 幼儿前科学思维在自研中得发展

幼儿的游戏并非无聊琐碎,实际上幼儿在游戏中运用了一定程度的科学思维。他们在游戏中习得的各种现象、获得的各种认识和经验会形成各种观念,加上他们的思考,就会建立起最初的科学概念。在整个游戏事件中,我们发现幼儿第一次对"发射成功"的概念停留在打气筒的"功劳"上,他们看到的是打气筒不停地打气从而让气球发射出去,这虽然在科学认知上存在偏差,但也是幼儿真正能理解的概念。第二次通过观看视频讲解,幼儿对发射有了认知上的提高,关注到了拿掉夹子,空气出来了,气球就飞出去了。在这两次发射中,我们发现孩子们通过实际探究一次次地拉近他们与真理的距离,这比被动接受和灌输方式更容易让幼儿接受知识。只能说,幼儿期要为儿童之后形成科学概念打下良好的基础。

3. 幼儿表征能力在自述中得拓展

学习是一个输入和输出的循环交替过程。幼儿在了解了一定的科学现象和科学经验后,以表征的形式进行"输出",不仅可以增强幼儿的科学自信,同时也会加深他们对科学现象的理解。3—6岁幼儿的思维具有直观、形象、具体等特征,若要他们在脱离实验后精准地说出科学过程,就需要为他们提供记录单加以辅助。事件中,幼儿通过记录单梳理实验者、材料、步骤和原理之间的关系,用自己的方式将自己的思维进行表征记录。我们也发现了幼儿的智慧,他们借助数字符号和箭头帮助自己梳理材料和步骤,这样结构化、层次化的递进表征看似简单,其实是幼儿思维、理解、梳理、表达等能力得以提升的体现。

(浙江省余姚市实验幼儿园教育集团　刘娜丹)

点 评

  幼儿的学习品质并不是抽象空洞的，往往与其日常生活、游戏活动密切相关。这则课程故事特别体现了幼儿主动学习的重要价值。故事中以往的"小懒虫"小章在活动中有着认真专注、孜孜不倦的科学探究态度，他所表现出的好奇、主动、热情、坚持不正是我们期待幼儿所具备的学习品质吗？教师在活动中关注幼儿的行为表现，支持幼儿的主动学习，培养幼儿良好的学习品质，真正把"让幼儿成为学习的主体"这一理念落到了实处。

  教师坚持自己的"站位"，为幼儿的主动学习保驾护航，值得我们学习。尽管刚开始教师对于如何让幼儿理解真实存在的科学原理而困惑，但她既没有进行单纯的知识传授，也没有手把手地教幼儿进行制作，而是坚持等待，关注幼儿在活动中的主动建构过程。《3—6岁儿童学习与发展指南》指出，"幼儿的科学学习是在探究具体事物和解决实际问题中，尝试发现事物间的异同和联系的过程。"因此，幼儿园科学教育的价值不是以掌握科学知识为目的，而是注重幼儿的探究欲望、探究行为与科学精神。教师在活动中要为幼儿提供充分的时间与空间，满足幼儿的探索兴趣，鼓励幼儿主动探索与操作实践，支持幼儿构建初步的科学认识，从而收获满满的成就感。

  我们相信，儿童就是天生的科学家。通过两次"发射"，幼儿在实际探究中一次次地拉近了他们与真理的距离，特别是表征梳理的部分，反映出他们的探究取得了巨大进步。幼儿的主动学习需要来源于他们的真实世界，即一个生活现象或一个近期引起他们关注的话题，都会让幼儿主动参与其中，甚至做起实验。"动手试试看"不仅能给幼儿带来体验的乐趣，更能带来认知的挑战。让我们一起做幼儿主动学习的观察者、倾听者和支持者吧！

（浙江师范大学儿童发展与教育学院　邹群霞）